Tout le DSCG 1

Gestion juridique, fiscale et sociale

Sous la direction d'Alain Burlaud

Jean-Yves Jomard, praticien de la fiscalité, enseigne le droit fiscal à l'IAE de Poitiers, ancien élève de l'École nationale des impôts

Françoise Rouaix, agrégée d'économie et de gestion, ancienne élève de l'ENS-Cachan, professeur en classe préparatoire au DSCG, médiateur

Jean-Luc Mondon, enseigne le droit fiscal à l'IAE de Poitiers, médiateur responsable du Master 2 de gestion fiscale à l'IAE de Poitiers et avocat fiscaliste au cabinet TenFrance (Paris et Poitiers), ancien élève de l'École nationale des impôts

Catherine Maillet, professeur associé à l'ESCP Europe, expert-comptable, commissaire aux comptes

ISBN 978-2-216-16814-9

Sommaire

La loi nº 2022-172 du 14 février 2022 en faveur de l'activité professionnelle indépendante 5

Partie 1 L'entreprise et son environnement

Mémo 1 : Éléments généraux sur les contrats 7
Mémo 2 : La diversité des contrats 15
Mémo 3 : Le droit pénal général 25
Mémo 4 : La procédure pénale 29
Mémo 5 : Le droit pénal spécial des affaires et des sociétés 33
Mémo 6 : Les pratiques anticoncurrentielles 38
Mémo 7 : La concentration économique 41
Mémo 8 : La transparence et les pratiques restrictives 43
Mémo 9 : La concurrence déloyale 45
Mémo 10 : L'entreprise et l'administration fiscale 46
Mémo 11 : Les obligations de communication des entreprises en matière d'environnement 61

Partie 2 Le développement de l'entreprise

Mémo 12 : La constitution des sociétés 66
Mémo 13 : La transformation des sociétés 73
Mémo 14 : Les pouvoirs dans l'entreprise 81
Mémo 15 : Fiscalité des affaires internationales 87

Partie 3 Le financement

Mémo 16 : Financement par les capitaux propres pour les sociétés non cotées 101
Mémo 17 : Financement par les capitaux propres pour les sociétés cotées 120
Mémo 18 : Financement par endettement pour les sociétés non cotées 127
Mémo 19 : Financement par endettement pour les sociétés cotées 144

Partie 4 De l'entreprise au groupe

Mémo 20 : Fusions et scissions : aspects juridiques 146
Mémo 21 : Fusions et scissions : aspects fiscaux 151
Mémo 22 : Aspects fiscaux des apports partiels d'actif 164
Mémo 23 : Participations et groupes : aspects juridiques 171

Mémo 24 : Participations et groupes : aspects fiscaux 176
Mémo 25 : Autres modes de coopération interentreprises 188

Partie 5 La pérennité de l'entreprise

Mémo 26 : Prévention des difficultés 194
Mémo 27 : Le traitement des difficultés de l'entreprise 197
Mémo 28 : La transmission de l'entreprise 220
Mémo 29 : La cessation d'activité 230

Partie 6 Les associations et autres organismes à but non lucratif

Mémo 30 : Associations et autres organismes sans but lucratif : aspects juridiques 236
Mémo 31 : Associations et autres organismes sans but lucratif : la fiscalité 240

La loi nº 2022-172 du 14 février 2022 en faveur de l'activité professionnelle indépendante

Cette loi met **fin au statut d'entrepreneur individuel à responsabilité limitée (EIRL) et crée un statut unique pour les entrepreneurs individuels.**
Par conséquent, depuis le **15 février 2022**, il n'est donc plus possible de créer une EIRL.
Le nouveau statut unique d'entrepreneur individuel est entré en vigueur à compter du **15 mai 2022** pour toute création d'entreprise individuelle.
Quels sont les dispositions clés de cette loi ?

1 Renforcement de la protection du patrimoine personnel

- Le **patrimoine personnel** de l'entrepreneur devient par défaut **insaisissable** par les créanciers professionnels (alors qu'avant seule la résidence principale était protégée).
- Seuls les **éléments nécessaires à l'activité professionnelle** de l'entrepreneur peuvent donc être saisis en cas de défaillance professionnelle.

La **séparation des patrimoines s'effectue automatiquement**, sans démarche administrative ou information des créanciers.
A noter : pour les entreprises individuelles créées avant l'entrée en vigueur de la loi, la dissociation des patrimoines personnel et professionnel ne s'appliquera qu'aux nouvelles créances nées après le **15 mai 2022**.
Les EIRL existantes et créées avant le 15 février 2022 conserveront leur statut d'EIRL.

2 Simplification des formalités

- Selon que son activité est commerciale ou artisanale, l'entrepreneur peut **immatriculer** son entreprise individuelle auprès de la chambre de commerce ou d'industrie ou de la chambre de métiers et de l'artisanat de sa région. Il peut également effectuer une déclaration à l'Urssaf lorsque l'activité envisagée est libérale.

L'immatriculation est également possible sur le site des formalités des entreprises (à l'INPI).

- Le décret nº 2022-725 du 28 avril 2022 relatif à la définition du patrimoine professionnel de l'entrepreneur individuel et aux mentions sur les documents et correspondances à usage professionnel détermine les **mentions** que doit apposer l'entrepreneur individuel pour l'exercice de son activité professionnelle **dans les documents et correspondances à usage professionnel**. Ainsi, le nom de l'entrepreneur doit être désormais précédé ou suivi de la mention « entrepreneur individuel » ou des initiales « EI ».

3 Simplification du transfert du patrimoine professionnel

La loi facilite la **transmission de l'entreprise individuelle et son passage en société** en vue de faire évoluer l'activité. Elle prévoit que l'entrepreneur individuel peut vendre, donner ou apporter en société l'intégralité ou une partie seulement de son patrimoine professionnel, sans procéder à la liquidation de celui-ci.

> **À noter par ailleurs sur le plan fiscal** : ce nouveau statut prévoit la possibilité, pour tout entrepreneur individuel, d'opter pour l'assujettissement à l'impôt sur les sociétés.

NOUVEAUTÉS POUR TOUTES LES ENTREPRISES
LOI PACTE (Plan d'Action pour la Croissance et la Transformation des Entreprises) du 22 mai 2020

La loi prévoit la mise en place d'un **guichet unique** et d'un **registre unique des entreprises à partir du 1er janvier 2023.**

- Le **guichet unique** permettra aux entreprises de réaliser leurs **formalités** et remplacera les CFE (Centre de formalité des entreprises). Ce nouveau service est accessible via le portail procedures.inpi.fr.
- Le **registre national des entreprises** (RNE) deviendra l'unique organisme destiné à **immatriculer** toutes les entités françaises exerçant une activité économique (Cf. décrets n° 2022-1014 et n° 2022-1015 du 19 juillet 2022).

Éléments généraux sur les contrats

Le droit des contrats a été modernisé par l'ordonnance n° 2016-131 du 10 février 2016 portant réforme du droit des contrats, du régime général et de la preuve des obligations.
Cette réforme s'applique aux contrats conclus après le 1er octobre 2016.
Elle modifie les titres III, IV et IV bis du Livre III du Code civil dont elle réordonne ou réécrit les dispositions.

Introduction

Les sources des obligations :
- **loi** ;
- exécution d'un **devoir de conscience** envers autrui ;
- **faits juridiques** ;
- **actes juridiques** ; *ex.* : contrat.

1 Caractéristiques fondamentales du contrat

« Le **contrat** est un **accord de volontés** entre deux ou plusieurs personnes destiné à créer, modifier, transmettre ou éteindre des obligations. » (Article 1101 du Code civil)

A. Principes fondamentaux

Principes	Règles applicables
Liberté contractuelle	Limites : loi, ordre public.
Bonne foi des cocontractants	Pour négociation, formation et exécution du contrat.
Force obligatoire du contrat	S'applique quand le contrat est légalement formé.

B. Classification des contrats

Contrat (C)	Caractéristiques
C **nommé**	Les règles particulières au contrat s'appliquent en priorité par rapport aux règles générales des contrats.
C **innommé**	Les règles générales des contrats sont applicables.
C **synallagmatique**	Les obligations entre les cocontractants sont réciproques.
C **unilatéral**	Une ou plusieurs personnes s'obligent envers une ou plusieurs autres sans qu'il y ait d'engagement réciproque de celles-ci.
C **à titre onéreux**	Chaque partie reçoit de l'autre un avantage en contrepartie de celui qu'elle procure.
C **à titre gratuit**	L'une des parties procure à l'autre un avantage sans attendre ni recevoir de contrepartie.
C **commutatif**	Chaque partie s'engage à procurer à l'autre un avantage qui est regardé comme l'équivalent de celui qu'elle reçoit.

Contrat (C)	Caractéristiques
C **aléatoire**	Les effets du contrat vont résulter d'un événement incertain.
C **consensuel**	Il se forme par le seul échange des consentements quel qu'en soit le mode d'expression.
C **solennel**	Sa validité est subordonnée à des formes déterminées par la loi.
C **réel**	Sa formation est subordonnée à la remise d'une chose.
C **de gré à gré**	Les stipulations sont négociables entre les parties.
C **d'adhésion**	Il comporte un ensemble de clauses non négociables, déterminées à l'avance par l'une des parties.
C **cadre**	C'est un accord par lequel les parties conviennent des caractéristiques générales de leurs relations contractuelles futures.
C d'**application**	Il précise les modalités d'exécution d'un contrat cadre.
C **à exécution instantanée**	Les obligations peuvent s'exécuter en une prestation unique.
C **à exécution successive**	Les obligations d'au moins une partie s'exécutent en plusieurs prestations échelonnées dans le temps.

2 Formation du contrat

A. Conclusion

Étapes	Caractéristiques
1. **Négociations précontractuelles**	• **Liberté** pour les négociations ; **bonne foi** des personnes. • Devoir d'**information précontractuelle** (d'ordre public) : est à la charge de la partie qui détient une **information déterminante** du consentement de son cocontractant. • Obligation de **confidentialité**.
2. **Offre**	• Faite à personne déterminée ou indéterminée. • Peut-être rétractée à l'issue d'un délai raisonnable (à défaut : responsabilité extracontractuelle). • Est caduque dans certaines conditions.
3. **Acceptation**	• Application de la **théorie de la réception**. • Le silence ne vaut pas acceptation. • Un délai de réflexion et un **délai de rétractation** peuvent être prévus par la loi ou le contrat. • Acceptation des conditions générales et des conditions particulières.

Étapes	Caractéristiques
4. **Avant-contrat**	• **Pacte de préférence** : le bénéficiaire du pacte est protégé par **l'action interrogatoire** (le tiers peut demander par écrit au bénéficiaire de confirmer dans un délai qu'il fixe et qui doit être raisonnable, l'existence d'un pacte de préférence et s'il entend s'en prévaloir. L'écrit doit mentionner qu'à défaut de réponse dans ce délai, le bénéficiaire du pacte ne pourra plus solliciter sa substitution au contrat conclu avec le tiers ou la nullité du contrat). • **Promesse unilatérale**.
5. Règles spécifiques au **contrat conclu par voie électronique**	• Diffusion des informations nécessaires à la conclusion du contrat. • Conditions à respecter par le professionnel qui fait une offre pour la prestation de services ou la fourniture de biens (*ex.* : étapes à suivre pour la conclusion du contrat).

B. Validité

Conditions de validité d'un contrat	Caractéristiques
1. **Consentement** des parties	• Être sain d'esprit. • **Vices du consentement** : erreur, dol, violence qui doivent avoir un caractère déterminant. • Distinguer : erreur de droit ou de fait, erreur sur la valeur (pas de nullité). • Ces vices entraînent la **nullité relative du contrat**.
2. **Capacité** des parties à contracter et **représentation**	• **Capacité :** – distinguer personne physique (incapable…) et personne morale (*cf.* objet dans les statuts) ; – incapacité : entraîne la nullité relative du contrat. • **Représentant :** – est légal, judiciaire ou conventionnel ; – doit agir dans la limite des pouvoirs conférés ; application de la théorie du mandat apparent ; – s'il détourne ses pouvoirs : le tiers doit en avoir connaissance pour que la nullité soit invoquée ; – si le tiers doute de ses pouvoirs : peut exercer l'action interrogatoire.

Conditions de validité d'un contrat	Caractéristiques
3. **Contenu licite et certain** du contrat	• Pas de dérogation à l'ordre public. • Objet des obligations : prestation présente ou future, possible et déterminée ou déterminable. • Prix doit être fixé (si abus lors de la fixation du prix : juge peut être saisi). • Équivalence des prestations. • Contrepartie dans un contrat à titre onéreux : non illusoire, non dérisoire. • Pas de déséquilibre significatif (quant à l'économie générale du contrat) dans un contrat d'adhésion.

C. Forme

Règles générales	• Principe : contrat consensuel. • Exceptions : contrats solennels, contrats réels.
Règles spécifiques au contrat conclu par voie électronique	• Principe : validité de l'écrit électronique. • Exceptions : actes sous signature privée, relatifs notamment aux sûretés réelles ou personnelles.

D. Sanctions

Sanctions = nullité et caducité du contrat

Nullité du contrat

- *Causes* : le contrat ne remplit pas les conditions requises pour sa validité.
- *Cas* de nullité :

Nullité ABSOLUE	Nullité RELATIVE
Non-respect d'une règle qui a pour objet la sauvegarde de **l'intérêt général**.	Non-respect d'une règle qui a pour objet la sauvegarde d'un **intérêt privé**.
Nullité : • peut être demandée par *toute personne justifiant d'un intérêt, ainsi que par le ministère public* ; • *ne peut être couverte par la confirmation du contrat.*	Nullité : • peut être demandée seulement par la *partie que la loi veut protéger* ; • *peut être couverte par la confirmation.*

- *Moyens* qui peuvent être utilisés en cas de nullité :
- **confirmation** : acte par lequel la personne qui pourrait se prévaloir de la nullité y renonce ;

- **action interrogatoire** : une partie peut demander par écrit à celle qui pourrait se prévaloir de la nullité soit de confirmer le contrat, soit d'agir en nullité dans un délai de six mois à peine de forclusion ;
- nullité d'une ou plusieurs clauses qui ont constitué un **élément déterminant de l'engagement** des parties ou de l'une d'entre elles.

• *Modalités* de l'annulation : le **juge** la prononce ou les parties la constatent d'un **commun accord**.

• *Effets* de l'annulation : **rétroactivité**, **responsabilité extracontractuelle** (le cas échéant).

▸ Caducité du contrat

• *Causes* : disparition d'un élément essentiel du contrat ou d'un contrat quand l'exécution de plusieurs contrats est nécessaire.

• *Effets* : fin du contrat, restitutions (le cas échéant).

3 Interprétation du contrat

▸ Modalités

• recherche de la **commune intention des parties** ;

• **interprétation des clauses** les unes par rapport aux autres ;

• en cas de doute : interprétation contre le créancier et en faveur du débiteur pour un contrat de gré à gré, et contre celui qui l'a proposé pour un contrat d'adhésion.

4 Effets du contrat

A. Effets entre les parties

Effets = force obligatoire du contrat et effet translatif de propriété et des risques de la chose.

Effets	Règles applicables
Force obligatoire du contrat	• *Principes :* - modification ou révocation : seulement par consentement mutuel des parties ; - exécution des obligations : *cf.* équité, usage, loi. • *Exceptions :* application du **mécanisme de l'imprévision** : - renégociation possible du contrat ; - résolution du contrat par les parties ou adaptation du contrat par le juge (qui peut réviser le contrat ou y mettre fin).

Effets	Règles applicables
Effet translatif de propriété et des risques de la chose	• *Moment du transfert :* – principe : lors de la conclusion du contrat ; – peut être différé par les parties ou la loi notamment. • *Effets du transfert* : – principe : le transfert de propriété emporte transfert des risques de la chose ; – l'obligation de délivrer la chose emporte obligation de la conserver jusqu'à la délivrance, en y apportant tous les soins d'une personne raisonnable.

B. Effets à l'égard des tiers

Différentes situations = effet relatif du contrat, contre-lettre, porte-fort, stipulation pour autrui.

Effets	Règles applicables
Effet relatif du contrat	• Obligations seulement entre les parties. • Opposabilité du contrat aux tiers.
Contre-lettre	• Application aux parties / contrat apparent. • Inopposabilité aux tiers. • Nullité : si a pour objet d'augmenter le prix stipulé dans un acte de cession d'un officier ministériel.
Porte-fort	• Le promettant s'engage pour un tiers. • À défaut d'exécution par le tiers : condamnation du promettant à des dommages-intérêts.
Stipulation pour autrui	• Trois personnes sont en cause : stipulant, promettant, bénéficiaire. • Acceptation : possible notamment par bénéficiaire. • Révocation : possible tant que bénéficiaire n'a pas accepté.

C. Durée du contrat

Durée	Règles applicables
Déterminée	• Exécution du contrat jusqu'à son terme. • Renouvellement et tacite reconduction du contrat entraînent la conclusion d'un nouveau contrat qui est à durée indéterminée. • Prorogation du contrat : possible avant expiration.
Indéterminée	• Fin du contrat avec respect du délai de préavis ; à défaut, délai raisonnable.
Perpétuelle	• Interdiction des engagements perpétuels.

D. Cession du contrat

Conditions	• Trois personnes concernées : cédant, cessionnaire, cédé. • Contrat écrit, à peine de nullité.
Effets	• Le cédé qui a expressément consenti à la cession : le cédant est libéré pour l'avenir. • Le cessionnaire peut opposer au cédant les exceptions inhérentes à la dette. • Le cédé peut opposer au cessionnaire toutes les exceptions qu'il aurait pu opposer au cédant.

E. Inexécution du contrat

Sanctions de l'inexécution

Sanctions de l'engagement inexécuté OU imparfaitement exécuté par la mise en jeu de la **responsabilité contractuelle**

- **Exception d'inexécution**
- **Exécution forcée en nature**
- **Réduction du prix**
- **Résolution du contrat**
- **Réparation**
- Les sanctions qui ne sont pas incompatibles peuvent être cumulées ; des **dommages et intérêts** peuvent toujours être demandés.

Règles spécifiques aux différentes sanctions

• Sources de l'inexécution du contrat

Sources	Règles applicables
Cas de la **force majeure**	• Force majeure a un caractère irrésistible et imprévisible. • L'empêchement qui en découle est temporaire (il y a retard dans l'exécution) ou définitif (résolution de plein droit du contrat).
Exception d'inexécution	• 1er cas : une partie peut *refuser d'exécuter son obligation*, alors même que celle-ci est exigible, si l'autre n'exécute pas la sienne et si cette inexécution est suffisamment grave. • 2e cas : une partie peut *suspendre l'exécution de son obligation* dès lors qu'il est manifeste que son cocontractant ne s'exécutera pas à l'échéance et que les conséquences de cette inexécution sont suffisamment graves pour elle. Cette suspension doit être notifiée dans les meilleurs délais.

- Demandes relatives à l'inexécution du contrat

Demandes	Règles applicables
Exécution forcée en nature	Le créancier peut après une mise en demeure : • soit *poursuivre l'exécution* en nature de l'obligation, sauf si cette exécution est impossible ou s'il existe une disproportion manifeste entre son coût pour le débiteur de bonne foi et son intérêt pour le créancier ; • *soit faire exécuter lui-même l'obligation* dans un délai et à un coût raisonnables ou, sur autorisation préalable du juge, détruire ce qui a été fait en violation de l'obligation. Il peut demander au débiteur le remboursement des sommes engagées à cette fin.
Exécution imparfaite du contrat et réduction proportionnelle du prix	Peuvent être demandées par le créancier après mise en demeure du débiteur.
Résolution du contrat	*Modalités* : • application d'une **clause résolutoire** : est subordonnée à une mise en demeure infructueuse ; • **demande en justice** : le juge peut constater ou prononcer la résolution ou ordonner l'exécution du contrat, en accordant éventuellement un délai au débiteur, ou allouer seulement des dommages et intérêts.
	Effets : • **fin** du contrat ; • **restitution** des prestations si elles trouvaient leur utilité par l'exécution complète du contrat ; dans le cas contraire, il y a résiliation du contrat ; • **maintien des clauses** de règlement des différends, de confidentialité et de non-concurrence.
Réparation du préjudice résultant de l'inexécution du contrat	• Condition préalable : le débiteur a reçu une **mise en demeure de s'exécuter dans un délai raisonnable**. • **Nature des dommages-intérêts** (DI) : pour inexécution ou retard dans l'exécution. • **Évaluation des DI** : - *but* : réparer le préjudice résultant de la perte subie par le créancier et au gain dont il a été privé ; - *montant* : *cf.* la pénalité prévue par le contrat, que le juge peut, même d'office, modérer ou augmenter si elle est manifestement excessive ou dérisoire. Les DI dus pour retard dans le paiement d'une somme d'argent consistent dans l'intérêt au taux légal à compter de la mise en demeure ; - *droit des créanciers* : obtenir des dommages et intérêts distincts de l'intérêt moratoire si le débiteur en retard a causé, par sa mauvaise foi, un préjudice indépendant de ce retard.
En toute matière	**La condamnation à une indemnité (DI) emporte intérêts au taux légal** même en l'absence de demande ou de disposition spéciale du jugement.

La diversité des contrats

Dans les relations avec ses clients, l'entreprise peut conclure différents types de contrats, qui sont réglementés par le Code civil et le Code de commerce.

1. Le contrat de vente
2. Le contrat d'entreprise
3. Les contrats de distribution

1 Le contrat de vente

A. Caractéristiques fondamentales

Est un contrat :

- à titre onéreux, synallagmatique, commutatif (exception : vente de choses futures) ;
- translatif de propriété : principe : consensuel ; exceptions : formalisme est requis dans certains cas (*ex.* : acte authentique), inscription d'une clause de réserve de propriété.

B. Formation

3 conditions à remplir pour que le contrat soit valablement formé

Conditions	Règles applicables
Obligation générale d'information	• Est à la charge du vendeur, qui doit apporter la preuve de son exécution. • Est plus ou moins étendue : renseignement, mise en garde, conseil.
Consentement des parties	• Il doit être **exempt de vices**. • Principe de la **liberté contractuelle** ; exception : *cf.* les incapacités. • Possibilité de conclure un **avant-contrat** : contrat-cadre, promesse unilatérale d'achat ou de vente, promesse synallagmatique de vente (ou compromis), vente conditionnelle. • Possibilité d'exercer la **faculté de repentir** : application d'une clause de dédit, versement d'arrhes.
Objet de la vente	• La **chose** doit remplir quatre conditions pour être vendue : exister, pouvoir être appropriée, être aliénable, être déterminée ou déterminable. • Le **prix** doit exister : il doit être déterminé, réel, pertinent.

C. Effets

1. Effets réels du contrat de vente

Transfert de propriété	• **Effets entre les parties** : le transfert est organisé : – soit par la loi : dès l'échange des consentements ; – soit par le contrat : terme, condition, clause de réserve de propriété.
	• **Effets vis-à-vis des tiers** : l'opposabilité aux tiers peut découler de : – la possession de la chose (*cf.* la bonne foi du possesseur) ; – la publicité du transfert de propriété de la chose (*ex.* : pour immeuble : publicité foncière à la Conservation des hypothèques).
Transfert des risques	• **Est organisé par la loi** : – principe : a lieu lors de l'échange des consentements ; – exception : si l'acheteur a adressé une mise en demeure de livrer au vendeur, ce dernier a la charge des risques. • **Est organisé par le contrat :** *ex.* : *cf.* clause de réserve de propriété.

2. Obligations du vendeur

Obligations
Obligation de délivrance
Caractéristiques
• Concerne le **transfert du droit et** la **possession de la chose** ; la chose doit être conforme sur les plans matériel et fonctionnel. • Porte sur la **chose** et, le cas échéant, sur les **accessoires de la chose**. • **Modalités d'exécution** : – lieu : chose est quérable (principe) ou portable (*cf.* le contrat) ; – moment : immédiatement (principe) ou autre moment (*cf.* le contrat) ; – forme : l'acheteur doit pouvoir en prendre possession. • **Sanctions du défaut de délivrance** : – sanctions **légales** : résolution de la vente (pour inexécution du contrat), réfaction judiciaire ou résolution unilatérale. Des dommages-intérêts peuvent être accordés à l'acheteur. Pour obtenir l'exécution du contrat : invoquer l'exception d'inexécution, demander l'exécution forcée ou exercer la faculté de remplacement ; – sanctions **conventionnelles** : application des clauses relatives à la responsabilité ou d'une clause résolutoire. • NB : le vendeur est déchargé de son obligation en cas de **force majeure** (**théorie des risques**).

Obligations		
Obligation de garantie		
Caractéristiques		
Garanties	Cas	
	Garantie **prévue par la loi**	Garantie **aménagée par une convention**
Garantie d'éviction : protection contre une éviction totale ou partielle.	• Est une garantie du fait personnel du vendeur ou du fait d'un tiers. • Est totale ou partielle.	Peut notamment être étendue par une clause de non-concurrence.
Garantie des vices cachés	• Le **vice** doit être rédhibitoire, caché et antérieur à la vente. • L'action en garantie *doit être intentée par l'acquéreur dans un* ***délai de deux ans*** *à compter de la découverte du vice.* L'acheteur a le choix entre une **action rédhibitoire** et une **action estimatoire**. • NB : **présomption irréfragable de mauvaise foi** du vendeur professionnel.	La garantie peut être : • **étendue** ; garantie conventionnelle ; • **réduite** : vis-à-vis d'un professionnel.

3. Obligations de l'acheteur

Obligations
Obligation de retirement de la chose
Caractéristiques
• Obligation de prendre livraison de la chose. • **Sanctions du défaut de retirement** : – exécution forcée du contrat ; – résolution du contrat.
Obligations
Obligation de paiement du prix
Caractéristiques
• **Modalités** : – prix = prix de vente avec, le cas échéant : intérêts et frais de la vente ; – paiement comptant, anticipé ou différé ; – lieu : est portable (au lieu de la délivrance) ou quérable (au domicile de l'acquéreur). • Preuve : par quittance par principe. • **Sanction du défaut de paiement** : – exécution forcée : utilisation des garanties du paiement (droit de rétention, privilège du vendeur) ; – résolution du contrat : résolution du droit commun ou application d'une clause résolutoire.

2 Le contrat d'entreprise

A. Caractéristiques fondamentales

- L'**entrepreneur**, s'engage à faire quelque chose pour une autre personne, le maître de l'ouvrage. Il a une **obligation de faire**.
- Le **maître de l'ouvrage** doit verser la rémunération convenue dans le contrat.

B. Formation

1. Conditions de fond

- L'**ouvrage** doit être **déterminé** ; élaboration d'un devis.
- Le **prix** de l'ouvrage est déterminé, déterminable ou indéterminé.

2. Conditions de forme et preuve

- Pas de formalisme exigé pour la validité du contrat.
- **Preuve** : devis ou bon de commande et preuve de la nature et du montant de la créance.

C. Effets

1. Obligations de l'entrepreneur

▸ Principes

- Il **exécute personnellement** la prestation prévue dans le contrat.
- Il a une **obligation de conseil** et une **obligation de sécurité**.

▸ Responsabilité contractuelle

En cas d'inexécution du contrat par l'entrepreneur, le juge peut prononcer l'exécution forcée de la prestation, le cas échéant sous astreinte.

D. Fin du contrat

Motifs de droit commun	Notamment : • **exécution du contrat** convenu entre les parties ; • **résolution du contrat** ; • **caducité du contrat** liée à la perte de la chose non imputable à l'entrepreneur.
Motifs spécifiques	• Si le contrat est *intuitus personae*. • Résolution unilatérale par le maître de l'ouvrage.

3 Les contrats de distribution

A. Contrat de concession

1. Caractéristiques

- Pas de définition légale du contrat.
- Le fournisseur, ou **concédant**, vend ses produits au **concessionnaire**.
  Le concessionnaire est un commerçant indépendant. Il agit en son propre nom et pour son compte personnel en achetant les produits du fournisseur qu'il revend à sa clientèle.
- Le contrat prévoit une **clause d'exclusivité** de fourniture (ou exclusivité territoriale) ou une clause d'exclusivité d'approvisionnement ou d'exclusivité réciproque.

2. Effets

▸ Obligations et droits du concessionnaire

- vendre dans conditions fixées, pas de concurrence au concédant ;
- perçoit une commission ;
- pas de droit au renouvellement du contrat si celui-ci est à durée déterminée ; tacite reconduction possible.

▸ Obligations et droits du concédant

- respect du contrat ;
- perçoit rémunération prévue ;
- peut résilier unilatéralement du contrat à l'arrivée du terme ou en appliquant une clause résolutoire ; il peut renouveler le contrat à l'expiration en modifiant des clauses ;
- si le contrat est à durée indéterminée : chaque partie peut le dénoncer à tout moment.

▸ Effets de l'extinction du contrat

Notamment :

- obligation de *reprise du personnel du concessionnaire* : soit par le concédant s'il reprend l'activité, soit par le nouveau concessionnaire ;
- droit de conclure un *nouvel accord de distribution* pour le concédant et pour le concessionnaire ;
- obligation de respecter, le cas échéant, la *clause de non-concurrence* inscrite dans le contrat par le concessionnaire.

B. Contrat de franchise

1. Caractéristiques

- Pas de définition légale du contrat.
- La franchise est un **système de commercialisation de produits, services ou technologies** reposant sur une étroite collaboration entre deux entreprises juridiquement et financièrement indépendantes l'une de l'autre.

Une entreprise (**le franchisé**) verse une contribution financière, à une autre entreprise (**le franchiseur**) pour avoir le droit d'utiliser son enseigne et/ou sa marque, son savoir-faire, de commercialiser ses produits ou services, conformément au contrat ; le franchisé bénéficie d'une assistance commerciale ou technique.

2. Formation

- Le franchiseur choisit librement le franchisé ; il doit lui remettre un **projet de contrat** et un **document d'information précontractuel**.
- Contenu du contrat :
- forme et contenu sont en principe librement fixés par les deux parties ;
- en pratique, la rédaction du contrat échappe presque totalement au franchisé.

Ex. *de clauses :*
- *durée du contrat : le contrat est souvent à durée déterminée ;*
- *étendue des exclusivités ;*
- *obligation de non-concurrence ;*
- *conditions de renouvellement et résiliation : le franchisé n'a pas de droit au renouvellement du contrat.*

3. Effets

Obligations du franchiseur

- fournir au franchisé un savoir-faire commercial et technique, un soutien publicitaire, un conseil dans le choix de l'emplacement du futur établissement, une formation adaptée...
- assister le franchisé en permanence dans la gestion de son affaire.

Obligations et droits du franchisé

Lors de son installation	• *Financer l'acquisition du fonds ou du droit au bail.* • Acquitter la *redevance initiale forfaitaire.* • Choisir sa structure juridique.
En cours de contrat	• **Obligations**, notamment : - s'approvisionner exclusivement ou quasi exclusivement en marchandises, services... auprès de son franchiseur et/ou des fournisseurs référencés par lui ; - respecter l'*exclusivité* ; - acquitter les *royalties* et *redevances publicitaires.* • **Droit** à la *propriété commerciale.* • **Responsabilités** : - informer les consommateurs de sa qualité d'entreprise indépendante ; - est responsable de la gestion de l'entreprise.

Fin du contrat

- **Renouvellement du contrat** : pas de droit au renouvellement du contrat pour le franchisé si celui-ci est à durée déterminée ; tacite reconduction possible.
- **Résiliation du contrat** : le contrat peut être résilié unilatéralement par chacune des parties.

4 Les contrats d'assurance

L'entreprise peut conclure des contrats d'assurance (*cf.* Code des assurances notamment) afin de protéger son patrimoine et de faciliter sa transmission.

A. Mécanisme de l'assurance

Contrat d'assurance

Assuré	Assureur
Versement d'une **prime** annuelle (appelée cotisation).	Garantit à l'assuré des prestations pécuniaires (indemnités ou prestations forfaitaires) ou en nature (*ex.* : assistance juridique), dans le cas où le **risque** prévu au contrat se réaliserait (*ex.* : vol).

Le contrat d'assurance est un contrat aléatoire

Fonctionnement de l'assurance

- **Mutualisation** (ou collectivisation) des risques.
- Calculs de probabilité par l'assureur pour déterminer la probabilité de la réalisation des risques garantis.
- **Division du risque :** les assureurs partagent entre eux les risques en utilisant deux techniques, qu'ils peuvent combiner :

La coassurance	La réassurance
Pour diviser un risque, garanti par un contrat unique, entre plusieurs assureurs qui s'engagent chacun pour un pourcentage déterminé de la valeur assurée et sans solidarité.	Permet à une société d'assurance, la société cédante, de se réassurer contre les risques qu'elle garantit auprès d'un réassureur. Puis les réassureurs répartissent entre eux une partie de leur portefeuille respectif par des cessions mutuelles.

B. Personnes participant à l'opération d'assurance

1. Les professionnels de l'assurance

- Les **sociétés d'assurance**, qui sont des sociétés anonymes d'assurance ou des sociétés d'assurance mutuelles.
- Les **intermédiaires d'assurance** : agents généraux (surtout pour les assurances de particuliers et de PME), des courtiers d'assurance (qui sont des commerçants).

2. L'assuré, qui n'est pas nécessairement le souscripteur du contrat d'assurance

- Le **souscripteur du contrat d'assurance** est la personne (physique ou morale) au nom de laquelle le contrat d'assurance est conclu. Il s'engage à payer la prime.
- L'**assuré** est la personne qui est garantie par l'assureur : ce peut être le souscripteur du contrat ou un tiers.

Quand l'assuré est un tiers, il s'agit d'une assurance pour compte, qui fonctionne selon le mécanisme de la **stipulation pour autrui**.

C. Catégories d'assurances

Assurances de dommages	
Assurances de biens	• *Objet* : indemnisation d'un dommage subi par l'assuré, qui résulte de la destruction, de la dégradation ou de la disparition d'un **bien** ou de son **patrimoine**. • *Ex. pour l'entreprise* : dommages matériels et immatériels. • Possibilité pour les entreprises de souscrire des **assurance-crédit** et des **assurance-caution**.
Assurances de responsabilité	• *Objet* : réparation de dommages causés à des tiers. • *Personnes concernées* : assureur et assuré, victime et son assureur (action directe contre l'assureur de l'auteur des faits). • Assurances de responsabilité civile des entreprises pour les risques d'exploitation et ceux relatifs aux produits ; assurance *responsabilité civile* professionnelle. • Possibilité de conclure des contrats multirisques.

Assurances de personnes
• *Objet* : indemniser les risques relatifs aux **accidents corporels et à la maladie.** Ces assurances ont un **caractère forfaitaire.** • Possibilité pour les entreprises de souscrire des **assurances de groupe au profit des salariés** : pour compléter les garanties dont bénéficient déjà les salariés, par ex. : - couverture complémentaire des risques décès, incapacité, invalidité et maladie accident ; - constitution d'une épargne retraite. • Cas de **l'assurance-vie** : contrat par lequel l'**assureur** s'engage à l'égard du **souscripteur**, moyennant le paiement d'une cotisation ou d'une prime, à verser au **bénéficiaire** qui est désigné dans la police une somme d'argent, sous certaines éventualités qui dépendent de la vie (risque de survie) ou de la mort de l'assuré ou d'un tiers (risque de décès). Trois types de contrats : - assurances en cas de décès (ex : assurance homme clé) ; - assurance en cas de vie ; - assurances mixtes.

D. Régime juridique du contrat d'assurance

1. Formation

Obligations de l'assureur

- Information précontractuelle de l'assuré.
- Remise d'une proposition d'assurance à l'assuré avec offre de contracter.
- Rédaction d'écrits à titre de preuve : note de couverture, police d'assurance.

Obligation de l'assuré

- Délimitation du risque garanti : déclaration du risque initial.

Rédaction du contrat

- Possibilité de prévoir des **exclusions** de garanties (*ex.* : si faute intentionnelle de l'assuré).
- L'assureur peut **imposer des garanties** (présomptions légales) telles que la garantie des catastrophes naturelles.

2. Exécution

Obligations des parties

Assuré	Assureur
• **Paiement de la prime** dans les conditions prévues (*cf.* montant, échéance, lieu et moyens de paiement). • *Sanction* du non-paiement : le cas échéant, suspension de la garantie. • **Déclaration du sinistre** à l'assureur, dans le délai et les formes prévus pour obtenir le paiement de la garantie.	• **Règlement du sinistre** ; le cas échéant, après une expertise (amiable ou judiciaire). • Les **créanciers du règlement** peuvent être notamment l'assuré, le tiers victime.

Modification du contrat en cours d'exécution

Elle peut concerner le montant de la prime ou d'une franchise, l'adjonction d'une garantie nouvelle, la suppression d'une exclusion conventionnelle, l'augmentation ou la diminution du montant des garanties, ou la durée du contrat.

3. Extinction

Extinction de plein droit	• **Motifs :** – arrivée du **terme** ; possibilité d'une clause de tacite reconduction ; – **perte** de la chose assurée ; – retrait d'agrément ou liquidation judiciaire de l'assureur.
Résiliation	• **Par l'assureur :** – après la réalisation d'un sinistre ; – si l'assuré, de bonne foi, omet de déclarer ou déclare inexactement son risque lors de la souscription du contrat, ou en cas d'aggravation du risque lors de l'exécution du contrat. • **Par l'assuré**, si l'assureur refuse de diminuer le montant de la prime alors que le risque s'est réduit en cours de contrat.

5 La transaction

A. Définition

La transaction est un **contrat** par lequel les parties, par des **concessions réciproques**, *terminent* une **contestation** née, ou *préviennent* une contestation à naître.

B. Forme

Ce contrat doit être rédigé par **écrit**.

C. Conditions de fond

Pour transiger, il faut avoir la ***capacité*** *de disposer* des objets compris dans la transaction.

D. Spécificités de la transaction

- *Cas de conclusion :* si les parties veulent mettre fin à un litige ou si elles veulent prévenir un litige.
- *Domaines* : litige civil, commercial, social ; ou pour une infraction dans laquelle la victime demande réparation de son préjudice.
- *Contenu :* ce qui est relatif au litige et aux personnes qui s'engagent dans la transaction en faisant des concessions réciproques.
- *Effets :* les parties ne pourront plus introduire ou poursuivre une action en justice ayant le même objet que celui de la transaction.

Le droit pénal général

Le droit pénal (*cf.* le Code pénal) précise les éléments constitutifs de l'infraction et permet de classifier les infractions.
Il définit les personnes responsables des infractions et les peines qui leur sont applicables.

1 Les trois éléments constitutifs de l'infraction

L'infraction est la violation d'une **règle pénale** ; elle cause un trouble à l'ordre public.

Pour qu'une infraction soit constituée, il faut prouver que **trois éléments sont réunis** :

élément légal + élément matériel + élément intentionnel

- Principe : s'il manque l'un de ces éléments, la personne en cause ne peut pas être poursuivie pour les faits commis.
- Dans certains cas, la loi prévoit que l'élément intentionnel n'est pas à prouver pour que les faits soient punissables.

Élément légal
Toute infraction (**crime**, **délit** ou **contravention**), pour être punissable, doit être définie par un texte pénal (**loi** ou **règlement**). • Si des faits sont commis par une personne et qu'ils ne sont pas prévus par la loi, ils ne peuvent pas faire l'objet de **peines**. Application de la **loi pénale** : • dans le temps : – pour les **lois pénales de fond** : c'est le **principe de non-rétroactivité** qui s'applique (exception : pour les lois pénales plus douces) ; – pour les **lois pénales de forme**, l'application d'une nouvelle loi est immédiate ; • dans l'espace : la loi pénale française sanctionne les infractions commises sur le **territoire français** par les Français et les étrangers.
Élément matériel
Deux types d'élément matériel en fonction des conditions dans lesquelles s'est produite l'infraction : • **commission** de l'infraction, on distingue : – infractions de commission (acte positif) ; – infractions d'omission ou d'abstention (inexécution d'une obligation légale) ; • **tentative** d'infraction : – elle est constituée par un commencement d'exécution, une absence de désistement et une intention coupable ; – la loi précise les cas dans lesquels elle est punissable.
Élément intentionnel (ou moral)
Cet élément doit être prévu par le texte qui définit l'infraction.

2 La classification des infractions

Classification fondée sur l'élément légal

Régime juridique	Crime	Délit	Contravention
Tentative	Toujours punissable	Punissable dans les cas prévus par la loi	Jamais punissable
Complicité	Toujours punissable	Toujours punissable	Est punissable dans certains cas, si le règlement le prévoit
Prescription de l'action publique	20 ans à compter du jour où l'infraction a été commise	6 ans à compter du jour où l'infraction a été commise. Pour les infractions occultes ou dissimulées (délits d'abus de confiance, d'abus de bien ...), le délai court à compter du jour où l'infraction est apparue et a pu être constatée : il est de 12 ans.	1 an à compter du jour où l'infraction a été commise
Instruction	Obligatoire	Obligatoire, si elle est prévue par la loi	Seulement possible sur réquisition du Ministère public
Charge de la **preuve**	Le ministère public doit prouver l'infraction		L'infraction est présumée commise
Juridiction compétente	**Cour d'assises**	**Tribunal correctionnel**	• **Tribunal de police** pour les contraventions de 5e classe. • **Juge de proximité** pour les contraventions des 4 premières classes
Prescription de la peine	20 ans à compter du jour où l'infraction a été commise	6 ans à compter du jour où l'infraction a été commise	3 ans à compter du jour où l'infraction a été commise

Classifications fondées sur l'élément matériel

On distingue notamment :
- infractions de commission, d'omission ou d'abstention ;
- infractions instantanées ou continues ;
- infractions flagrantes ou non flagrantes.

Classification fondée sur l'élément intentionnel

On distingue : infractions intentionnelles et infractions non intentionnelles.

3 Les personnes responsables de l'infraction

A. Personnes responsables

Auteur de l'infraction	Il est puni s'il commet l'infraction ou tente de la commettre.
Complice de l'infraction	Trois éléments doivent être réunis pour qu'un **délit de complicité** soit commis : • un élément légal (une infraction principale : crime ou délit) ; • un élément matériel (tel qu'un acte positif) ; • un élément intentionnel (action en connaissance de cause). Le complice encourt les mêmes peines que l'auteur.

B. Mise en jeu de la responsabilité pénale

Responsabilité pénale de la personne morale

- Les personnes morales sont responsables pénalement des **infractions commises, pour leur compte, par leurs organes ou représentants**.
- La responsabilité pénale des personnes morales n'exclut pas celle des personnes physiques auteurs ou complices des mêmes faits.

Responsabilité pénale du fait d'autrui

Mise en jeu de la responsabilité pénale du dirigeant d'entreprise	Exonération de responsabilité pénale pour un dirigeant d'entreprise
Cas : • en tant qu'employeur, s'il n'a pas manifestement respecté une obligation de sécurité ou de prudence sur le lieu de travail ; • s'il a commis une faute personnelle qui expose ses salariés à un risque grave qu'il ne pouvait ignorer.	Si le dirigeant prouve l'une des deux situations suivantes : • la faute a été commise par une personne à laquelle il a fait une délégation de pouvoirs ; • il a mis en œuvre tous les moyens prévus par la loi ou le règlement et il n'a commis aucune faute.

4 Les peines

Peine = sanction légale infligée à l'auteur d'une infraction ou à son complice par la juridiction pénale.
Le juge statue selon le **principe de la légalité des peines**.

A. Classification des peines

- La loi distingue
  - les peines **principales** que le juge doit prononcer ;
  - les peines **complémentaires** et les peines **de substitution** (ou alternatives) que le juge peut prononcer.
- En fonction des infractions, les peines sont **contraventionnelles**, **correctionnelles** ou **criminelles**.
- La loi différencie les peines applicables aux **personnes physiques** (*ex.* : emprisonnement, travail d'intérêt général) et celles qui s'appliquent aux **personnes morales** (*ex.* : dissolution).

B. Régime des peines

- Les peines peuvent être personnalisées, aggravées ou être éteintes.

Personnalisation de la peine	*Ex.* : semi-liberté, placement sous surveillance électronique, fractionnement de la peine, prononcé d'un sursis.
Aggravation de la peine	*Ex.* : en cas de circonstances aggravantes ou de récidive.
Extinction de la peine	*Ex.* : prescription de la peine, amnistie ou réhabilitation.

La procédure pénale

Les phases de la procédure pénale sont inscrites dans le Code de procédure pénale.

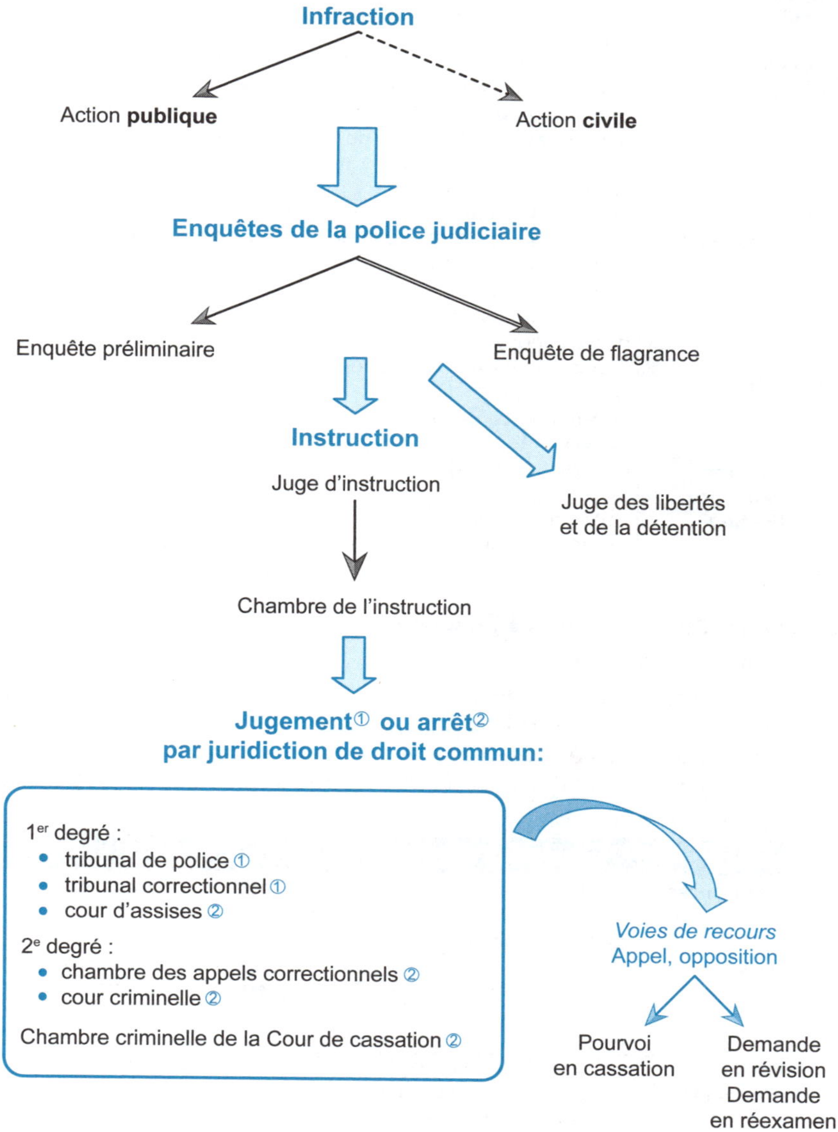

4 La procédure pénale

1 Les actions en justice

Caractéristiques	Action PUBLIQUE	Action CIVILE
But	Réparer le trouble causé à l'**ordre public**.	Réparer le préjudice causé à la **victime**.
Exercice	En principe : par le ministère public (MP) qui applique le **principe d'opportunité des poursuites** (le MP décide de poursuivre ou de ne pas poursuivre la personne).	• En principe : par la **victime**, **partie civile**, ou ses **héritiers**. • La partie civile peut ne pas être victime ; *ex.* : ordre professionnel.
Mise en mouvement	• Par le MP ou la partie lésée (par dépôt de plainte (par *ex.* : devant un commissaire de police) ou par constitution de partie civile devant le juge d'instruction). • Sont poursuivis : les auteurs et les complices. • Compétence de la juridiction pénale.	La partie civile peut agir : • soit devant la juridiction pénale. L'action se prescrit selon les règles de l'action publique. • soit devant la juridiction civile. L'action se prescrit selon les règles de droit civil : l'action ne pourra plus être exercée au pénal.
Juridiction compétente	• Juridiction pénale	
Extinction	Notamment par prescription, retrait de la plainte ou chose jugée.	Notamment si elle est engagée après le délai de prescription de l'action publique.

2 Les enquêtes de la police judiciaire

A. La police judiciaire (PJ)

- **Mission** : constater les **infractions** et en rechercher les **preuves** et les **auteurs** tant que l'information (ou instruction) du juge d'instruction n'est pas ouverte. Puis elle exécute les délégations de pouvoirs du juge d'instruction.
- **Composition** : officiers de PJ, agent de PJ et certains fonctionnaires et agents de police.

B. Les enquêtes de la PJ

Caractéristiques	Enquête PRÉLIMINAIRE	Enquête DE FLAGRANCE
Circonstances	D'office ou à la demande du ministère public (*ex.* : procureur de la République).	**Infraction flagrante.**
Pouvoirs	*Ex. :* • perquisitions et visites domiciliaires ; • gardes à vue.	Pouvoirs plus étendus que dans l'enquête préliminaire.
À l'issue de l'enquête	Le MP peut notamment saisir le juge d'instruction ou faire un classement sans suite.	Le MP peut notamment saisir le juge d'instruction en matière de crime ou délit.

3 L'instruction

Degré de juridiction	Juridictions compétentes	Saisine et pouvoirs
1er degré	**Juge d'instruction (JI)** (magistrat du Tribunal judiciaire (TJ))	• Il effectue une instruction (ou information) judiciaire. L'instruction est obligatoire pour les crimes, facultative en principe pour les délits, peut avoir lieu pour les contraventions à la demande du procureur de la République (PR) dans certains cas. Le juge informe en vertu d'un réquisitoire du PR. Il recherche les preuves et instruit à charge et à décharge. Il a notamment le pouvoir de faire des mises en examen et de décerner des mandats (*ex.* : mandat d'amener, mandat d'arrêt). Il prend des décisions par **ordonnances** (*ex.* : ordonnance d'irrecevabilité, ordonnance de règlement).
	Juge des libertés et de la détention (JLD) (magistrat du Tribunal judiciaire (TJ))	• Il est saisi par le juge d'instruction. • Il peut mettre une personne en **détention provisoire** ou sous **contrôle judiciaire**, ou la mettre en **liberté**.
2nd degré	**Chambre de l'instruction** (chambre de la cour d'appel)	• **Statue sur les appels** concernant les ordonnances rendues par le JI et le JLD. • Est saisie notamment par la personne mise en examen ou le MP. • A le pouvoir de contrôler l'instruction et de mettre les personnes en liberté.

4 Les décisions du juge : jugement ou arrêt

Juridictions		Décisions	Domaines de compétence
1er degré	**Tribunal de police**	**Jugements**	Contraventions
	Tribunal correctionnel	**Jugements**	Délits
	Cour d'assises	**Arrêts**	Crimes
2nd degré	**Chambre des appels correctionnels**	**Arrêts**	Appels pour les décisions relatives aux contraventions et aux délits
	Cour d'assises d'appel	**Arrêts**	Appels pour les arrêts relatifs aux crimes
Cour de cassation chambre criminelle		**Arrêts**	Pourvois en cassation Demandes en révision Demandes en réexamen

NB : Devant chaque juridiction, une **procédure** particulière doit être appliquée.

5 Les voies de recours contre la décision du juge

Types	Voie de recours	Juridiction compétente
Ordinaires • Les juridictions saisies statuent sur le **droit** et les **faits.**	**Appel**	**Cour d'appel**
	Opposition	**Juridiction qui a statué**, notamment en cas de jugement rendu par défaut.
Extraordinaires	• **Pourvoi en cassation** : pour erreur de droit. • **Demande en révision** : si un fait nouveau se produit. • **Demande en réexamen** : quand une condamnation définitive a été prononcée en violation de la Convention européenne de sauvegarde des droits de l'homme et des libertés fondamentales.	**Cour de cassation**

Le droit pénal spécial des affaires et des sociétés

1 Droit pénal des affaires

Il est inscrit dans le Code de commerce.

- Élément **légal** : *cf.* le Code de commerce
- Éléments **matériel** et **intentionnel**

Infractions	Élément MATÉRIEL	Élément INTENTIONNEL
Délit de présentation ou de publication de comptes annuels ne donnant pas une image fidèle	La loi punit **toute personne** qui, même en l'absence de toute distribution de dividendes, présente aux associés **des comptes annuels ne donnant pas, pour chaque exercice, une image fidèle** du résultat des opérations de l'exercice, de la situation financière et du patrimoine à l'expiration de cette période en vue de dissimuler la véritable situation de la société. La **présentation** des comptes est sanctionnée dans la **SARL** et la **SA**, alors que la **publication** des comptes n'est prise en compte que pour la **SA**. Ce délit est intentionnel.	Délit intentionnel
Délit de distribution de dividendes fictifs	La loi punit le fait d'opérer entre les associés la répartition de dividendes fictifs, **en l'absence d'inventaire ou au moyen d'inventaires frauduleux**. Ce sont les **dirigeants** qui sont visés ici.	Délit intentionnel
Délit d'abus des biens ou du crédit	La loi punit les **dirigeants** qui, de **mauvaise foi, font des biens ou du crédit de la société, un usage qu'ils savent contraire à l'intérêt de celle-ci, à des fins personnelles** ou pour favoriser une autre société ou entreprise dans laquelle ils sont intéressés directement ou indirectement.	Délit intentionnel
Délit d'abus de pouvoirs	La loi punit les **dirigeants** qui, en leur qualité de dirigeant et de **mauvaise foi, font des pouvoirs qu'ils possèdent ou des voix dont ils disposent, un usage qu'ils savent contraire aux intérêts de la société, à des fins personnelles** ou pour favoriser une autre société ou une autre entreprise dans laquelle ils sont intéressés directement ou indirectement.	Délit intentionnel

Infractions	Élément MATÉRIEL	Élément INTENTIONNEL
Délit de blanchiment	La loi punit **toute personne** qui **facilite**, **par tout moyen**, la **justification mensongère de l'origine des biens ou des revenus de l'auteur d'un crime ou d'un délit ayant procuré à celui-ci un profit direct ou indirect**. Est aussi punissable le fait d'apporter un concours à une opération de placement, de dissimulation ou de conversion du produit direct ou indirect d'un crime ou d'un délit.	Délit intentionnel

2 Droit pénal des sociétés

La loi punit les personnes qui n'appliquent pas des dispositions impératives du droit des sociétés et qui, de ce fait, commettent des infractions.
Les dispositions relatives à la SA s'appliquent aux autres sociétés par actions.

A. Infractions relatives à la constitution des sociétés

- Élément **légal** : *cf.* le Code de commerce
- Éléments **matériel** et **intentionnel**

Sociétés	Élément matériel	Élément intentionnel
SARL	**Délit d'émission de certaines valeurs mobilières** (interdites par la loi) commis par les **gérants**.	Délit non intentionnel
	Délit de surévaluation frauduleuse d'un apport en nature commis par **toute personne**.	Délit intentionnel
SA	**Contraventions** relatives à l'**émission ou à la négociation d'actions ou de coupures d'actions** commises dans certaines conditions (*ex.* : si actions de numéraire n'ont pas été libérées à la souscription de la moitié au moins avant l'immatriculation de la SA au RCS) par les **fondateurs** et les **dirigeants**.	Contraventions non intentionnelles
	Délit de surévaluation frauduleuse d'un apport en nature commis par **toute personne**.	Délit intentionnel

B. Infractions relatives aux assemblées d'associés ou d'actionnaires

- Élément **légal** : *cf.* le Code de commerce
- Éléments **matériel** et **intentionnel**

Sociétés	Élément matériel	Élément intentionnel
SARL	Les **gérants** peuvent être punis pour diverses **contraventions** : • non établissement pour chaque exercice des comptes annuels, de l'inventaire et du rapport de gestion ; • non soumission des comptes annuels et du rapport de gestion à l'assemblée des associés.	Contraventions non intentionnelles
SA	Les **dirigeants** peuvent être punis pour diverses infractions : • **contravention** pour non établissement pour chaque exercice des comptes annuels, de l'inventaire et du rapport de gestion ; • **délit** de non soumission des comptes annuels et du rapport de gestion à l'assemblée générale.	Infractions non intentionnelles
	Toute personne peut être punie pour des **délits** relatifs à la participation des actionnaires à une assemblée générale, *ex.* : fait d'empêcher un actionnaire de participer à une assemblée.	Délits intentionnels

C. Infractions relatives aux droits sociaux

- Élément **légal** : *cf.* le Code de commerce
- Éléments **matériel** et **intentionnel**

Sociétés	Élément matériel	Élément intentionnel
Sociétés par actions	Les **dirigeants de droit ou de fait**, ou **toute personne**, peuvent être punis pour des faits commis relativement aux valeurs mobilières. Par exemple :	
	• **contravention** relative à la détention, directement ou indirectement, des actions à dividende prioritaire sans droit de vote de la société qu'ils dirigent ;	Contravention non intentionnelle
	• **délits** relatifs à la participation aux assemblées d'obligataires : toute personne peut être punie. *Ex.* : fait d'empêcher un obligataire de participer à une assemblée.	Délits intentionnels

D. Infractions relatives aux modifications du capital social

- Élément **légal** : *cf.* le Code de commerce
- Éléments **matériel** et **intentionnel**

Selon les cas, les modifications concernent notamment l'augmentation, la réduction et l'amortissement du capital social.

Sociétés	Élément matériel	Élément intentionnel
SARL	**Délit** d'émission de certaines valeurs mobilières (interdites par la loi) commis par les gérants.	Délit non intentionnel
SA	**Délit** commis par les **dirigeants** et les **commissaires aux comptes** qui **fournissent ou confirment des indications inexactes** dans les rapports présentés à l'assemblée générale chargée de décider de la suppression du droit préférentiel de souscription.	Délit intentionnel
	Contravention commise par les **dirigeants** qui, en cas d'augmentation du capital, par exemple : émettent des actions ou des coupures d'actions sans que le capital antérieurement souscrit de la société ait été intégralement libéré.	Contravention non intentionnelle
	Contravention commise par les **dirigeants** s'ils ne respectent pas l'égalité des actionnaires lors de la réduction du capital social.	Contravention non intentionnelle
SAS	**Contraventions** commises par les dirigeants, notamment : offre au public des titres de la société.	Contravention non intentionnelle

E. Infractions relatives au contrôle des sociétés

- Élément **légal** : *cf.* le Code de commerce
- Éléments **matériel** et **intentionnel**

Ces infractions visent la désignation du **commissaire aux comptes (CAC)** et l'exercice de ses missions.

Élément matériel		Élément intentionnel
Délits relatifs à l'**exercice de la profession** de **CAC** *Exemples*	Commis par le **CAC** : • exercice illégal de la profession ; • violation du secret professionnel.	Délits non intentionnels
Délits relatifs à la **désignation** du **CAC** et à l'**exercice de sa mission**	Commis par les **personnes** qui empêchent la désignation du CAC.	Délit non intentionnel
	Commis par les **personnes** qui font obstacle aux vérifications ou contrôles du CAC.	Délit intentionnel
Délits relatifs aux **opérations effectuées** par le **CAC**	Commis par le **CAC** : • fait de donner ou confirmer des informations mensongères sur la situation de la personne morale ; • fait de ne pas révéler au procureur de la République les faits délictueux dont il a eu connaissance.	Délits intentionnels
Délit relatif à l'**exercice des fonctions** de **commissaire aux apports (CAA)**	Fait pour le **CAC** d'accepter ou de conserver les fonctions de **CAA** malgré les incompatibilités et interdictions légales.	Délit non intentionnel

F. Infractions relatives au fonctionnement des marchés financiers

- Élément **légal** : *cf.* le Code monétaire et financier
- Éléments **matériel** et **intentionnel**

Sociétés	Élément matériel	Élément intentionnel
Sociétés dont les titres sont négociés sur un marché réglementé	**Délit d'initié** commis par les personnes qui **disposent, à l'occasion de l'exercice de leur profession ou de leurs fonctions, d'informations privilégiées en connaissance de cause** et d'en faire **usage** en réalisant, pour elle-même ou pour autrui, soit directement, soit indirectement, une ou plusieurs opérations ou en annulant ou en modifiant un ou plusieurs ordres passés par cette même personne **avant** qu'elle ne détienne l'information privilégiée.	Délit intentionnel

MÉMO

6 Les pratiques anticoncurrentielles

Elles sont inscrites dans le Traité de fonctionnement de l'Union européenne (TFUE) pour le droit communautaire et dans le Code de commerce pour le droit national.

1 Droit communautaire

La **Commission est compétente** pour sanctionner les pratiques anticoncurrentielles à l'échelle européenne selon des procédures prévues par le **droit communautaire**.

A. Ententes

Ententes interdites	Définition	Sont **incompatibles avec le marché intérieur et interdits** tous **accords** entre entreprises, toutes décisions d'**associations d'entreprises** et toutes **pratiques concertées**, qui sont **susceptibles** d'affecter le commerce entre États membres et qui ont pour **objet** ou pour **effet d'empêcher**, **de restreindre ou de fausser le jeu de la concurrence** à l'intérieur du marché intérieur.
	Liste non limitative	*Ex.* : • fixer de façon directe ou indirecte les prix d'achat ou de vente ou d'autres conditions de transaction ; • limiter ou contrôler la production, les débouchés, le développement technique ou les investissements.
	Régime juridique	**Nullité de plein droit** des ententes.
Exceptions : **ententes autorisées**	*Exemples*	Tout accord ou catégorie d'accords entre entreprises, de pratique concertée ou catégorie de pratiques concertées qui contribuent à : • améliorer la production ou la distribution des produits ; • ou à promouvoir le progrès économique ou technique, tout en réservant aux utilisateurs une partie équitable du profit qui en résulte.
	Régime juridique	Interdictions : • imposer aux entreprises intéressées des restrictions non indispensables pour atteindre ces objectifs ; • donner à des entreprises la possibilité, pour une partie substantielle des produits en cause, d'éliminer la concurrence.

B. Abus de position dominante

Définition	Est **incompatible avec le marché intérieur et interdit**, dans la mesure où le commerce entre États membres est susceptible d'en être affecté, le fait pour une ou plusieurs entreprises d'**exploiter de façon abusive une position dominante sur le marché intérieur ou dans une partie substantielle de celui-ci**.
Liste non limitative	*Ex.* : • imposer de façon directe ou indirecte des prix d'achat ou de vente ou d'autres conditions de transaction non équitables ; • appliquer à des partenaires commerciaux des conditions inégales à des prestations équivalentes, en leur infligeant de ce fait un désavantage dans la concurrence.

2 Droit national

L'Autorité de la concurrence est compétente pour sanctionner les pratiques anticoncurrentielles des entreprises. Elle peut les condamner à mettre fin aux pratiques et leur infliger une sanction pécuniaire dans certains cas.

A. Ententes

Ententes interdites	
Définition	Sont prohibées, même par l'intermédiaire d'une société du groupe implantée hors de France, lorsqu'elles ont pour **objet ou** peuvent avoir pour **effet d'empêcher, de restreindre ou de fausser le jeu de la concurrence sur un marché**, les actions concertées, conventions, ententes expresses ou tacites ou coalitions.
Liste non limitative	*Ex.* : • limiter l'accès au marché ou le libre exercice de la concurrence par d'autres entreprises ; • faire obstacle à la fixation des prix par le libre jeu du marché en favorisant artificiellement leur hausse ou leur baisse.
Exemptions : **ententes autorisées**	
Définition	Pratiques : • qui résultent de l'application d'un texte législatif ou d'un texte réglementaire pris pour son application ; • dont les auteurs peuvent justifier qu'elles ont pour effet d'assurer un progrès économique, y compris la création et le maintien d'emplois (1).
Conditions	• Pour les pratiques *supra* (1) : elles réservent aux utilisateurs une partie équitable du profit qui en résulte sans donner aux entreprises la possibilité d'éliminer la concurrence pour une partie substantielle des produits en cause. • Interdiction pour l'ensemble des pratiques autorisées : imposer des restrictions de concurrence autres que celles strictement indispensables pour atteindre leur objectif.

B. Abus de position dominante

Définition	Est interdite l'**exploitation abusive** par une entreprise ou un groupe d'entreprises **d'une position dominante** sur le marché intérieur ou une partie substantielle de celui-ci.
Liste non limitative	*Ex.* : • refus de vente, • ventes liées, • conditions de vente discriminatoires.
Exemptions	*Cf.* A. Ententes

C. Abus de domination économique

Définition	Est prohibée, dès lors qu'elle est susceptible d'affecter le fonctionnement ou la structure de la concurrence, l'**exploitation abusive** par une entreprise ou un groupe d'entreprises **de l'état de dépendance économique** dans lequel se trouve à son égard une entreprise cliente ou fournisseur.
Liste non limitative	*Ex.* : • refus de vente, • ventes liées.
Exemptions	*Cf.* A. Ententes

D. Prix abusivement bas

Définition	Sont prohibées les **offres de prix** ou les **pratiques de prix de vente aux consommateurs abusivement bas** par rapport aux coûts de production, de transformation et de commercialisation, dès lors que ces offres ou pratiques ont pour **objet ou** peuvent avoir pour **effet d'éliminer d'un marché ou d'empêcher d'accéder à un marché une entreprise ou l'un de ses produits**.
Précision	Les coûts de commercialisation comportent impérativement tous les frais résultant des obligations légales et réglementaires liés à la **sécurité des produits**.

E. Responsabilité pénale des personnes physiques

Personne visée	Toute personne physique
Actes punis	Principe : fait de prendre frauduleusement une part personnelle et déterminante dans la conception, l'organisation ou la mise en œuvre des ententes, abus de position dominante et abus de domination économique.
Type d'infraction	Délit intentionnel

La concentration économique

Le contrôle de la concentration des entreprises est encadré par un règlement en droit communautaire et par le Code de commerce en droit national.

1 Droit communautaire

Définition de la concentration	Une **concentration** est réputée réalisée lorsqu'un **changement durable du contrôle** résulte de pratiques, par exemple : • la **fusion** de deux ou plusieurs entreprises ou parties de telles entreprises ; • **ou** de l'**acquisition**, par une ou plusieurs personnes détenant déjà le contrôle d'une entreprise au moins ou par une ou plusieurs entreprises, **du contrôle direct ou indirect** de l'ensemble ou de parties d'une ou de plusieurs autres entreprises, que ce soit par prise de participation au capital ou achat d'éléments d'actifs, contrat ou tout autre moyen ; • la **création d'une entreprise commune** qui accomplit de manière durable toutes les fonctions d'une entité économique autonome.
Mesure de la concentration pour que l'opération fasse l'objet d'une procédure de contrôle	Est concernée **toute concentration de dimension communautaire dont le chiffre d'affaires dépasse certains seuils** : • le chiffre d'affaires total réalisé sur le plan mondial par l'ensemble des entreprises concernées représente un montant supérieur à 5 milliards d'euros **et que**, • le chiffre d'affaires total réalisé individuellement dans l'UE par au moins deux des entreprises concernées représente un montant supérieur à 250 millions d'euros, à moins que chacune des entreprises concernées réalise plus des deux tiers de son chiffre d'affaires total dans l'UE à l'intérieur d'un seul et même pays.
Procédure de contrôle	La **Commission** tient compte notamment de : • la nécessité de préserver et développer une **concurrence effective** dans le marché commun ; • la position sur le marché des entreprises concernées et de leur puissance économique et financière.
	Sont compatibles avec le marché commun, et donc autorisées, les concentrations qui n'entravent pas de manière significative une concurrence effective dans le marché commun ou une part substantielle de celui-ci.

2 Droit national

Cas de réalisation d'une opération de concentration	• Lorsque deux ou plusieurs entreprises antérieurement indépendantes **fusionnent**. • Lorsqu'une ou plusieurs personnes, détenant déjà le contrôle d'une entreprise au moins ou lorsqu'une ou plusieurs entreprises acquièrent, directement ou indirectement, que ce soit par prise de participation au capital ou achat d'éléments d'actifs, contrat ou tout autre moyen le **contrôle de l'ensemble ou de parties d'une ou plusieurs entreprises**. • **Création d'une entreprise commune** qui accomplit de manière durable toutes les fonctions d'une entité économique autonome.
Appréciation de l'**influence déterminante de la concentration**	Le contrôle recherche l'influence déterminante de la concentration sur l'activité de l'entreprise.
Conditions pour qu'une concentration soit soumise au **contrôle**	3 conditions cumulatives : • le chiffre d'affaires total mondial hors taxes de l'ensemble des entreprises ou groupes de personnes physiques ou morales parties à la concentration est supérieur à 150 millions d'euros ; • le chiffre d'affaires total hors taxes réalisé en France par deux au moins des entreprises ou groupes de personnes physiques ou morales concernés est supérieur à 50 millions d'euros ; • l'opération n'entre pas dans le champ d'application du règlement européen relatif au contrôle des concentrations entre entreprises.
Procédure de contrôle	1. Notification de l'opération de concentration à l'Autorité de la concurrence (AC) avant sa réalisation. 2. Accord de l'AC est nécessaire pour la réalisation de l'opération.
Sanction	Si la concentration est réalisée sans notification à l'AC, celle-ci peut enjoindre aux parties de notifier l'opération sous astreinte, à moins de revenir à l'état antérieur à l'opération.

La transparence et les pratiques restrictives

Elles sont réglementées par le Code de commerce.

1 Transparence des opérations entre entreprises

Elle est recherchée notamment dans deux domaines essentiels.

Domaines	
Conditions de vente (art. L. 441-1, L. 441-10)	
Définition	**Contenu**
Tout producteur, prestataire de services, grossiste ou importateur est tenu de communiquer ses **conditions générales de vente** (CGV) à tout acheteur de produits ou tout demandeur de prestations de services qui en fait la demande **pour une activité professionnelle**.	• Les CGV constituent le **socle de la négociation commerciale**. Les CGV comprennent : – les conditions de vente ; – le barème des prix unitaires ; – les réductions de prix ; – les conditions de règlement : sauf dispositions contraires figurant aux conditions de vente ou convenues entre les parties, le **délai de règlement des sommes dues** est fixé au 30e jour suivant la date de réception des marchandises ou d'exécution de la prestation demandée. Les parties ne peuvent convenir d'un délai supérieur à 45 jours fin de mois ou à 60 jours à compter de la date d'émission de la facture. • Tout producteur, prestataire de services, grossiste ou importateur peut convenir avec un acheteur de produits ou demandeur de prestation de services de **conditions particulières de vente** qui ne sont pas soumises à l'obligation de communication.
Domaines	
Convention relative à la négociation commerciale entre un fournisseur et un distributeur (art. L 441-3)	
Définition	**Contenu**
Convention écrite conclue entre le fournisseur et le distributeur ou le prestataire de services, qui indique les **obligations réciproques auxquelles se sont engagées les parties en vue de fixer le prix** à l'issue de la négociation commerciale. Est établie soit dans un **document unique**, soit dans un ensemble formé par un **contrat-cadre annuel** et des **contrats d'application**.	Fixe notamment : • les **conditions de l'opération de vente** des produits ou des prestations de services, y compris les réductions de prix ; • les services de coopération commerciale, propres à favoriser la commercialisation des produits ou services du fournisseur, que le distributeur ou le prestataire de service lui rend et qui ne relèvent pas des obligations d'achat et de vente.

2 Pratiques restrictives de concurrence

Diverses pratiques sont réglementées.

Pratiques	Définition	Responsabilité
Pratiques commerciales (art. L. 442-1)	Dans le cadre de la négociation commerciale, de la conclusion ou de l'exécution d'un contrat, le fait, notamment : • d'obtenir ou de tenter d'obtenir de l'autre partie un **avantage** ne correspondant à aucune contrepartie ou manifestement disproportionné au regard de la valeur de la contrepartie consentie ; • de soumettre ou de tenter de soumettre l'autre partie à des obligations créant un **déséquilibre significatif** dans les droits et obligations des parties ; • de **rompre brutalement**, même partiellement, **une relation commerciale établie**, en l'absence d'un préavis écrit qui tienne compte notamment de la durée de la relation commerciale, en référence aux usages du commerce ou aux accords interprofessionnels.	**Toute personne** exerçant des activités de production, de distribution ou de services ; elle doit réparer le préjudice subi.
Certaines clauses contractuelles (art. L. 442-3)	Notamment, les clauses prévoyant : • de bénéficier **rétroactivement** de remises, de ristournes ou d'accords de coopération commerciale ; • de bénéficier **automatiquement** des conditions plus favorables consenties aux entreprises concurrentes par le cocontractant.	**Nullité** des clauses ou du contrat concernant toute personne exerçant des activités de production, de distribution ou de services.
Revente à perte (art. L. 442-5)	Fait, de revendre ou d'annoncer la revente d'un produit en l'état à un prix inférieur à son **prix** d'achat effectif.	**Tout commerçant**, qui engage sa responsabilité pénale (contravention).
Prix imposé (art. L. 442-6)	Fait d'imposer, directement ou indirectement, un caractère minimal au **prix de revente** d'un produit ou d'un bien, au prix d'une prestation de service ou à une marge commerciale.	Toute personne, qui engage sa responsabilité pénale (contravention).

La concurrence déloyale

La loi ne définit pas la concurrence déloyale. Le juge décide, au vu des faits qui lui sont présentés, si les comportements sont déloyaux.

1 Actes de concurrence déloyale

Actes	Caractéristiques
Dénigrement	Consiste à jeter le discrédit sur un concurrent, sur ses produits ou sur son travail.
Imitation	Création d'une confusion avec un concurrent afin de détourner de lui sa clientèle. Elle peut porter sur l'enseigne ou le nom commercial.
Divulgation de secrets	Les secrets doivent être originaux et confidentiels et il doit s'agir de procédés ayant un intérêt pratique ou commercial.
Débauchage	2 conditions à remplir : • une entreprise (B) recrute le personnel d'une entreprise concurrente (A) pour s'approprier son savoir-faire et sa clientèle ; • l'entreprise (A), ancien employeur, prouve qu'il a subi un préjudice.
Détournement de clientèle	Il y a démarchage de clientèle au moyen d'un fichier d'adresses (de clients, de fournisseurs) détourné.
Parasitisme	Lorsqu'une personne (le parasite) tire un avantage au détriment d'un concurrent dans la mesure où elle profite des efforts faits antérieurement par ce concurrent (*ex :* vente par le parasite de produits semblables à ceux récemment mis sur le marché par le concurrent).

2 Sanction des actes de concurrence déloyale

1. L'action en concurrence déloyale doit être portée devant les **juridictions de droit commun** :
- tribunal de commerce : litiges entre commerçants ;
- tribunal de grande instance : litiges relatifs à la contrefaçon de marques ou de brevets ;
- conseil de prud'hommes : litige entre un employeur ou un salarié.

↓

2. La **victime d'actes de concurrence déloyale** doit prouver la responsabilité civile délictuelle de **l'auteur** des faits en démontrant :
- la faute : le concurrent attaqué doit avoir commis une faute ;
- le préjudice : ex. : perte de clientèle ou de bénéfices, atteinte à la réputation ;
- le lien de causalité entre la faute et le préjudice.

↓

3. Le juge peut prononcer les condamnations suivantes :
- versement de dommages et intérêts ;
- publication du jugement ;
- cessation des actes de concurrence déloyale.

MÉMO 10 L'entreprise et l'administration fiscale

L'entreprise a comme partenaire privilégié l'administration fiscale :
- **ce peut être un partenaire souhaité, et ce sera les cas à travers un certain nombre de demandes émanant des entreprises (agrément, rescrit) ;**
- **ce peut être un partenaire subi, à travers l'exercice par l'administration de son pouvoir de contrôle.**

1 Un partenaire choisi

A. Les agréments fiscaux

L'entreprise peut être conduite à solliciter l'administration fiscale dans le cadre de deux procédures distinctes : la **demande d'agrément** et la **demande de rescrit**.

L'agrément peut être défini comme une convention passée avec l'État. Il repose en principe sur le dépôt d'une **demande préalable** qui est adressé à l'autorité compétente pour délivrer l'agrément.

Principe	Applications
Formalisme de l'agrément	• Le ministre du budget qui délivre l'agrément, où ses collaborateurs (directeur départemental des finances publiques). • Lorsqu'elle est défavorable, la décision de l'administration peut faire l'objet d'un recours pour excès de pouvoir devant le juge administratif.
Nature de l'agrément	• **Deux grandes catégories** : - **agréments accordés de droit**, qui n'ont pour seul objet pour l'administration que de s'assurer que les conditions requises pour la faisabilité de l'opération sont remplies : si cet agrément est refusé, le refus doit être motivé ; - **agréments discrétionnaires**, où l'administration dispose de la possibilité d'opposer un refus sans avoir à le motiver.
Les principaux agréments	• En matière de **restructuration d'entreprises** ; • Les **agréments financiers** ; transfert des déficits antérieurs à une fusion, apports-fusions à des sociétés étrangères. • Dans le cadre de la **politique d'aménagement du territoire** : les agréments de l'exonération de la contribution économique territoriale (CET) ; • En matière de **protection du patrimoine** : dons d'œuvres d'art et remises d'immeubles à l'État, exonération de droits de mutation pour les monuments historiques, charges des immeubles faisant partie du patrimoine national ; • **Développement économique de l'outre-mer**, pour des exonérations d'impôts sur les sociétés notamment.

Principe	Applications
La fin de l'agrément	• Le maintien de l'agrément est conditionné au respect des engagements pris par les bénéficiaires : à défaut, l'agrément est retiré et les avantages fiscaux accordés initialement sont remis en cause. • L'administration, qui dispose d'un droit de reprise de 6 ans, doit motiver sa décision de retrait et offrir au contribuable la possibilité de présenter ses observations.

B. Le rescrit

Rescrit : dispositions générales	• Le choix fiscal étant un exercice souvent difficile, il peut être parfois judicieux de demander à l'administration son avis avant de réaliser l'opération. • L'administration va s'engager par écrit et apporter une **garantie substantielle** au contribuable : lorsque l'administration a pris formellement position sur une situation de fait au regard d'un texte fiscal, elle ne pourra plus pratiquer des rectifications ultérieures qui seraient fondées sur une appréciation différente de la situation. • Cette garantie suppose que les énonciations du contribuable soient sincères, explicites, claires, et que la situation que l'administration va examiner, par exemple lors d'un contrôle, soit rigoureusement identique à celle qui a généré le rescrit. • Tout bénéficiaire de rescrit peut solliciter un **second examen** de sa demande dans les deux mois de la réponse au premier rescrit, à condition de n'apporter aucun élément nouveau. Ce second examen est effectué par une instance collégiale, et il est définitif. • Le rescrit peut être explicite, mais il peut aussi être tacite. Ainsi est-il prévu qu'à défaut de réponse dans un certain délai (variable selon les cas) l'administration soit considérée comme approuvant l'opération, traduction de l'adage populaire : « qui ne dit mot consent ».

Exemples de rescrits

Rescrit-valeur (L 18 du LPF)	• **Donation d'entreprise** : – Rescrit portant sur la **valeur des entreprises** autres que de gestion patrimoniale ou des titres de sociétés non cotées qui font l'objet d'une donation. – L'administration a six mois pour se prononcer et le contribuable trois mois pour transmettre ses biens à compter de l'accord exprès qui lui est donné (art. L 18 du livre des procédures fiscales). – Contrôle d'un acte de donation ou d'une déclaration de succession dans les 12 mois de cette demande. – Délai de reprise limité à un an à compter de la date de réception de la demande. Ce rescrit comporte des restrictions, en cas d'omission de biens dans la déclaration de donation ou de succession. Doit être sollicité par au moins un tiers de bénéficiaires de l'actif net transmis.

Le rescrit sur les prix de transfert ou accord préalable sur la méthode de détermination des prix de transfert (L 80 B, 7° du LPF)	• Permet de sécuriser la politique de prix pratiquée au sein d'un groupe lorsque des opérations sont réalisées entre sociétés liées, et que les échanges ont lieu entre sociétés françaises et étrangères.
Rescrit abus de droit (L 64 B du LPF)	• Afin de se prémunir contre un risque lourdement sanctionné (l'abus de droit est notamment sanctionné par une amende de 80 % des rappels d'impôts effectués pour l'initiateur principal ou le principal bénéficiaire des actes abusifs, ou à défaut 40 %), le contribuable peut interroger les services de Bercy sur la validité de l'opération qu'il entend réaliser, préalablement à sa réalisation. • Une réponse positive l'absout et à défaut de réponse dans les **six mois**, le résultat est identique : le contribuable peut réaliser son opération fiscale sans risque particulier.
Le rescrit vérification de comptabilité	• Les contribuables qui font l'objet d'une **vérification de comptabilité** peuvent demander au vérificateur une prise de position formelle sur des points de droit ou des faits pour lesquels aucune rectification n'est envisagée. A compter du 11 août 2018, cette faculté de « rescrit contrôle » est légalisée et elle s'étend aux procédures d'examen de comptabilité. Les points contrôlés couverts par la garantie sont mentionnés sur la proposition de rectification ou sur l'avis d'absence de rectification.

Délais de réponse de l'administration

Types d'accord et délais en matière de rescrit		
Rescrit	**Délai de réponse**	**Type d'accord**
Général (L. 80 B-1° du Livre des Procédures Fiscales (LPF)	3 mois	Exprès
Amortissements exceptionnels, entreprises nouvelles, entreprises implantées en ZFU, ZRR... (L. 80 B-2° du LPF)	3 mois	Tacite
Crédit impôt recherche (L. 80 B-3° du LPF)	3 mois	Tacite
Jeunes entreprises innovantes – Jeunes entreprises universitaires (L. 80 B-4° du LPF)	3 mois	Tacite
Établissements stables (L. 80 B-6° du LPF)	3 mois	Tacite
Prix de transfert (L. 80 B-7° du LPF)	Aucun	Exprès
Définition catégorie revenu professionnel (L. 80 B-8° du LPF)	3 mois	Tacite
Rescrit valeur (L. 18 du LPF)	6 mois	Exprès
Abus de droit (L. 64 B du LPF)	6 mois	Tacite
Mécénat (L. 80 C du LPF)	6 mois	Tacite

2 Un partenaire subi

Contrepartie du **système déclaratif**, l'administration dispose du pouvoir de contrôler l'entreprise.

Elle tient ce pouvoir de la loi et elle l'exerce au sein d'un corpus de règles qui lui confèrent des droits mais aussi des obligations.

A. Délais de reprise et exercice du droit de contrôle

Droit à l'oubli pour le contribuable

Délai de reprise : en général de trois ans (prescription abrégée) et un délai de six ans en droits d'enregistrement notamment (prescription allongée).

Le délai de reprise ne doit pas être confondu avec le délai de contrôle. Le premier offre la possibilité à l'administration d'opérer des **rectifications**, alors que le second correspond à la période que l'administration peut examiner dans le cadre de son droit de contrôle, et qui peut être supérieure à trois ans si l'entreprise dispose, par exemple, de **reports déficitaires**.

1. Délai de reprise

Nature de l'impôt	Délai de reprise
Impôt sur le revenu et impôt sur les sociétés	• Le délai de reprise de l'administration s'achève au terme de la troisième année qui suit celle où l'impôt est dû. Pour un impôt payé en 2022 sur un revenu déclaré en 2021, l'administration pourra effectuer un redressement jusqu'au 31 décembre 2024.
TVA	• **Deux situations** : – l'exercice comptable coïncide avec l'année civile : le délai de reprise expire au 31 décembre de la 3e année qui suit celle où la TVA est devenue exigible ; – l'exercice comptable ne coïncide pas avec l'année civile : le point de départ du délai de reprise est identique à celui s'appliquant pour l'impôt sur les bénéfices (confère *supra*) et se termine le 31 décembre du troisième exercice qui suit l'exercice de clôture. • Pour un exercice 2021/2022, l'administration peut exercer son droit de reprise jusqu'au 31 décembre 2025. • Possible de vérifier jusqu'à la dernière obligation déclarative.
Impôts locaux : Taxe foncière, taxe d'habitation : CFE et CVAE :	• 31 décembre de l'année qui suit (il est donc très court), sauf pour la CVAE où il se termine le 31 décembre de l'année N+3. • Pour la CFE et la CVAE de 2022, l'administration pourra corriger l'imposition jusqu'au 31 décembre 2025.

Nature de l'impôt	Délai de reprise
Droits d'enregistrement et d'impôt sur la fortune immobilière (IFI)	• Délai de reprise abrégé (3 ans) si une déclaration est souscrite par le contribuable, où allongé (6 ans) si aucune déclaration n'est souscrite, ou si la déclaration souscrite est **incomplète** et qu'elle nécessite pour l'administration des recherches extérieures.
Délais spéciaux	• Non-déclaration d'avoirs détenus à l'étranger ou de revenus provenant de l'étranger : fin de la 10e année suivant celle au titre de laquelle l'imposition est due.
Prorogation des délais	• En cas de découverte d'activité occulte ou illicite, d'agissements frauduleux. Le délai est de 10 ans (art. L. 169 du LPF). • En cas de mise en œuvre de l'assistance internationale.

2. L'interruption de la prescription

L'interruption fait courir un nouveau délai de prescription équivalent au délai initial.

Acte administratif interruptif de prescription
• **Proposition de rectification sur imprimé codifié 2120 ou 3924** : • Si adressée au contribuable avant l'expiration du délai de reprise, elle **interrompt la prescription**, mais dans la limite des corrections que l'administration a effectuées. • L'administration dispose du même délai pour recouvrer l'impôt.
Actes portant reconnaissance des contribuables
• Dépôt d'une déclaration rectificative. • Une dette de TVA figurant au bilan si la TVA est suffisamment identifiée.

B. L'exercice du contrôle par l'administration

1. Les préalables au contrôle : le droit de communication

L'exercice du droit de communication auprès des tiers (articles L 82 A à L 102 AC du LPF)
Personnes visées par le CGI : • Principalement les commerçants, les professionnels libéraux, les organismes de sécurité sociale, les tribunaux, les administrations publiques, les banques, etc. Afin de lutter contre la fraude sur Internet, l'administration peut demander des informations sur des personnes non identifiées (cas des « pseudos »). • Il peut s'exercer aussi auprès des artisans, des casinos et cercles de jeux, des bijoutiers et revendeurs de biens d'occasion (brocanteurs, par exemple), des concepteurs et éditeurs de logiciels de comptabilité ou de systèmes de caisse, des opérateurs de communications électroniques. • Les **particuliers** peuvent recevoir des demandes d'information, mais ils ne sont pas légalement tenus de répondre.

L'exercice du droit de communication auprès des tiers (articles L 82 A à L 102 AC du LPF)
• Le droit de communication, qui est exercé à l'initiative de l'administration, peut s'exercer soit par l'envoi d'une demande écrite, soit par une visite sur place qui n'a pas à être formalisée. Mais dans ce cas, les agents du fisc qui consultent des documents dans l'entreprise adressent préalablement à cette dernière un **avis de passage**. Droit de communication auprès des opérateurs de l'Internet afin de lutter contre les activités commerciales occultes ou partiellement déclarées. • Peut s'exercer par voie électronique (courriel) et vise tous les documents relatifs à l'activité professionnelle d'une personne exerçant une activité commerciale, et pas uniquement les livres, registres ou rapports comptables dont la loi rend la tenue obligatoire. • Certains renseignements doivent être communiqués à l'administration fiscale sans demande préalable (*ex.* : autorité judiciaire, plateformes internet proposant des transactions entre particuliers, type AIRBNB). • L'amende applicable en cas de refus de communication est de 10 000 €. • Pas d'examen critique des documents communiqués (différent de la vérification de comptabilité) sous peine d'irrégularité.

L'exercice du droit de communication auprès des contribuables (demandes de renseignement, d'éclaircissements ou de justifications, droit d'enquête, droit de visite et de saisie, flagrance fiscale...)
• **L'administration peut demander tous renseignements, justifications, ou éclaircissements aux contribuables (L 10, al. 3).** • **Impôt sur le revenu : articles L. 16, L. 16 A et L. 69 du LPF.** • **Demande d'éclaircissements** : tous points de la déclaration fiscale. • **Demande de justification** : renseignements précis et champ d'application limité par la loi. • Délai de réponse : 2 mois mais si réponse insuffisante dans les 2 mois, mise en demeure faisant courir un délai de 30 jours supplémentaires. • Réponse évasive ou partielle assimilée à un défaut de réponse. • Défaut de réponse entraîne une **taxation d'office.**
Droit d'enquête
• **Contrôle inopiné** à la facturation en matière de TVA, qui n'a pas le caractère d'une vérification de comptabilité. • L'administration vérifie que les nombreuses conditions de forme en matière de TVA sont remplies, et il est établi à l'issue du droit d'enquête un **procès-verbal d'audition**. • Il est rare que cette procédure ne soit pas suivie d'une vérification de comptabilité.

La procédure de visite et de saisie (art. L. 16 B)
• Lorsque l'administration pressent une fraude significative et caractérisée, elle peut, sous le contrôle du juge et en la présence d'agents habilités à effectuer des enquêtes judiciaires, procéder à une **perquisition** au domicile d'un contribuable ou dans les locaux d'une entreprise et saisir des documents. • Cette procédure, lourde et contraignante pour le contribuable, est très réglementée. • Elle est précédée d'une **ordonnance d'autorisation de visite**, qui émane du juge des libertés et de la détention, peut être frappée d'appel dans les 15 jours de sa signification ou de sa notification au contribuable. • Elle est clôturée par un **procès-verbal** qui relate le déroulement des opérations et une copie est remise au contribuable. • Un accès renforcé aux documents présents sur support informatique a été mis en place : le matériel (ordinateurs, par exemple) peut être saisi et placé sous scellés.
Procédure de flagrance fiscale (art. L 16-0 BA du LPF)
• Applicable à des opérations de fraude spécifiquement visées par la loi (travail clandestin, factures non comptabilisées, activité occulte fraude « carrousel » en TVA, absence du respect d'au moins deux obligations déclaratives (définies par la loi) au titre de la dernière période échue…)) : il s'agit en quelque sorte d'un **flagrant délit fiscal**. • Le comptable public peut procéder à des **saisies conservatoires** afin d'éviter la perte de la matière imposable. • Les amendes applicables s'élèvent de 5 000 € à 30 000 €, selon la gravité de l'infraction.

2. Le contrôle des déclarations fiscales

Il existe de nombreuses formes de contrôle : certains sont diligentés dans les locaux de l'administration, d'autres s'effectuent dans les locaux de l'entreprise.

Les différentes formes de contrôle	Modalités pratiques
Contrôle formel	• Contrôle de la **cohérence des déclarations** souscrites par le contribuable.
Contrôle sur pièces	• Contrôle du bureau, qui concerne tous les contribuables (en principe une fois tous les 3 ans).
Contrôle sur place, ou vérification de comptabilité (art. L 13 du LPF)	• Concerne les entreprises astreintes à la **tenue d'une comptabilité** et nécessite un examen **sur place** de la comptabilité de l'entreprise. • Vérification sur place des documents comptables à partir desquels les bases d'imposition ont été établies, dans le but : – de s'assurer de la régularité et du caractère probant des écritures comptables, et de confronter les déclarations du contribuable avec les écritures comptables en vue de contrôler la sincérité de ces déclarations.

Les différentes formes de contrôle	Modalités pratiques
	• **Caractéristiques de la vérification inopinée** : – **Constatation matérielle** des éléments physiques de l'exploitation ou de l'existence et de l'état des documents comptables. • Remise de l'avis de vérification au début des opérations de constatations matérielles (le contribuable est invité à en accuser réception sur une copie). • À l'issue de l'intervention, un état est dressé contradictoirement par le vérificateur et le contribuable. • L'examen au fond des documents comptables ne peut être entrepris, qu'à l'expiration d'un délai raisonnable permettant au contribuable de s'organiser pour se faire assister d'un conseil (48 heures au minimum, plus généralement une quinzaine de jours).
Examen de situation fiscale personnelle (E.S.F.P) **Art. L 12 du LPF**	• Concerne les personnes physiques pour lesquelles l'administration soupçonne des dissimulations de revenus. • Il s'agit : – D'une procédure de vérification visant l'impôt sur le revenu dotée de ses propres règles tout en étant soumise aux dispositions générales. – D'une approche globale du contrôle de l'impôt sur le revenu visant à analyser la cohérence entre les deux termes de comparaison suivants : train de vie et revenus déclarés.
Contrôle à distance ou examen de comptabilité **(art. L 13 G et L 47 AA du LPF)**	• **Contrôle des comptabilités informatisées** à partir du fichier des écritures comptables (FEC). • Analyse de la concordance du FEC avec les déclarations du contribuable et des autres documents transmis au service. • Déroulement de l'examen de comptabilité : – Envoi d'un avis d'examen de comptabilité ; – Délai de 15 jours pour adresser une copie du FEC dématérialisé ; – À défaut, l'administration peut annuler l'examen de comptabilité et l'administration conservera la possibilité, dans ce cas, d'engager une vérification de comptabilité sur place.

Les différentes formes de contrôle	Modalités pratiques
	• Application d'une amende de 5 000 €. • Décision de l'administration. • Au plus tard 6 mois après la réception du FEC. • Envoi d'une **proposition de rectification**. • Indique la nature et le résultat des traitements informatiques, ou information de l'absence de rectification. • **Garanties du contribuable** : – Identiques à la vérification de comptabilité. • Entrée en vigueur : avis de vérification adressés à compter du 1er janvier 2017.
Contrôle sur demande des PME (art. L 13 C et L 13 CA du LPF)	• Contrôle de l'entreprise sollicité par le chef d'entreprise. • Concerne de petites entreprises (CA ⩽ 1 500 000 € ou 450 000 € si ventes ou PS), et l'administration n'est pas tenue d'y donner une suite favorable. • Si acceptation de la demande du contribuable, elle l'informera des résultats du contrôle. • Et si elle détecte des erreurs, le contribuable qui devra être de bonne foi pourra obtenir une **réduction de 30 % des pénalités** à condition qu'il régularise lui-même ces erreurs. Cette procédure est peu utilisée.

C. Les garanties offertes aux contribuables dans les procédures de contrôle

Le non-respect de certaines **garanties substantielles** (assistance d'un conseil, débat oral et contradictoire, durée de contrôle pour les petites entreprises, non-renouvellement d'une vérification de comptabilité sur les mêmes périodes et les mêmes impôts…) entraîne la nullité du contrôle et la décharge des impositions.

1. Les garanties applicables avant le début du contrôle

L'envoi d'un avis de vérification
• Toute vérification, qu'elle soit personnelle (ESFP) ou de comptabilité doit être précédée de l'envoi d'un avis de vérification, qui informe le contribuable du jour et de l'heure du contrôle, de la période contrôlée et de l'identité de l'agent qui effectuera le contrôle. • Sous peine d'irrégularité de la procédure, l'avis doit mentionner : – Les années soumises à vérification ; – La date de l'intervention ; – Le nom du ou des supérieurs hiérarchiques du vérificateur ; – **La mention de la possibilité de se faire assister par le conseil de son choix**. • **Charte du contribuable vérifié**. • Depuis le 01/01/16, la charte n'est plus jointe aux avis de vérification mais disponible sur le site internet de l'administration fiscale SAUF si **demande du contribuable** ou **si contrôle inopiné** lors de la première intervention.

2. Les garanties pendant le contrôle

Le lieu de la vérification
• Dans **l'entreprise** pour la vérification de comptabilité. • **Finalité** : offrir au contribuable la possibilité d'un débat oral et contradictoire et d'un dialogue permanent avec l'administration. • Irrégularité substantielle si absence de débat. – *Ex.* : l'inspecteur s'est rendu au siège de la société seulement 2 fois, en vue d'emporter les documents comptables puis de les restituer. • **Exceptions** : – Vérification au cabinet du conseil ou exceptionnellement au domicile du contribuable (lieu où se situe la comptabilité) : mais **demande expresse** du vérifié. – Vérification dans les locaux de l'administration si demande écrite expresse du contribuable et accord de l'administration : peu courant car procédure lourde d'emport de documents.
La durée du contrôle
• Pas de durée légale sauf pour les **petites entreprises** : • Les petites entreprises voient la durée de présence de l'administration dans leurs locaux réduite à trois mois : il s'agit des entreprises dont le chiffre d'affaires hors taxes n'excède pas **818 000 € pour les activités de vente et de fourniture de logement**, **247 000 € pour les activités de services et 352 000 € pour les activités agricoles.** • Pour **l'examen de situation fiscale personnelle (ESFP)**, le délai de contrôle ne peut en principe excéder un an.
La procédure de rectification
• **Principe** = **procédure contradictoire** : dialogue entre le contribuable et l'administration. • La vérification est clôturée par une **séance de synthèse** où les deux parties en présence exposent leurs points de vue. • **Les exceptions** : – La **procédure d'office**. – Dans certains cas organisés par la loi, la procédure peut être unilatérale : il s'agit de la procédure d'imposition d'office, applicable notamment en cas d'opposition à contrôle (dont défaut de remise du FEC) ou en cas de défaut de déclaration. • La procédure de **répression des abus de droit** (L. 64 du LPF). – But : restituer leur véritable caractère à certaines opérations qui, sous couvert de contrats juridiquement licites, aboutissent à faire échec à la loi fiscale. – Volonté de dissimulation de la véritable nature d'une opération et/ou but exclusivement (ou principalement à compter de 2020) fiscal du **montage**.

Spécificités liées au contrôle des comptabilités informatisées : le FEC
• **Fichier des écritures comptables (FEC)**. • Pour les exercices ouverts à compter du 1er janvier 2014 : L. 47 A-I LPF. - Obligation de remettre le FEC dès le début des opérations de contrôle. - Le FEC reprend les journaux de saisie existants dans le système comptable. - Il se compose de **18 à 22 champs** qui doivent être présentés dans l'ordre prévu et selon un codage très précis (format de date, caractères, cadre, etc.). - Les écritures doivent être numérotées chronologiquement de manière croissante sans rupture ni inversion dans la séquence. - Un FEC unique par entité et par exercice fiscal. • Défaut de présentation du fichier sanctionné spécifiquement : - 5 000 € d'amende ou majoration de 10 % des droits rappelés si supérieure à 5 000 €. • Opposition à contrôle fiscal, absence de comptabilité probante : peut entraîner l'évaluation d'office des résultats. • Inverse la **charge de la preuve**. • Risques de pénalités aggravées.
Réalisation des traitements informatiques : (Art. L. 47 A-II du LPF)
• Formalisation écrite des demandes de traitements informatiques et du choix du contribuable pour l'une des trois options suivantes : - les agents de l'administration effectuent les traitements sur le matériel utilisé par le contribuable ; - le contribuable effectue lui-même les traitements informatiques nécessaires à la vérification ; - les agents de l'administration effectuent les traitements sur leurs propres matériels à partir d'une copie de fichier remis par le contribuable.

3. Les garanties après le contrôle

Si anomalies constatées et envoi d'une proposition de rectification (n° 3924)	• Le contrôle s'achève soit par l'envoi d'une proposition de rectification, soit par l'envoi d'un **avis d'absence de rectification**. • Les rectifications doivent être **motivées** : le contribuable doit être en mesure de comprendre ce qui lui est fiscalement reproché. • Si le contribuable ne répond pas, l'administration considère qu'il a **tacitement accepté** les rectifications, et la procédure est close. • S'il accepte expressément les rectifications proposées, la procédure est également terminée. • S'il souhaite formuler des observations, le contribuable dispose d'un **délai de trente jours** pour répondre, ou, à sa demande, d'un délai de trente jours complémentaires, soit au total **soixante jours**. • En cas de contestation des rectifications, l'administration a l'obligation de répondre aux observations du contribuable. • Ce n'est qu'à l'issue d'un nouveau délai de trente jours que l'administration pourra mettre en recouvrement les impositions issues du contrôle.

	• Pour les vérifications de comptabilité, une procédure dite de « **cascade** » (simple), qui s'applique de plein droit, permet de déduire les rappels de TVA effectués des bases BIC ou IS. • Une « **cascade complète** », applicable sur demande expresse du contribuable : situation où des rectifications entraînent des distributions de bénéfices. Il s'agira d'un **désinvestissement de bénéfice** de l'entreprise qui sera analysé comme ayant bénéficié irrégulièrement à un tiers ou à un associé, avec comme conséquence, s'il s'agit d'une personne physique, une imposition de ce revenu distribué dans la catégorie des RCM, sans abattement et en principe avec une majoration de 25 %. – La société peut demander que le montant de l'impôt sur le revenu dû par le bénéficiaire en raison de cette distribution soit calculé sous déduction du montant de l'IS et de la TVA notifiés à la société. • Interdiction de vérifier à nouveau le contribuable pour la même période et les mêmes impôts, sauf si ce dernier a dissimulé des informations : « vérification sur vérification ne vaut ».
Si situation fiscale conforme	• Envoi d'un avis d'**absence de redressements** (lettre n° 3953).
Les recours hiérarchiques possibles	• Saisine de l'**inspecteur principal ou divisionnaire**, qui est le supérieur hiérarchique direct du vérificateur ; • Saisine de l'**interlocuteur départemental**, qui est en principe un directeur et qui peut « débloquer » une situation conflictuelle ; • saisine de la **commission départementale** des impôts directs et des taxes sur le chiffre d'affaires (CID-TCA) où de la commission départementale de conciliation. • En cas de contrôle par l'administration du **crédit d'impôt recherche** (CIR), et en cas de désaccord sur la réalité de l'affectation à la recherche des dépenses prises en compte pour la détermination du CIR, le contribuable ou l'administration pourront saisir un comité dont l'avis sera purement consultatif. • Si abus de droit, saisine du **Comité de l'abus de droit fiscal**, qui intervient en cas de désaccord entre le contribuable et l'administration sur le bien-fondé de l'application de la procédure de répression des abus de droit (L. 64 du LPF).

4. Les garanties transversales

Les **garanties « transversales »**	• **Garantie contre les changements de doctrine (Art. L. 80 A du LPF)** : – Ainsi, l'administration ne peut procéder à des rehaussements qui viendraient contredire sa doctrine applicable au moment où lesdits rehaussements sont effectués. • Si l'administration a pris position formellement sur une situation de fait au regard d'un texte fiscal, elle ne peut modifier sa position que pour l'avenir (procédures d'**agréments** ou de **rescrits**, supra) (art. L. 80 B du LPF).

D. Les sanctions fiscales

	Intérêts de retard de 0,20 % par mois	Majorations	Pénalités pour retard ou défaut
Insuffisances de déclarations	OUI sauf : **mention expresse** [1], tolérance légale et majoration pour paiement tardif au Trésor	40 %, ou 80 % en cas de **manœuvres frauduleuses** et d'abus de droit	10 % lorsque les insuffisances concernent la déclaration d'IR
Défaut ou retard de déclarations	OUI		10 %, ou 40 % lorsque le document n'a pas été déposé dans les 30 jours d'une mise en demeure (MED), 80 % en cas d'activité occulte

(1) Si le contribuable **de bonne foi** précise sur la déclaration ou sur l'acte ou une note annexe les **motifs de droit ou de fait** pour lesquels il ne mentionne pas certains éléments d'imposition ou il donne à ces éléments une qualification qui entraîne une taxation atténuée ou il fait état de déductions qui sont ultérieurement reconnues injustifiées et si l'administration est amenée à faire une proposition de rehaussement à ce titre, alors les droits issus des rehaussements ne seront pas assortis de l'intérêt de retard.

Remarque. La fraude fiscale aggravée est sanctionnée par une amende s'élevant au maximum à 3 millions d'euros et 7 ans d'emprisonnement, dont le montant peut être porté jusqu'au double du produit de l'infraction. Ces sanctions s'accompagnent en principe de la déchéance des droits civiques, civils et familiaux, sauf décision contraire du juge.

E. Le contentieux de l'impôt

En cas de persistance de positions divergentes du contribuable et de l'administration fiscale.

Les étapes de la procédure contentieuses sont les suivantes :

1. La réclamation préalable

Réclamation préalable au recours devant le juge	• **Délai de réclamation** : • **Délai de droit commun** : 31 décembre de la 2e année suivant l'envoi des demandes de paiement. • **Délai spécial en cas de contrôle** : expire le 31 décembre de la 3e année suivant celle au cours de laquelle est intervenue la proposition de rectification. • **En matière de taxe foncière (TF) et de taxe d'habitation (TH) : 31 décembre de l'année suivant le fait générateur de la réclamation (mise en recouvrement du rôle).** • Instruction des réclamations par l'administration qui notifie sa décision dans un délai de 6 mois (prolongation de 3 mois possible). • Absence de réponse vaut **rejet tacite**. • En cas de rejet total ou partiel, la décision doit être motivée.
Demande éventuelle de sursis de paiement (art. L. 277 du LPF)	• **Effets du sursis de paiement** : – Suspend l'exigibilité de l'impôt (droits et pénalités) jusqu'à une éventuelle procédure d'appel. • **Constitution de garanties** à la demande du comptable public. – Si droits dus excèdent 4 500 €, garanties = caution bancaire, hypothèque, nantissement des parts… – Si rejet, décision doit être motivée dans un délai de 45 jours : la décision peut être contestée en référé fiscal (TA ou TJ selon l'imposition en cause) dans les 15 jours de sa notification.

2. Le recours devant le juge

Saisine du **juge administratif**	• **À compter de la date de rejet** de la réclamation préalable **(explicite), le contribuable dispose d'un délai de deux mois pour saisir le juge.** • S'il s'agit d'impôts directs et de taxes sur le chiffre d'affaires, le juge compétent sera le juge administratif. • La **justice administrative** comprend **trois degrés de juridiction** : – le **Tribunal administratif** (TA), compétent en première instance ; – la **Cour administrative d'appel** (CAA), en second lieu, sauf impôts locaux autres que la CET (taxe foncière, taxe d'habitation… pas d'appel, directement recours en cassation) ; – puis le **Conseil d'État**, juge de cassation. • Ces deux derniers recours n'ont pas d'effet suspensif (le contribuable doit s'acquitter de l'impôt). • **Procédure préalable d'admission** du pourvoi (examen de la recevabilité ou de l'existence d'un moyen sérieux) ; • Le refus d'admission n'est pas susceptible de recours.

Saisine du **juge communautaire**	• Le droit fiscal s'européanise : c'est très vrai en matière de TVA, un peu moins pour les impôts directs, même si une assiette commune consolidée pour l'impôt des sociétés est à l'étude (projet d'Assiette Commune Consolidée pour l'Impôt sur les Sociétés dit **ACCIS**). • Les règles fiscales communautaires peuvent être invoquées devant les tribunaux européens de Luxembourg lorsque le contribuable n'aura pas eu gain de cause devant la juridiction nationale : **Tribunal de première instance** et **Cour de justice de l'Union européenne** (CJUE). • La saisine de la CJUE se fait en principe de manière indirecte, en faisant préalablement appel aux juridictions nationales (qui peuvent décider ou non de renvoyer l'affaire devant la Cour de justice).
Saisine du **juge judiciaire**	• Concerne essentiellement les droits d'enregistrement, les droits de timbre et les poursuites pour fraude fiscale. • Délai de recours de deux mois. • Il s'exercera éventuellement devant : – le **Tribunal de grande instance** (TGI), compétent en premier lieu ; – la **Cour d'appel** (CA) ; – la **Cour de cassation** (Ccass). • Ces deux derniers recours n'ont pas d'effet suspensif.

F. Le gracieux

Le **recours gracieux**	• Il s'agit d'obtenir la bienveillance de l'administration, en cas de **gêne ou d'indigence**. • Le contribuable va demander la remise ou la modération d'impositions ou de pénalités. • S'agissant des pénalités, le recours peut être effectué pour tous les impôts. • Pour l'impôt au principal, le gracieux n'est possible que pour **les impôts directs** (jamais la TVA). • À défaut de réponse dans les quatre mois suivant la demande, le rejet est tacite. • Ce rejet peut faire l'objet d'un **recours pour excès de pouvoir**.

Les obligations de communication des entreprises en matière d'environnement

Les entreprises communiquent sur les actions qu'elles mettent en œuvre en faveur de l'environnement.
Ces actions découlent d'un texte dont l'application est facultative ou d'un texte d'ordre public.
Les sources des obligations des entreprises doivent être appréhendées sur les plans international, européen et national.

1 Normes internationales ISO

Leur application par les entreprises et les organisations est **facultative**.

Norme ISO 14001 2004	• **Définit** les exigences relatives à un **système de management environnemental**. • **But** : structuration d'une **démarche environnementale** par les entreprises et les organisations. • **Objectifs** : Sur le plan interne : - donner à la direction de l'entreprise une assurance qu'elle maîtrise les processus et les activités organisationnels ayant un impact sur l'environnement ; - donner aux salariés de l'entreprise une assurance qu'ils travaillent pour une organisation responsable vis-à-vis de l'environnement. Sur le plan externe : - donner une assurance sur les questions environnementales aux parties prenantes extérieures (clients, collectivité, organismes de réglementation…) ; - se conformer à la réglementation en matière d'environnement.
Norme ISO 26000 2010	• **Domaine** : **responsabilité sociétale**. • **But** : proposer des lignes directrices et non des exigences. La norme n'est pas destinée à la certification. • **Objectifs** : - clarifier la notion de responsabilité sociétale ; - aider les entreprises et les organisations à traduire les principes en actes concrets ; - faire connaître les meilleures pratiques en matière de responsabilité sociétale dans le monde entier ; - viser les organisations de tous types, quelle que soit leur activité, leur taille ou leur localisation.

2 Droit européen

Règlements	
Ecolabel européen Depuis 1992	• **Domaine** : système d'homologation qui tient compte des impacts environnementaux sur l'ensemble du cycle de vie des produits et services. • **Objectif** : identifier les produits les plus performants d'un point de vue environnemental.
EMAS (Eco-Management and Audit Scheme) : **Système communautaire de management environnemental** Depuis 2009	• **Objectif** : permettre à tout type d'organisation d'évaluer, de publier et d'améliorer sa performance environnementale. • **Moyen** : enregistrement EMAS (pour trois ans) de l'organisation qui satisfait aux exigences du règlement et fait l'objet d'un audit annuel de suivi.
REACH (Registration, Evaluation and Autorisation of Chemicals) Depuis le 1er juin 2007	• **Objectifs** : sécuriser la fabrication et l'utilisation des **substances chimiques** dans l'industrie européenne. Il s'agit de recenser, d'évaluer et de contrôler les substances chimiques fabriquées, importées, mises sur le marché européen. • **Obligations des entreprises industrielles** : - **enregistrement** des substances chimiques fabriquées ou importées dans des quantités d'une tonne ou plus par an dans une base gérée par l'Agence européenne des produits chimiques ; - **fournir les informations** demandées dans le cadre du règlement ; - obtenir l'**autorisation** relative aux substances ; condition : assurer notamment que les risques générés par les substances extrêmement préoccupantes sont valablement maîtrisés.
Directives	
Sûreté nucléaire : directive 2014/87/Euratom du 8 juillet 2014, modifie la directive 2009/71 Euratom	• **Objectif** : instaurer un **cadre juridique communautaire** en matière de sûreté nucléaire commun à tous les États membres. • **Moyens** : - définition des obligations fondamentales et des principes généraux en la matière ; - renforcement du rôle des organismes de réglementation nationaux ; - harmonisation des exigences de sûreté entre les États membres.

SEVESO 3 : directive 2012/18/UE du 4 juillet 2012 relative aux **accidents majeurs impliquant des substances dangereuses** Depuis 2015	• **Objectif** : prévenir et mieux gérer les accidents majeurs impliquant des produits chimiques dangereux. • **Moyens**, *ex.* : - nouvelles méthodes de classification des substances ; - nouvelles dénominations de dangers ; - politique de prévention des accidents majeurs renforcée.
Système d'échange de quotas d'émission de gaz à effet de serre Depuis le 1er janvier 2005	• **Objectif** : lutter contre le changement climatique en restreignant progressivement la quantité d'émissions de gaz à effet de serre (réduction de ces gaz d'au moins 40 % d'ici 2030). **Principe** : - les États membres imposent un **plafond sur les émissions des installations concernées** (*ex.* : dans les secteurs de la production d'électricité, des réseaux de chaleur, de l'acier, du ciment, du raffinage, du verre, du papier), puis leur allouent les **quotas** correspondants à ce plafond ; - à la fin de chaque année, les installations doivent **restituer** un nombre de quotas équivalent à leurs émissions réelles. Les entreprises assujetties ont aussi la possibilité d'**échanger** des quotas sur le marché européen des quotas d'émission (ainsi : une installation qui émet plus que son allocation doit se procurer les quotas manquants : c'est le *principe pollueur-payeur* et une installation qui émet moins que son allocation peut **revendre** ses quotas non utilisés).
IED : directive 2010/75/UE relative aux **émissions industrielles** Depuis le 6 janvier 2011	• **Objectif** : parvenir à un niveau élevé de protection de l'environnement grâce à une **prévention et à une réduction intégrées de la pollution** provenant d'un large éventail d'activités industrielles et agricoles. Elle est le pendant pour les **risques chroniques** de la directive Seveso 3. • **Principe directeur**, *ex.* : **recours aux meilleures techniques disponibles (MTD)** afin de prévenir les pollutions de toutes natures. Elle impose aux États membres de fonder les conditions d'autorisation des installations concernées sur les performances des MTD.
Publications d'informations non financières : directive 2014/95 du 22 octobre 2014 Depuis le 5 décembre 2014	• **Obligation** : des grandes entreprises qui sont des entités d'intérêt public dépassant à la date de clôture de leur bilan, un effectif moyen de 500 salariés sur l'exercice : inclure dans le rapport de gestion une déclaration non financière comprenant notamment des informations relatives aux questions environnementales.

3 Droit national

Code de l'environnement	
ICPE (Installations Classées pour la Protection de l'Environnement) Depuis la loi du 19 juillet 1976 et Iota (Installations, ouvrages, travaux, activités)	• **Définition** : Toute exploitation industrielle ou agricole susceptible de créer des risques ou de provoquer des pollutions ou nuisances, notamment pour la sécurité et la santé des riverains est une **installation classée**. • **Régime juridique** : il varie en fonction de l'importance des risques ou des inconvénients qui peuvent être engendrés par l'ICPE : - **déclaration en préfecture** : pour les activités les moins polluantes et les moins dangereuses ; - **autorisation par le préfet** : pour les installations présentant les risques ou pollutions les plus importants. L'exploitant doit faire une demande d'autorisation avant toute mise en service, démontrant l'acceptabilité du risque ; - **enregistrement par le préfet** : pour les secteurs dont les mesures techniques pour prévenir les inconvénients sont bien connues (stations-service, entrepôts...), un régime d'autorisation simplifiée, ou régime dit d'enregistrement, a été créé en 2009.
INB (Installations Nucléaires de Base) Depuis la loi du 13 juin 2006	• **Définition :** une installation mettant en jeu des substances radioactives est réglementée au titre des « installations nucléaires de base » (INB), et est alors placée sous le contrôle de l'Autorité de sûreté nucléaire (ASN). • **Principes généraux**, *ex.* : - la **création** d'une INB est soumise à autorisation. Cette autorisation est délivrée par décret (pris après avis de l'ASN et après enquête publique) ; - l'exploitant d'une INB est **responsable** de la sûreté de son installation ; - l'exploitant d'une INB procède périodiquement au **réexamen de la sûreté** de son installation (en général tous les 10 ans) en prenant en compte les meilleures pratiques internationales. Cet examen donne lieu à un rapport, adressé à l'ASN et aux ministres compétents.

<table>
<tr><td>Déclaration de performance extra-financière
(art. L. 225-102-1)</td><td>• Objectif : déclarer les risques sociaux, environnementaux et sociétaux les plus pertinents pour les sociétés concernées.
• Obligation de déclaration pour les sociétés qui dépassent les seuils suivants :
– sociétés cotées : 20 millions d'euros pour le total du bilan ou 40 millions d'euros pour le montant net du chiffre d'affaires et 500 pour le nombre moyen de salariés employés au cours de l'exercice ;
– sociétés non cotées : 100 millions d'euros pour le total du bilan ou le montant net du chiffre d'affaires et 500 pour le nombre moyen de salariés.
• Contenu :
– une description des principaux risques liés à l'activité de la société ;
– une description des politiques appliquées par la société incluant, le cas échéant, les procédures de diligence raisonnable mises en œuvre pour prévenir, identifier et atténuer la survenance de ces risques ;
– les résultats de ces politiques, incluant des indicateurs clés de performance (ICP).</td></tr>
<tr><td colspan="2">Normes de l'AFNOR</td></tr>
<tr><td>Marque NF Environnement
Depuis 1991</td><td>• Objectif : cette marque collective de certification est utilisée afin d'attester la conformité des produits et/ou services aux documents normatifs nationaux, européens et internationaux les concernant (complétés le cas échéant par d'autres documents de référence dans les conditions définies par des Référentiels de Certification) suivant une approche multicritère appliquée aux différents stades du cycle de vie des produits ou services.
• Domaines d'application : les produits et/ou services :
– destinés aux consommateurs et aux produits ou services intermédiaires ;
– à des produits et/ou services dont la fonction est utile à la protection de l'environnement.</td></tr>
<tr><td colspan="2">Droit comptable</td></tr>
<tr><td>Comptabilisation des aspects environnementaux</td><td>• Objectif : permettre aux actionnaires des sociétés d'appréhender les passifs environnementaux actuels et à venir.
• Obligations des entreprises :
– les risques environnementaux doivent être anticipés dans le bilan sous forme de provision pour risque environnemental ;
– l'annexe doit comporter toutes les informations significatives (ex. : montant de la provision à l'ouverture et à la clôture de l'exercice, dotations constituées au cours de l'exercice).</td></tr>
</table>

UE 2

MÉMO 12 La constitution des sociétés

Elle est réglementée par le Code de commerce (conditions de fond et de forme, sanctions des irrégularités) et le droit fiscal.

1 Règles de fond

A. Règles relatives à la conclusion de tout contrat

- **Définition** du **contrat** : « **accord de volontés** entre deux ou plusieurs personnes destiné à créer, modifier, transmettre ou éteindre des **obligations** » (art. 1101 du Code civil).
- Conditions de **validité d'un contrat** (art. 1128 du Code civil).

Conditions	Caractéristiques
Consentement des parties	Doit être **non vicié** par l'erreur (par exemple sur la valeur d'une entreprise), le dol ou la violence.
Capacité des parties à contracter	• L'incapacité de contracter est une cause de **nullité relative**. • La capacité requise pour les futurs associés varie selon les sociétés. *Ex. :* – capacité **commerciale** dans les SNC et pour les associés commandités ; – capacité **civile** dans les SARL et les SA. • Cas de la **représentation** : le représentant doit agir dans la limite des pouvoirs qui lui ont été conférés.
Contenu licite et certain	• Licite : le contrat ne peut déroger à l'**ordre public** ni par ses stipulations, ni par son but. • Certain : toute **obligation** a pour objet une prestation présente ou future, qui doit être possible et déterminée ou déterminable.

B. Règles relatives au contrat de société

1. Définition

« La société est instituée par **deux ou plusieurs personnes** qui conviennent par un contrat d'affecter à une **entreprise commune** des **biens** ou leur **industrie** en vue de **partager le bénéfice** ou de **profiter de l'économie** qui pourra en résulter.

Elle peut être instituée, dans les cas prévus par la loi, par l'acte de volonté d'une seule personne.

Les associés s'engagent à **contribuer aux pertes** » (art. 1832 du Code civil).

Toute société doit avoir un objet licite et être constituée dans l'intérêt commun des associés.

La société est gérée dans son intérêt social, en prenant en considération les enjeux sociaux et environnementaux de son activité (art. 1833 du Code civil).

2. Éléments du contrat

▸ Personnes qui s'associent et leur intention

Nombre de personnes	Principe	Minimum : 2 personnes physiques ou morales
	Exception	1 personne physique ou morale pour les EURL et SASU
Intention de s'associer	C'est l'*affectio societatis* : *cf.* l'expression « conviennent par un contrat d'affecter à une entreprise commune… »	

Apports

<table>
<tr><td>Définition</td><td colspan="2">Bien (somme d'argent meuble, immeuble, fonds de commerce) ou compétences que l'apporteur s'engage à mettre à la disposition de la société.</td></tr>
<tr><td>Modalités</td><td colspan="2">2 étapes successives :
• souscription = engagement à effectuer l'apport ;
• libération = réalisation de l'apport (ex. : remise d'un chèque).</td></tr>
<tr><td rowspan="3">Types d'apports</td><td>Apport en numéraire (fonds)</td><td>• Est libéré en totalité lors de la constitution de la société ou en plusieurs fois (cf. loi : le plus souvent dans un délai de 5 ans).
• Est possible dans toute société.</td></tr>
<tr><td>Apport en nature (meubles, immeubles)</td><td>• Est possible dans toute société.
• Est réalisé en propriété, en jouissance ou en usufruit.
• Est évalué par un commissaire aux apports dans certains cas.</td></tr>
<tr><td>Apport en industrie (compétences…)</td><td>• Est interdit dans certaines sociétés (ex. : SA).</td></tr>
<tr><td rowspan="3">Cas particulier de l'apport d'un bien commun (1)</td><td>Apport à une SNC, une SCS, une SARL</td><td>L'apporteur doit en informer son conjoint et justifier de cette information dans l'acte d'apport.</td></tr>
<tr><td>Apport à une société par actions (SA, SCA, SAS)</td><td>Pas d'information à effectuer.</td></tr>
<tr><td>Dans toute société, par ex. : apport d'un immeuble, d'un fonds de commerce</td><td>Le consentement du conjoint est requis.</td></tr>
</table>

(1) Lors de l'apport d'un bien commun : la qualité d'associé est reconnue à celui des époux qui fait l'apport. La qualité d'associé est aussi reconnue, pour la moitié des parts souscrites, au conjoint qui a notifié à la société son intention d'être personnellement associé.

But des personnes qui s'associent

- soit réaliser et partager un **bénéfice** ;
- soit réaliser et partager des **économies**.

Engagement à contribuer aux pertes

La **responsabilité de l'associé** varie en fonction de la société, par *ex.* :

- est limitée aux apports (*ex.* : dans SARL, SAS) ;
- est indéfinie et solidaire (*ex.* : dans SNC).

Autres caractéristiques de la société

- **Les statuts déterminent** : la forme, l'objet, l'appellation, le siège social, le capital social, la durée de la société et les modalités de son fonctionnement ;
- **Les statuts peuvent préciser** une raison d'être, constituée des principes dont la société se dote et pour le respect desquels elle entend affecter des moyens dans la réalisation de son activité (art. 1835 C. civ.).

Cas de la société à mission

La société doit respecter certaines conditions (art. L. 210-10 C. com.), notamment ses statuts précisent :

1. une raison d'être, au sens de l'article 1835 du Code civil ;
2. un ou plusieurs objectifs sociaux et environnementaux que la société se donne pour mission de poursuivre dans le cadre de son activité ;
3. les modalités du suivi de l'exécution de la mission mentionnée au 2°.

2 Règles de forme

Étapes

1. Un **avant-contrat** peut être rédigé : *ex.* : promesse de société.
2. La rédaction des **statuts** et leur contenu :
- **mentions obligatoires** (*ex.* : dénomination sociale, capital social) ;
- mentions **facultatives** (*ex.* : répartition des pouvoirs entre les dirigeants) ;
- **annexes** (*ex.* : rapport d'évaluation du commissaire aux apports) ;
- **signature** des associés.
3. **Enregistrement** auprès de l'administration fiscale.
4. Formalités de **publicité légale**
- avis dans un journal d'annonces légales (JAL) ;
- dépôt de pièces (en un exemplaire) et demande d'immatriculation au Registre du Commerce et des Sociétés (RCS) : l'ensemble de ces documents est déposé au Centre de formalités des entreprises (CFE) du siège social ;
- insertion au Bulletin officiel des annonces civiles et commerciales (BODACC) ou au Bulletin des Annonces Légales Obligatoires (BALO).

3 Sanctions des irrégularités de constitution

A. Cas de nullité

Nullité relative	protège un intérêt particulier (*ex.* : un majeur incapable).
Nullité absolue	protège l'intérêt général (*ex.* : si l'objet social est illicite).

B. Actions en justice

Actions	Conditions d'exercice et effets
Action en nullité	• *Exercice de l'action :* - par toute personne en cas de **nullité absolue**, par la personne protégée en cas de **nullité relative** ; - vise les fondateurs, les premiers dirigeants ; - dans un délai de **3 ans** à compter du jour où le vice a été découvert ; - est éteinte quand la cause de la nullité a cessé d'exister le jour où le tribunal statue sur le fond en première instance. • *Effets de la nullité :* - **fin de la personnalité morale** (pas d'effet rétroactif) ; - **liquidation** de la société.
Action en régularisation	• Permet d'éviter la nullité de la société (sauf en cas d'objet illicite) ; par *ex.* pour compléter les statuts.
Action en responsabilité	• Cas : irrégularité n'entraînant pas la nullité. • Mise en jeu de la **responsabilité civile** de l'auteur dans un délai de 3 ans à compter du jour où la nullité a été couverte.

4 Fiscalité applicable à la constitution des sociétés

La constitution d'une société implique que les associés consentent des apports à la société. Il peut s'agir **d'apports en numéraire** ou **d'apports en nature** portant sur des biens meubles ou immeubles autres que l'argent : par exemple, fonds de commerce, immeubles, matériels, créances, brevets, etc.

Le régime d'imposition de ces apports aux droits d'enregistrement est complexe. Sur le plan fiscal, une distinction importante doit être faite entre :

- **les apports « purs et simples » (APS) :** ils confèrent à l'apporteur, en échange de sa mise, de simples droits sociaux, parts sociales ou actions, exposés à tous les risques de l'entreprise et notamment, en cas de mauvaises affaires, à la perte éventuelle de cette mise ;
- **les apports « à titre onéreux » (ATO) :** ils sont rémunérés par un équivalent ferme et actuel, définitivement acquis à l'apporteur et soustrait aux risques sociaux (par ex. des espèces, des obligations, ou une prise en charge par la société d'un passif incombant à l'apporteur). L'associé ne fait pas une véritable mise sociale et son apport prend le caractère d'une vente faite à la société ;
- **les « apports mixtes »** : ce sont ceux qui sont rémunérés, pour partie au moyen de la remise d'actions ou parts sociales (apport pur et simple), pour partie par un avantage soustrait aux aléas sociaux (apport à titre onéreux). Par exemple : somme d'argent, ou prise en charge d'un passif incombant à l'apporteur).

Il convient de s'interroger sur la **qualité de l'apporteur**, la **qualité de l'entité bénéficiaire des apports** et sur la **nature du bien apporté**. Les apports effectués lors d'une constitution de société sont exonérés.

A. Les apports purs et simples (APS)

Apport pur et simple d'immeubles, droits immobiliers ou biens assimilés à :	Modalités d'imposition
• une société non soumise à l'IS (CGI. art. 810 bis)	Exonération
• une société soumise à l'IS par une personne physique ou morale non soumise à l'IS (CGI. art. 809 I 3°)	5 % (1) ou exoneration (2)
• une société soumise à l'IS par une personne morale soumise à l'IS (CGI. art. 810 bis)	Exonération

(1) Taux global de 5 % comprenant un droit budgétaire de 2,20 %, une taxe départementale de 1,60 % et une taxe communale de 1,20 %.

(2) Exonération applicable si et seulement si l'apporteur s'engage à **conserver les titres remis en contrepartie de l'apport pendant 3 ans et que l'immeuble ou le droit immobilier soit apporté en même temps que l'activité professionnelle et soit affecté à son exercice** : en dehors de ce cas spécifique, un **apport isolé d'immeuble** par un apporteur à l'IR à une société à l'IS est passible du droit d'enregistrement de 5 %. Si l'apport immobilier relève de la TVA, le droit d'enregistrement n'est en principe pas dû.

Apport pur et simple de fonds de commerce, de clientèle, de droits au bail ou de promesse au bail à :	Modalités d'imposition
• une société non soumise à l'IS (CGI. art. 810 bis)	Exonération
• une société soumise à l'IS par une personne physique ou morale non soumise à l'IS (CGI. art. 809 I 3°)	0 %, 3 %, 5 % (1) ou exonération (2)
• une société soumise à l'IS par une personne morale soumise à l'IS (CGI. art. 810 bis)	Exonération

(1) Taux de 0 % applicable sur la fraction du prix $\leqslant$ 23 000 €, 3 % entre $>$ 23 000 € et $\leqslant$ 200 000 € et 5 % $\geqslant$ 200 000 €.

(2) Exonération applicable si l'apporteur s'engage à conserver les titres remis en contrepartie de l'apport pendant 3 ans.

Apport pur et simple d'autres biens :	Modalités d'imposition
• les apports passibles de la TVA (CGI. art. 810 IV et 810 bis)	Exonération
• dans tous les autres cas (CGI. art. 810 bis)	Exonération

B. Les apports à titre onéreux

Apport à titre onereux résultant de la prise en charge du passif constaté lors de la mise en société d'une entreprise individuelle, au sens de l'article 151 octies du CGI :	Modalités d'imposition
• d'immeubles (CGI. 809 I bis)	5 % (1) ou exonération (2)
• de fonds de commerce, de clientèle, de droit au bail ou promesse de bail	0 %, 3 %, 5 % (3) ou exonération (2)
• dans tous les autres cas (CGI. art. 810 III)	5 %

(1) Taux de 5 % : droit budgétaire de 2,20 %, taxe départementale de 1,60 % et taxe communale de 1,20 %.
(2) Exonération applicable si **l'apporteur s'engage à conserver les titres** remis en contrepartie de l'apport pendant 3 ans et que d'une part, le passif concerne un immeuble ou des droits immobiliers, un fonds de commerce, une clientèle, un droit à bail ou une promesse de bail, et que, d'autre part, les biens concernés sont compris dans l'apport fait par une personne physique, de l'ensemble des éléments de l'actif immobilisé affectés à l'exercice d'une activité professionnelle au sens de **l'article 151 octies du CGI**. Le régime de faveur est remis en cause si l'engagement de conservation des titres de 3 ans n'est pas respecté et si la société cesse de remplir les conditions qui lui ont permis de bénéficier de l'exonération de droit.
(3) Taux de 0 % sur la fraction du prix ⩽ 23 000 €, 3 % entre > 23 000 € et ⩽ 200 000 € et 5 % ⩾ 200 000 €.

Apport à titre onéreux d'autres biens :	Modalités d'imposition
• les apports passibles de la TVA :	Exonération
• dans tous les autres cas :	Imposables aux droits de mutation (1)

(1) Pas d'imposition des apports de numéraire, des créances et des stocks de marchandises neuves.

C. Les apports mixtes

Les **apports mixtes** sont soumis :

- au régime des **APS** pour la partie rémunérée par des actions ou des parts de la société bénéficiaire des apports ;
- au régime des **ATO** pour la partie rémunérée par une contrepartie soustraite aux risques sociaux : tel peut être le cas lorsque la société prend en charge un passif qui incombe à l'apporteur.

Libre qualification par l'apporteur des biens qui constituent un apport pur et simple et ceux qui constituent un apport à titre onéreux.

Les apporteurs ont intérêt à procéder à cette qualification fiscale, en « classant » dans la catégorie des ATO les biens dont la vente est exonérée de tous droits d'enregistrement ou qui supportent les taux les moins coûteux. À défaut d'un tel classement, l'administration pratiquerait une **imputation proportionnelle** sur les biens de chaque nature apportés par l'intéressé.

Pour les ATO, l'imputation fiscale est toujours pratiquée en priorité sur le numéraire, les créances et les stocks qui ne supportent pas les droits d'enregistrement.

D. Synthèse

Apports purs et simples	Apports à titre onéreux	Apports mixtes
L'associé reçoit, en contrepartie de ses apports, des droits sociaux représentatifs du capital (parts sociales, actions)	L'apporteur ne reçoit pas de droits sociaux en échange de son apport. Il réalise une véritable vente à la société. Les apports sont rémunérés par la remise de fonds ou par l'engagement pris par la société de rembourser une dette (prise en charge, par la société, d'un passif incombant à l'acheteur).	Les apports sont réalisés en partie à titre pur et simple, en partie à titre onéreux (une partie est rémunérée par des droits sociaux, l'autre par des espèces ou la prise en charge d'un passif).
En principe **exonérés**, sauf exceptions	En principe **taxables**, sauf exceptions	ATO taxables sauf exception APS exonérés sauf exception Principe de libre imputation des ATO sur des apports non taxables (numéraire, créances, stocks...)

La transformation des sociétés

Elle est réglementée par le Code de commerce et le droit fiscal.

1 Règles applicables

Transformation d'une société = opération qui consiste à changer sa forme juridique.

A. Règles générales pour toute transformation

- Règles relatives à la modification des statuts de la société qui se transforme.
- Règles concernant la validité de la nouvelle forme sociale.

B. Règles spécifiques à certaines transformations

1. Transformation en sociétés par actions

- 2 cas pour la société qui se transforme :

Elle n'a pas de commissaire aux comptes (CAC)	• Obligation de désigner un ou plusieurs **commissaires à la transformation** (CAT) chargés d'apprécier la valeur des biens composant l'actif social et les avantages particuliers.
Elle a déjà un CAC	• La désignation d'un CAT n'est pas obligatoire. • Si la société choisit de désigner un CAT, elle peut nommer à cette fonction son CAC.

- **Le CAT est nommé** par accord unanime des associés ; à défaut, il est désigné par une ordonnance sur requête du président du tribunal de commerce.

2. Cas particuliers

- Une société ne peut être transformée en GIE ou en association ; il y a alors création d'une nouvelle personne morale.
  Exception : un GIE peut se transformer en SNC.
- La transformation d'une société existante en coopérative de production n'entraîne pas la création d'une personne morale nouvelle.

C. Procédure de vérification de l'actif de la société qui se transforme

- **Évaluation des biens composant l'actif** : par un CAT. Si la société a déjà un CAC, elle est dispensée de cette évaluation.

Le CAT rédige un **rapport** (qui atteste aussi que le montant des capitaux propres est au moins égal à celui du capital social) qui est communiqué à l'assemblée générale qui va statuer sur la transformation.

- **En cas de transformation en SARL** : le CAT peut aussi être chargé de l'établissement d'un **rapport sur la situation de la société**.

D. Publicité de la transformation

- Avis au JAL.
- Modification du RCS.
- Insertion au BODACC.

E. Nullité ou irrégularité de la transformation

1. Cas de nullité de la transformation

- **Défaut d'approbation des associés** sur l'évaluation des biens composant l'actif social lors de la transformation en société par actions.
- **Absence de rapport d'un CAC** sur la situation de la société qui se transforme en SARL.
- **Présence d'un mineur non émancipé** ou d'un mineur émancipé non autorisé à être commerçant lors de la transformation en SNC ou en société en commandite.
- **Absence de formalités de publicité** lors de la transformation d'une SNC ou d'une SCS.
- **Absence de décision collective** des associés lors de la transformation d'une SAS.

2. Actions en responsabilité

Action contre les dirigeants de la société qui se transforme	Si irrégularité : *ex.* : omission ou accomplissement irrégulier d'une formalité prescrite par la loi.
Actions contre les tiers	Si le tiers participe à l'opération de transformation.

F. Effets de la transformation

Date d'effet de la transformation	• C'est le jour de la décision de l'AGE. • Il y a **opposabilité aux tiers** quand toutes les formalités de publicité légale ont été effectuées.
Vis-à-vis de la société	• **Modification des statuts.** • **Pas de création d'une personne morale nouvelle**.
Vis-à-vis des dirigeants sociaux	• Fin des mandats sociaux.
Vis-à-vis des associés	• **Nouveaux droits sociaux** dès la date de décision de la transformation. • Cas de la *transformation d'une SNC* : les associés restent tenus indéfiniment et solidairement au paiement des dettes contractées par la société avant sa transformation. • Cas de la *transformation en SNC* : les associés deviennent indéfiniment et solidairement responsables des dettes sociales, y compris de celles contractées avant la transformation.

Vis-à-vis du CAC	• Si le CAC est obligatoire dans la nouvelle forme juridique : les fonctions du CAC prennent fin à la date initialement prévue. • Si le CAC n'est pas obligatoire dans la nouvelle forme juridique : les fonctions du CAC prennent fin de manière anticipée.
Vis-à-vis des créanciers	• Créanciers antérieurs à la transformation : peuvent poursuivre le paiement de leurs créances sur les anciens associés. • Maintien des **sûretés** consenties avant la transformation, en principe.
Vis-à-vis des salariés	• **Poursuite des contrats de travail** conclus avant la transformation.

2 Règles spécifiques aux différentes sociétés

A. Transformation d'une société en participation (SP)

- Il y a constitution d'une **société nouvelle**.
- Si la SP se transforme en SA ou SARL : un commissaire aux apports doit être nommé s'il y a des biens en nature au bilan.

B. Transformation d'une société en nom collectif (SNC)

- **Décision** : *cf.* conditions de majorité dans les statuts : à défaut : unanimité.
- **Cas de la transformation imposée** : en cas de décès d'un associé si la continuation est prévue avec les héritiers et que l'un d'entre eux est mineur : la SNC doit être transformée dans le délai d'un an en SCS, SCA ou SARL, SA. À défaut : la société est dissoute.

C. Transformation d'une société en commandite simple (SCS)

- **Décision** : unanimité des associés commandités et majorité en nombre et en capital des associés commanditaires.

D. Transformation d'une société à responsabilité limitée (SARL)

Transformation en SNC, SCS ou SCA	• **Unanimité** des associés. *À défaut* : nullité de la transformation.
Transformation en SA	• Conditions de quorum et de majorité pour les AGE des SARL. • Cas de la SARL dont les capitaux propres sont supérieurs à 750 000 € dans le dernier bilan : majorité des parts sociales est suffisante.
Transformation en SAS	• **Unanimité** des associés.

E. Transformation d'une société anonyme (SA)

1. Conditions de la transformation

- Le bilan des 2 premiers exercices sociaux a été établi et approuvé par les actionnaires.
- La SA a au moins 2 ans d'existence.
- La décision de transformation est prise au vu du rapport du CAC de la SA (qui atteste que les capitaux propres sont au moins égaux au montant du capital social).

→ ces 3 conditions ne sont pas requises pour la transformation en SNC.

- Publicité légale.
- **Si la SA a des créanciers obligataires** : le projet de transformation doit être soumis à leur autorisation. À défaut de cette autorisation : il y a remboursement des obligataires qui en font la demande.

2. Modalités de la transformation

Transformation	Modalités
SA ⟹ SARL	• *Cf.* conditions de modification des statuts dans SARL.
SA ⟹ SCS ou SCA	• *Cf.* conditions de quorum et de majorité de l'AGE. • Accord unanime des actionnaires qui seront associés commandités.
SA ⟹ SAS SA ⟹ SNC	• *Cf.* conditions de quorum de l'AGE + unanimité. • Accord unanime des actionnaires.
SA ⟹ Société civile	• Accord unanime des actionnaires.

F. Transformation d'une société en commandite par actions (SAS)

- Transformation possible même si la SAS a moins de 2 ans d'existence.
- Décision : *cf.* la majorité prévue dans les statuts.

3 Fiscalité applicable à la transformation des sociétés

La **transformation** d'une société relevant de l'IR en une société relevant de l'IS et réciproquement entraîne toujours des conséquences fiscales.

- Si création d'une **personne morale nouvelle**, **la transformation d'une société** est considérée, du point de vue fiscal, comme emportant dissolution de la société ancienne et constitution d'une société nouvelle : conséquences en matière de droits d'enregistrement et d'impôts directs.
- Rare en pratique (par exemple : transformation d'une SA en association loi de 1901).
- Si la transformation n'entraîne pas création d'une **personne morale nouvelle**, voir si la transformation provoque, ou non, un **changement du régime fiscal** de la société (passage de l'impôt sur les sociétés à l'impôt sur le revenu ou réciproquement).

Si la transformation n'a pas pour effet de rendre la société passible de l'impôt sur les sociétés, seul le droit fixe des actes innomés (125 €) est dû et pas de conséquences fiscales en impôts directs.
En cas de **changement de régime fiscal**, les conséquences sont les suivantes.

A. La transformation entraîne un changement de régime fiscal

1. Le changement de régime fiscal d'une société à l'I.S

Le changement de régime fiscal est assimilé à une **cessation d'activité** sur le plan fiscal.

La société passe de l'IS à l'IR
1. Imposition immédiate des résultats suivants :
Conséquences
• Résultat d'exploitation de l'exercice en cours à la date du changement (une clause de rétroactivité insérée dans l'acte de transformation ne modifie pas cette analyse) ; • Des **bénéfices en sursis** d'imposition ; • Des provisions ordinaires et provisions réglementées ; • Des **plus-values latentes** sur immobilisations acquises à la date de l'opération ; • Des éventuels **profits latents** sur les stocks : - moins-value à long terme (MVLT) compensée avec la plus-value à long terme de l'exercice ; - si MVLT globale, déduction possible pour une fraction de son montant des bénéfices de l'exercice, en fonction du rapport existant entre le taux d'imposition des PVLT applicable lors de l'exercice de réalisation de la MV et le taux de l'IS en vigueur lors de l'exercice de cession ou cessation d'entreprise.
La société passe de l'IS à l'IR
2. Possibilité de dispense d'imposition immédiate (art. 221 bis du CGI)
Conséquences
• Dispense pour les bénéfices en **sursis d'imposition**, les **plus-values latentes** comprises dans l'actif social et les profits non encore taxés sur les stocks. • Mais le résultat d'exploitation de la période reste imposable. • **Deux conditions à respecter** : - aucune modification ne doit être apportée aux écritures comptables ; - l'imposition de ces bénéfices et plus-values doit être possible à l'IR : difficile pour les plus-values compte tenu des spécificités de l'IR en ce domaine (nombreuses mesures d'exonération).
La société passe de l'IS à l'IR
3. Perte du droit au report des déficits reportables
Conséquences
• Imputation possible des déficits sur les bénéfices et plus-values imposables au titre de l'exercice de cessation.

La société passe de l'IS à l'IR
4. Obligations déclaratives : déclaration de cessation
Conséquences
• Dépôt, auprès du centre des Finances Publiques, dans les soixante jours de la date du changement, de la liasse fiscale de cessation. • **Imposition immédiate** : obligation de liquider et de verser au Trésor, à l'expiration du délai de soixante jours, l'I.S. dû par la société sur ses bénéfices et plus-values imposables.

La société passe de l'IS à l'IR
5. Situation des associés
Conséquences
• Les bénéfices et réserves des personnes morales cessant d'être assujetties à l'I.S. sont **réputés distribués chez les associés** (art. 111 bis du C.G.I.). • Résultat imposable chez l'associé : - bénéfices ou plus-values du dernier exercice dont les résultats sont soumis à l'I.S ; - réserves provenant de bénéfices des exercices antérieurs, y compris celles incorporées au capital, à l'exclusion des apports et des primes, et diminués du report à nouveau déficitaire. • **Pour les associés relevant de l'IR**, **distribution « régulière »** : - PFU non libératoire de 12,80 % pour la société distributrice + prélèvements sociaux de 17,20 % (30 % au total) ; - Sur option, et s'il y a fiscalement intérêt dividende brut imposable chez l'associé après abattement de 40 %, et imputation du PFU sur l'IR ; • **Pour les associés relevant de l'IS** : - régime des sociétés mères et filiales applicables si les conditions de son application sont réunies (Notamment 5 % minimum de détention du capital de la filiale).

La société passe de l'IS à l'IR
6. Droits d'enregistrement
Conséquences
• Le changement de régime fiscal d'une société soumise à l'impôt sur les sociétés n'entraîne pas de conséquence spécifique. • Les apports taxables sont les apports réalisés depuis le 1er août 1965 par des personnes (physiques ou morales) non soumises à l'impôt sur les sociétés et qui portent sur des immeubles, droits immobiliers, fonds de commerce, clientèles, droits au bail ou promesses de bail. • Les apports passibles de la TVA ne sont pas soumis aux droits d'enregistrement. • Le droit d'enregistrement est calculé sur la **valeur vénale** des biens au moment du changement de régime fiscal.

2. Le changement de régime fiscal d'une société à l'IR

La société passe de l'IR à l'IS et elle exerce une activité professionnelle
1. Imposition immédiate des résultats :
Conséquences
• Des résultats d'exploitation de l'exercice en cours à la date du changement de régime fiscal ; • Des bénéfices en sursis d'imposition ; • Des provisions ordinaires et provisions réglementées ; • Des plus-values latentes acquises à la date du changement ; • Des éventuels profits latents sur les stocks : - moins-value à long terme compensée avec la plus-value à long terme de l'exercice ; - si MVLT globale, possibilité de déduction pour une fraction de son montant des bénéfices de l'exercice, en fonction du rapport existant entre le taux d'imposition des PVLT applicable lors de l'exercice de réalisation de la MV et le taux de l'IS en vigueur lors de l'exercice de cession ou cessation d'entreprise. • Établissement de l'impôt dû au nom de chacun des associés, à hauteur de la quote-part de leurs droits dans les résultats sociaux.
La société passe de l'IR à l'IS et elle exerce une activité professionnelle
2. Dispense d'imposition immédiate (art. 202 ter, I, alinéa 2 du CGI)
Conséquences
• **Dispense d'imposition immédiate** : - des bénéfices en sursis d'imposition ; - des plus-values latentes sur immobilisations ; - des profits latents sur les stocks. • **Deux conditions** : - aucune modification ne doit être apportée aux écritures comptables ; - l'imposition de ces bénéfices et plus-values doit demeurer possible sous le nouveau régime fiscal applicable à la société.
La société passe de l'IR à l'IS et elle exerce une activité professionnelle
3. Conséquences pour les associés
Conséquences
• **Transfert des droits sociaux dans le patrimoine privé** ; • Plus-values latentes normalement imposables mais report automatique d'imposition jusqu'à la date de cession, de rachat ou d'annulation des parts ou actions de l'associé (art. 151 nonies, III, du C.G.I.).

La société passe de l'IR à l'IS et elle exerce une activité patrimoniale [1]
1. Imposition immédiate des résultats (art. 202 ter, II à IV, du C.G.I)
Conséquences
• **Imposition immédiate** des revenus et plus-values non encore taxées à la date du changement de régime, incluant les plus-values latentes afférentes aux biens compris dans le patrimoine de la société ; • Les associés sont immédiatement imposés sur leur quote-part de résultat, dans la catégorie de revenu qui correspond à l'activité exercée par la société (revenus fonciers, revenus de capitaux mobiliers...)

La société passe de l'IR à l'IS et elle exerce une activité patrimoniale [1]
2. Conséquences pour les plus-values latentes
Conséquences
La société patrimoniale peut choisir : • **L'imposition immédiate** des **plus-values latentes** avec inscription au bilan d'ouverture du premier exercice d'assujettissement à l'I.S. des **biens pour leur valeur vénale ;** • Ou **l'inscription des immobilisations au bilan d'ouverture du premier exercice d'assujettissement à l'I.S, pour leur valeur d'origine**, en faisant apparaître : - leur valeur brute ; - et les amortissements et provisions qui auraient pu être déduits si l'entreprise avait été soumise à l'I.S. depuis leur acquisition.

[1] Sociétés de personnes ou des organismes qui exercent une activité non professionnelle, dont les revenus ne relèvent pas des B.I.C., de B.N.C. ou de B.A

Droits d'enregistrement, dans les 2 hypothèses précédentes	• **Apport à titre pur et simple (APS)** : - L'apport d'immeubles, de fonds de commerce et de biens assimilés **par une personne relevant de l'I.R. à une société assujettie à l'I.S.** est soumis à un droit proportionnel d'enregistrement (*cf.* Mémo 12) ; - Si apport d'un immeuble : droit de 5 %. • **Apport à titre onéreux (ATO) :** - Imposition aux droits d'enregistrement sauf si prise en charge de passif lors de l'apport de l'intégralité d'une entreprise individuelle au sens de l'article 151 octies **ET** engagement de conservation des titres pendant 3 ans.

Les pouvoirs dans l'entreprise

Le droit applicable est inscrit dans le Code de commerce (*cf.* droit des sociétés, droit de l'entreprise en difficulté), la réglementation de l'Autorité des Marchés Financiers (AMF) et les Codes de gouvernement d'entreprise.

1 Société et gouvernement d'entreprise (GE)

A. Contrôle des sociétés prévu par la loi

- But : renforcer la **transparence des sociétés**
- Modalités de la transparence recherchée :
- organisation et gestion de l'exercice des **pouvoirs des dirigeants** et de leurs relations avec les associés ;
- séparation et équilibre des pouvoirs et transparence du fonctionnement des sociétés.
- Le **gouvernement d'entreprise (GE)** concerne :
- la direction des sociétés ;
- les moyens dont disposent les **actionnaires** pour contrôler que les dirigeants agissent dans leur intérêt.

Un rapport annuel sur le GE doit être joint au rapport de gestion.

B. Deux types de sociétés

Sociétés dont les titres ne sont pas inscrits à un marché réglementé	• *Cf.* réglementation dans Code civil et Code de commerce
Sociétés dont les titres sont inscrits à un marché réglementé	• *Cf.* Code de commerce, AMF… et notion de gouvernement d'entreprise

2 Organisation et recherche de transparence dans les principaux types de sociétés

NB : il s'agit des règles communes à toutes les sociétés.

A. Statut et pouvoirs des dirigeants sociaux

1. Mise en place des dirigeants

Notion de dirigeant	Dans les statuts : dirigeant de droit ; est représentant légal de la société. Libre choix des dirigeants : *cf.* les différents types de sociétés.
Enjeux	• **Répartition des pouvoirs** (notamment dans les sociétés par actions) et **contrôle de l'exercice** de ces pouvoirs. • Possibilité de modifier l'organisation des pouvoirs (*ex.* : dans SA). • Différencier : **dirigeants de droit** et **dirigeants de fait**.

2. Exercice des fonctions de dirigeant social

La loi :
- détermine le statut des dirigeants ;
- accorde une relative liberté lors de la rédaction des statuts pour déterminer l'étendue des pouvoirs des dirigeants (*ex.* : SAS, SARL…) ;
- prévoit que le rapport annuel sur le gouvernement d'entreprise dans les SA contient des informations précises, notamment :
- la liste de l'ensemble des mandats et fonctions exercés dans toute société par chaque mandataire social durant l'exercice ;
- les conventions réglementées conclues durant l'exercice.

3. Étendue des pouvoirs des dirigeants et contrôle

<table>
<tr><td rowspan="2">Cadre juridique</td><td>Vis-à-vis des associés</td><td>• Intérêt social.
• Cf. les clauses statutaires limitatives des pouvoirs.</td></tr>
<tr><td>Vis-à-vis des tiers</td><td>• Objet social.
• Cf. les clauses statutaires limitatives des pouvoirs.</td></tr>
<tr><td>Obligations des dirigeants sociaux et fonctions</td><td colspan="2">• Notamment : lors de l'AGO annuelle : présentation des comptes annuels, du rapport de gestion…</td></tr>
</table>

4. Limites aux pouvoirs des dirigeants sociaux

La loi :
- précise la **répartition des pouvoirs** entre les dirigeants et les assemblées générales ;
- permet de **limiter les pouvoirs** des dirigeants **dans les statuts.**

5. Cumul d'un mandat social avec un contrat de travail et/ou d'autres mandats sociaux

La **loi** et la **jurisprudence** déterminent les conditions dans lesquelles les dirigeants sociaux peuvent :
- cumuler leur mandat social dans une société avec un ou plusieurs mandats sociaux dans d'autres sociétés, *cf.* notamment dans les SA ;
- cumuler dans une même société leur mandat social avec un contrat de travail, *cf.* notamment dans les SA, les SARL.

6. Fin du mandat social

- **Motifs** sont prévus par la loi et par les statuts.
- **Conditions**, notamment pour :
- la démission ;
- la révocation : par les associés/actionnaires, par le juge.
- Le cas échéant, application d'une **clause de non-concurrence** prévue dans les statuts.

7. Responsabilité des dirigeants sociaux

Nature	Cas
Civile	• Droit des sociétés : – faute de gestion ; mise en œuvre : action sociale, action individuelle ; – faute séparable des fonctions, qui cause un préjudice à un tiers.
Pénale	• Infractions : – droit pénal des affaires, *ex.* : abus des biens ou du crédit d'initié ; – droit pénal des sociétés, *ex.* : abus des biens ou du crédit d'initié ; – droit de l'entreprise en difficulté, *ex.* : délit de banqueroute.
Professionnelle	• Droit de l'entreprise en difficulté : interdiction de gérer, faillite personnelle.
Fiscale	• Règlement des impôts et taxes dus par la société.
Patrimoniale	• Droit de l'entreprise en difficulté : contribution au passif social.

B. Statut des associés ou actionnaires

<table>
<tr><td>Acquisition de la qualité d'associé ou d'actionnaire</td><td>Cf. conditions posées par la loi</td><td>• Faire apports
• Respecter les statuts</td></tr>
<tr><td rowspan="6">Étendue des pouvoirs des associés ou actionnaires</td><td>Droit de communication permanent et temporaire</td><td rowspan="2">• Cf. AGO et AGE
• Les associés/actionnaires votent et les dirigeants sociaux exécutent les décisions de l'AG</td></tr>
<tr><td>Droit de participer et de voter dans les assemblées</td></tr>
<tr><td>Droit de percevoir des dividendes</td><td rowspan="2">• Dans les SA, les SARL</td></tr>
<tr><td>Droit de demander une expertise de gestion</td></tr>
<tr><td>Droit de cession des parts sociales ou des actions</td><td>• Cf. les procédures de cession (entre associés, à des tiers…)</td></tr>
<tr><td>Droit de déclencher l'alerte</td><td>• Dans les SA, les SARL</td></tr>
<tr><td>Obligations des associés ou actionnaires</td><td>Responsabilité relative aux votes en assemblée</td><td>• Cf. notamment : abus minoritaire ou majoritaire du droit de vote</td></tr>
<tr><td>Responsabilité relative aux dettes sociales</td><td>Varie selon le type de société</td><td>• Limitée aux apports (ex. : SAS)
• Indéfinie et solidaire (ex. : SNC)
• Indéfinie et conjointe (ex. : sociétés civiles)</td></tr>
</table>

C. Limites aux pouvoirs des dirigeants et des associés ou actionnaires

Contrôle des **conventions**	• Distinction entre conventions interdites, libres, réglementées (*cf.* procédure spécifique).
Information sur les rémunérations des dirigeants sociaux	• Dans les SA.
Contrôle par des **organes de surveillance**	• Dans les SA et les SCA : conseil de surveillance. • Dans les SAS : *Cf.* les statuts.
Contrôle par les **commissaires aux comptes (CAC)**	• *Cf.* notamment : – les conditions de désignation du CAC : pas de conflit d'intérêts, indépendance ; – la mission légale : contrôle des comptes en vue de leur certification ; – limite : pas d'immixtion dans la gestion ; – le rôle du H3C (pouvoir de sanction des CAC...).
Développement des **droits des salariés**	• La loi (Code de commerce, Code du travail notamment) prévoit : – attributions économiques, sociales du comité d'entreprise ; à défaut de comité d'entreprise, les délégués du personnel exercent ces attributions ; – participation à la vie de la société : *cf.* droit social et droit des sociétés relatif à la SA.

3 Organisation et gouvernement d'entreprise (GE) dans les sociétés dont les titres sont admis à la négociation sur un marché réglementé

A. Origines du GE

États-Unis	
• Années 1980 : scandales financiers : problèmes de gestion et de contrôle de la gestion de grandes sociétés cotées. • Loi Sarbannes-Oxley (loi SOX) : 31 juillet 2002 : le directeur général certifie personnellement les comptes et affirme que la société n'a pas violé la loi.	
Europe	
Au Royaume-Uni	• Notamment : – le rapport Cadbury (1991) : porte sur le contrôle financier des sociétés cotées ; – 1998 : Combined Code on Corporate Governance.
En France	• Différents rapports : – Viennot I (1995) et Viennot II (1999) ; – Bouton (2002) ; – Afep-Medef (2003). • 2008 : le rapport Afep-Medef devient un Code de gouvernement d'entreprise pour les sociétés cotées. • 2009 : Code de gouvernement d'entreprise Middlenext pour les valeurs moyennes et petites cotées. • À partir de 2013 : révisions du Code Afep-Medef.

Plan international	
OCDE	• « Principles of Corporate governance » ⟹ But : interpeller les pouvoirs publics pour mettre en place un cadre réglementaire obligeant les entreprises à rendre des comptes.

B. Enjeux du GE

Volonté de **dissocier** les propriétaires des sociétés et leurs dirigeants car problème à résoudre dans les sociétés:
la double délégation de pouvoirs : propriétaires => CA => directeur général…
Cf. application de la **théorie de l'agence**

+

Recherche de **rentabilité** par les marchés financiers

↓

But du GE : protéger les actionnaires (shareholders) et les parties prenantes (stakeholders)

C. Réglementation applicable

1. Directives européennes

Notamment :

- directive dite **« gouvernement d'entreprise »** du 14 juin 2006 : prévoit la publication par les sociétés d'une déclaration annuelle sur le GE dans le rapport annuel ;
- directive du 11 juillet 2007 sur l'**exercice de certains droits des actionnaires** dans les sociétés cotées, par *ex.* pour l'inscription de points à l'ordre du jour de l'AG.

2. Mise en place du GE dans les sociétés dont les titres financiers sont admis aux négociations sur un marché réglementé en France

- 3 sources de droit :
- la loi ;
- les organisations représentatives des entreprises ;
- l'AMF.
- Parmi les éléments clés du GE :

Règlement intérieur du conseil d'administration (CA)	• Organise le fonctionnement du CA…
Statut des administrateurs	• Détention d'actions • Droit à l'information • Cumul contrat de travail et mandat social • Jetons de présence…

Administrateurs indépendants et comités	Code de gouvernance Afep-Medef	• Notamment : critères pour qualifier l'administrateur indépendant.
	Loi (Code de commerce)	• Crée les comités qui incluent les administrateurs indépendants, *ex.* : - comité d'audit ; - comité des nominations ; - comité des rémunérations.
Attribution des options ou des actions gratuites aux dirigeants	Les Codes des organisations professionnelles font diverses **recommandations**.	
Droits des actionnaires	Convocation aux assemblées (BALO...).	
	Publication de documents sur Internet : *cf.* sites des sociétés cotées.	
	Informations spécifiques communiquées à l'AGO annuelle	• *Cf.* les informations jointes au rapport de gestion, *ex.* : - composition du CA : hommes/femmes ; - incidences de l'activité de la société sur l'environnement.
	Information du public	• Loi : dépôt d'un rapport financier annuel auprès de l'AMF (inclut comptes annuels...).
	Droit d'alerte	
	Actions en justice	• Action sociale. • Action individuelle.
Droits des salariés	Cas des administrateurs élus par les salariés actionnaires qui représentent plus de 3 % du capital social.	
Statut du CAC	Principe : le CAC ne peut certifier les comptes pendant plus de 6 exercices consécutifs.	
Protection contre les infractions financières	*Ex.* : délit d'initié	
	Rôle de l'AMF	• Notamment : vérification de l'information financière publiée.

Fiscalité des affaires internationales

Les **aspects internationaux du droit fiscal** influent largement sur la législation, les règlements et les instructions administratives. La multiplication des conventions internationales et la création d'un droit communautaire ont largement contribué à cette ouverture vers le monde extérieur. Le paramètre fiscal doit être intégré dans la prise de décision d'une opération présentant un caractère international.

Concepts clés à maîtriser :

- Comment sera imposée une personne qui réside ou qui exerce ses activités dans plusieurs pays ?
- Comment sera déterminé et taxé le résultat d'une société qui exerce ses activités dans plusieurs pays ?
- Quels sont les moyens juridiques dont disposent les États pour lutter contre l'évasion fiscale internationale ?
- Comment fonctionne la TVA dans les échanges internationaux ?

1 Les sources et les principes du droit fiscal international

A. Les sources juridiques

▸ Les sources juridiques internes

Quelle place des conventions au sein de la hiérarchie française des normes ?

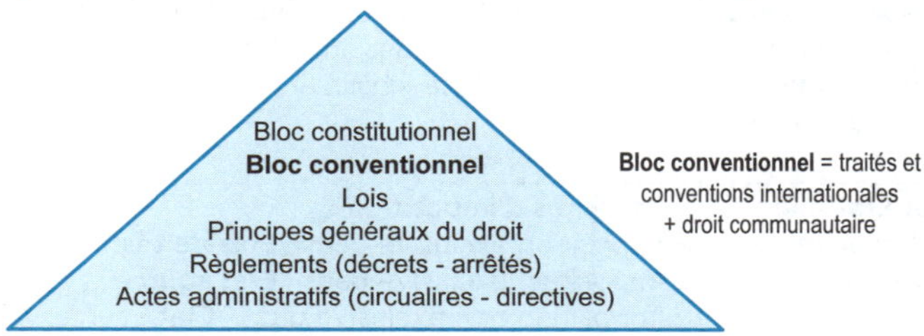

Problématiques
1. Articulation des conventions fiscales avec le droit interne
2. Articulation des conventions fiscales avec le droit européen

- La constitution
- Les lois
- Les règlements fiscaux
- La doctrine administrative
- La jurisprudence
- Les solutions particulières ou rulings

▸ Les sources juridiques externes

- La législation nationale
- La législation conventionnelle
- Les directives européennes

B. Les principes du droit fiscal international

Primauté des conventions sur le droit interne :	• Les **traités ou accords internationaux** ont une autorité supérieure à celle des lois internes (art. 55 de la constitution du 4 octobre 1958).
Principe de **subsidiarité du droit conventionnel**	• **Priorité du droit interne** par rapport au droit conventionnel.

C. Les conventions fiscales

Les conventions fiscales sont fondées sur le modèle OCDE ou ONU. Il en existe aujourd'hui environ 130.

▸ Comment appliquer une convention fiscale ?

Questionnement	Éléments de réponses
1. L'imposition est-elle fondée en France ?	• Application du **principe de subsidiarité**. Si l'imposition est fondée en France, il n'y a pas lieu de recourir aux dispositions conventionnelles.
2. La convention est-elle applicable ?	• L'impôt est-il visé par la convention ? • La personne est-elle **résidente** au sens de la convention ?
3. De quels revenus s'agit-il et quelles sont les modalités d'imposition de ces revenus ?	• Salaires, pensions, revenus immobiliers, bénéfices des entreprises, dividendes, intérêts, redevances, revenus non dénommés (clause « balai »).
4. Quel État a le droit d'imposer le revenu ?	• **Modalités d'imposition :** – imposition exclusive dans l'**État de résidence** ; – imposition exclusive dans l'**État source** ; – imposition non exclusive dans l'État source. • Détermination du droit d'imposer en fonction des revenus.
5. Comment la double imposition est-elle éliminée par l'État de résidence ?	• Il peut s'agir d'une **double imposition juridique** : – On parle de double imposition « juridique » lorsque plusieurs États imposent le même contribuable, pour un même revenu, au titre d'une même année ou exercice. • Ou d'une **double imposition économique** : – C'est l'imposition d'un même flux mais chez plusieurs contribuables (prix de transfert).
6. Autres	• Échanges d'informations. • Assistance administrative. • Assistance au recouvrement.

2 La territorialité de l'impôt sur le revenu

- Les personnes ayant en France leur domicile fiscal sont soumises à une **obligation fiscale illimitée**, alors que les personnes ayant leur domicile fiscal hors de France sont soumises à une obligation fiscale restreinte, dans des cas et selon des modalités fixées par la loi.

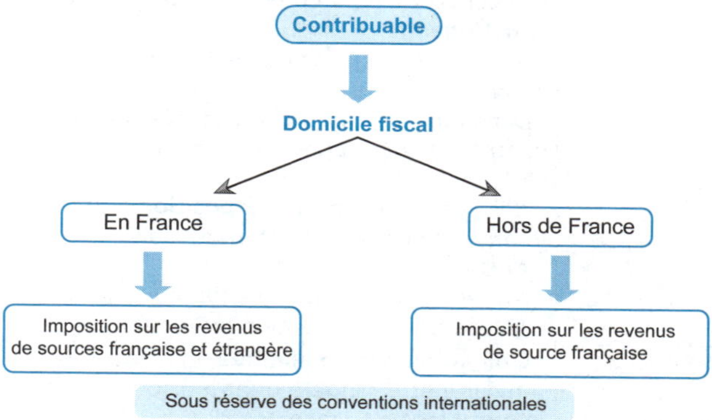

A. Le principe de mondialité de l'IR

Principes	Applications
Délimitation du territoire français	• D'une part les départements métropolitains, y compris la Corse et les îles du littoral. • D'autre part, les DOM : Guadeloupe, Guyane, Martinique et Réunion, à l'exclusion des TOM et des collectivités territoriales à statut particulier, qui jouissent d'une souveraineté fiscale distincte de celle de la France.
Définition du domicile fiscal en droit interne	• Selon l'article 4B du CGI (**critères alternatifs**) : • La personne a **son foyer en France** : le foyer est le lieu de résidence du contribuable et de sa famille. • La personne a son **lieu de séjour principal en France** : on retient le **critère des 183 jours**. • La personne exerce une **activité professionnelle** en France : - si activité salariée : le domicile est fonction du lieu d'exercice effectif et régulier de l'activité ; - si activité non salariée : voir si point d'attache fixe, ou établissement stable ou exploitation en France. • La personne a le **centre de ses intérêts économiques** en France : il s'agit : - du lieu des principaux investissements ; - du siège des affaires d'où sont administrés les biens ; - du pays où le contribuable a le centre de ses activités professionnelles ou celui d'où il tire la plus grande partie de ses revenus.

Principes	Applications
Définition du **domicile fiscal** **selon le droit conventionnel**	• Un **foyer d'habitation permanent** ou **centre des intérêts vitaux**. • À défaut le **lieu de séjour habituel**. • À défaut si elle séjourne de façon habituelle dans les 2 États, elle est considérée comme résident de l'État dont elle possède **la nationalité**. • À défaut les 2 États doivent trancher la question d'un commun accord. • Dans tous les cas, il y a **priorité** à l'examen de la situation du contribuable au regard du droit interne. • **ET** – S'il existe un **conflit d'imposition** entre deux normes (loi interne et convention internationale) ; • **ALORS** – La résolution du litige se fait au regard des dispositions prévues par la convention internationale.
Imposition des contribuables domiciliés en France ou contribuables résidents	• **Obligation fiscale illimitée**, la totalité des revenus de source française et étrangère dont a disposé le contribuable sont imposables en France. • Obligation de déposer une déclaration spéciale ou est mentionné l'ensemble des revenus de source étrangère (n° 2047).
Imposition des contribuables NON domiciliés en France ou contribuables NON résidents	• Les revenus imposables en France des non-résidents sont imposés par application du barème progressif de l'impôt et du quotient familial. • Toutefois, le taux effectif d'imposition ne peut être inférieur à 25 % à moins que le contribuable puisse établir que le taux moyen qui s'appliquerait à l'ensemble de ses revenus mondiaux serait inférieur à 25 %.

En résumé :

Détermination pratique du domicile

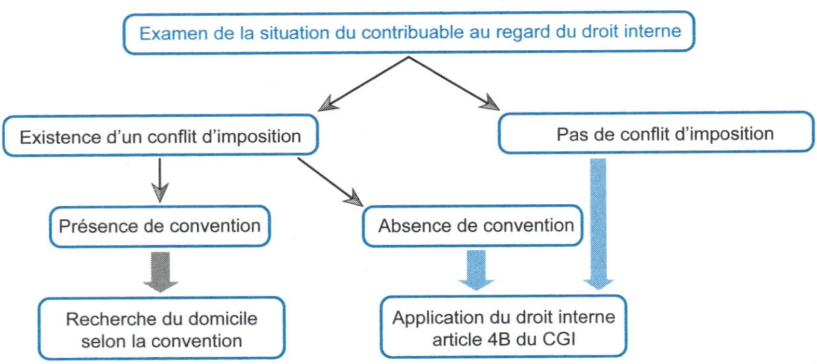

B. Les techniques visant à éviter ou limiter la double imposition des revenus

Principes	Applications
Méthode de **l'exonération**	• **Exonération intégrale** : dans ce cas, l'État qui n'a pas le droit d'imposer ne tient aucun compte de ces revenus perçus dans l'autre État. • **Exonération avec progressivité** : l'État qui exonère les revenus les prend néanmoins en compte pour déterminer le taux d'imposition.
La méthode de **l'imputation**	• **Imputation intégrale** : l'impôt payé dans un État est déductible de l'impôt dû dans l'autre État. • **Imputation partielle** : l'impôt payé dans un État est converti en crédit d'impôt de l'autre État.

C. Les retenues à la source (RAS)

Certaines transactions, constituant des flux sortant du territoire français, sont soumises à une imposition à la source par la France : les taux varient en fonction de la nature des revenus.

Nature du revenu	Taux de la retenue à la source (RAS)	Nature du prélèvement ou de la retenue
Traitements, salaires, pensions et rentes viagères	0 %, 12 %, 20 % selon les cas	Système semi-libératoire
Revenus non salariaux (BNC, droits d'auteur, produits perçus par inventeurs, sportifs, artistes)	15 % ou 25 % selon les cas	RAS non libératoire
Dividendes et autres revenus distribués par des sociétés Françaises	15 % (EEE), 28 % (hors EEE) ou 75 % (ETNC)	RAS libératoire
Produits de placements à revenu fixe lorsqu'ils ne sont pas exonérés	Taux de 12,8 %	RAS non libératoire
Plus-values de cession de droits sociaux visées aux articles 150-0 A, 164 B I f et 244 bis B du CGI	Taux de 12,8 %	Imposition forfaitaire libératoire

Nature du revenu	Taux de la retenue à la source (RAS)	Nature du prélèvement ou de la retenue
Plus-value de cession d'immeubles et droits immobiliers	Taux de 12,8 %	Prélèvement libératoire Restituable sur réclamation du contribuable
Plus-values mobilières	Imposable au lieu de résidence : Exit-tax possible	
Profits immobiliers à caractère professionnel	Taux de 50 %	Prélèvement libératoire

D. La fiscalité de l'expatriation

Principes	Applications
Article 81 A du CGI en l'absence de convention	• **Exonération totale des revenus d'expatriation :** – si l'impôt payé à l'étranger est supérieur au 2/3 de celui qui aurait été dû en France pour une même base d'imposition ; – si le séjour à l'étranger pour **certaines activités** est supérieur à 183 jours au cours d'une période de 12 mois consécutifs. Activité exercée sur chantiers de construction ou de montage, installations, mise en route et exploitation d'ensembles industriels, prospection, recherche ou extraction de ressources naturelles. • **Exonération partielle** : Si aucune des 2 conditions n'est remplie, l'imposition est limitée à la rémunération de base perçue sans les autres sommes reçues comme les suppléments de salaires, les majorations primes, indemnités d'éloignement…

3 La territorialité de l'impôt sur les sociétés (IS)

Le principe posé par la France est un principe de territorialité stricte :

- **CGI, Art. 209 I :**

  « les bénéfices passibles de l'impôt sur les sociétés sont déterminés […] en tenant compte uniquement :
  - des bénéfices réalisés dans les entreprises exploitées en France […] ;
  - ainsi que ceux dont l'imposition est attribuée à la France par une convention internationale relative aux doubles impositions ».

- **La territorialité stricte consiste à imposer les résultats des sociétés dans le pays ou s'exerce l'activité.**
- **La mondialité, qui consiste à imposer la totalité des résultats d'une entreprise, y compris ceux qui proviennent des succursales étrangères mais avec la possibilité de déduire de l'impôt dû les impôts déjà payés à l'étranger, n'est pas appliquée par la France.**

A. Les critères de la territorialité de l'IS

<table>
<tr><th>Principe</th></tr>
<tr><td>En droit interne : notion d'entreprise exploitée en France (CGI, art. 209-I)</td></tr>
<tr><th>Application</th></tr>
<tr><td>• Établissement autonome :
- Toute unité de production ou d'échange formant un ensemble cohérent, apte à poursuivre certains buts économiques déterminés et siège d'opérations normalement génératrices de profits.
- Dont l'installation présente un certain caractère de permanence.
- Et qui possède une autonomie propre (personnel propre, et/ou services commerciaux, financiers ou techniques propres, et/ou une comptabilité séparée de celle du siège, et/ou un centre de décision).
• Représentant sans personnalité professionnelle indépendante :
- Représentant dépendant : subordonné à l'entreprise, le plus souvent un salarié, habilité à traiter les contrats de l'entreprise.
- Entreprise considérée comme exerçant l'activité directement et personnellement.
- Ne doit pas être un commissionnaire, courtier ou intermédiaire indépendant.
• Cycle commercial complet :
- Il s'agit d'un ensemble d'opérations dirigées vers un but déterminé et formant un tout cohérent.
- Ces opérations doivent être détachables par leur nature ou leur mode d'exécution, des autres opérations réalisées par l'entreprise.</td></tr>
<tr><th>Principe</th></tr>
<tr><td>En droit conventionnel : la notion d'établissement stable</td></tr>
<tr><th>Application</th></tr>
<tr><td>• Établissement stable = installation fixe d'affaires
• Critères :
- installation : matérialité ;
- fixité : certain degré de permanence ;
- exercice d'une activité, par exemple chantier de construction ou de montage d'une durée > 12 mois.
• Exception : nature préparatoire ou auxiliaire
• Établissement stable = agent dépendant :
- L'agent doit être dépendant (subordonné à l'entreprise au plan juridique ou économique) : une filiale peut être un agent dépendant de sa société mère (CE, 20 juin 2003, n° 224 407, min. c/ Sté Interhome AG).
- Il doit être habilité à traiter des contrats au nom et pour le compte de l'entreprise de manière habituelle.
- Il doit exercer son activité dans les domaines caractéristiques d'un établissement stable.
- Un commissionnaire n'est en principe pas un établissement stable de son commettant, sauf si le commettant est personnellement engagé par les contrats signés par le commissionnaire (CE, 31 mars 2010 n° 304715 et 308525, Zimmer).</td></tr>
</table>

- Voir jurisprudence Google : TA de Paris, 12 juillet 2017, Google.
La société irlandaise Google Ireland Limited (GIL) commercialise en France, un service payant d'insertion d'annonces publicitaires en ligne. Le TA de Paris a estimé qu'il n'y avait pas d'établissement stable en France car Google France ne pouvait engager juridiquement GIL dans la mesure où les commandes sur les annonces publicitaires réalisées en France devaient impérativement faire l'objet d'une validation par la société irlandaise. Cette décision a été confirmée par la CAA de Paris le 25 avril 2019.

B. Les conséquences du principe de territorialité

Principe
Le régime d'imposition des bénéfices de source étrangère
Application
• **Les résultats des succursales :** L'application du principe de territorialité en matière d'IS conduit à exonérer totalement les bénéfices réalisés dans des succursales situées à l'étranger. • **Les résultats des filiales :** En principe, les dividendes de source étrangère sont soumis au même régime fiscal que les dividendes de filiales françaises : lorsqu'ils sont perçus par une société soumise à l'IS, ils peuvent bénéficier du **régime spécial des sociétés mères** sous conditions ou être imposés au taux de droit commun pour leur intégralité. • Une **source de prélèvement fiscal** complémentaire crée une distorsion de traitement fiscal au détriment des produits de filiales étrangères : **l'imposition à la source** par l'État du siège de la filiale.
Principe
Modalités pratiques de détermination du bénéfice imposable en France :
Application
• Parmi les bénéfices réalisés par les entreprises dont **l'activité s'exerce à la fois en France et à l'étranger**, seuls ceux qui sont réputés réalisés en France y sont imposables. • L'impôt sera dû en France si l'établissement français réalise des bénéfices, même dans le cas où l'ensemble de l'entreprise est en déficit. • Le **bénéfice imposable en France** doit normalement être déterminé séparément d'après la comptabilité française, (détermination des recettes se rattachant effectivement à l'activité française, non-prise en compte des dépenses se rapportant aux opérations effectuées à l'étranger). • **La méthode de répartition proportionnelle :** Elle consiste à appliquer au montant du bénéfice global de la société française un coefficient qui permettra d'identifier immédiatement la part française et la part étrangère des résultats. • **La méthode de répartition par comparaison :** - Cette méthode permet de reconstituer, à partir de certains éléments déterminés, le bénéfice de l'entité étrangère, que l'on considère comme étant une entreprise indépendante.

- Elle consiste à comparer l'établissement distinct dont il faut déterminer le résultat, à des entreprises similaires. - Sont **similaires** les entreprises qui fonctionnent dans les mêmes conditions et qui participent au même processus économique.

C. Les exceptions à la territorialité de l'IS via les dispositifs de lutte contre les stratégies d'optimisation fiscale et l'évasion vers des paradis fiscaux

Principe
Article 209 B du CGI : dérogation au principe de la territorialité, dans la mesure où, si les conditions relatives à son application sont remplies, l'entreprise française est imposée sur les bénéfices réalisés par la filiale étrangère.
Application
• Une personne morale résidente française exploite une entreprise hors de France ou détient plus de 50 % dans une entité juridique établie ou constituée dans un **pays à fiscalité privilégiée** (paradis fiscal, CGI, art. 238 A) ; le taux de détention est ramené à 5 % si plus de 50 % des titres de l'entité étrangère sont détenus par des résidents français. • Définition du **pays à fiscalité privilégiée** : imposition effective < à 50 % comparée à celle qui aurait été supportée en France. • Revenus de l'exploitation ou de l'entité sont imposables en France comme revenus réputés distribués. • L'impôt payé dans le pays à fiscalité privilégié est imputable sur l'impôt français. • **Clause de sauvegarde** : Dispositif non applicable si le pays à fiscalité privilégié est un État membre de l'Union Européenne (UE) et qu'il n'y a pas montage artificiel ou en dehors de l'UE si les revenus proviennent d'une activité industrielle ou commerciale effective dans le paradis fiscal.
Principe
Article 238 A du CGI : versements à des personnes domiciliées à l'étranger et soumises à un régime fiscal privilégié.
Application
• Les charges concernées sont : - les intérêts ; - les redevances ; - les rémunérations de services ; - tout versement correspondant aux charges précitées. • Le bénéficiaire est établi dans un État ou territoire où il bénéficie d'un régime fiscal privilégié. • **Charges non déductibles fiscalement**, sauf si le débiteur apporte la preuve qu'elles correspondent à des opérations réelles et qu'elles ne présentent pas un caractère anormal ou exagéré.

Principe
Article 57 du CGI : prix de transfert. **Il s'agit d'un prix entre entreprises liées, situées dans différents pays, portant sur des ventes de biens, redevances, services, partage de frais, prêts…** **Les prix de transfert affectent l'assiette fiscale des États.** **Risques importants de désaccords entre administrations fiscales.**
Application
Conditions d'application : • **Liens de dépendance** (juridique ou de fait) sauf si État ou territoire à régime fiscal privilégié (CGI, art. 238 A) – soit que l'entreprise française est placée sous la dépendance de l'entreprise étrangère ; – soit que l'entreprise française a sous sa dépendance une entreprise étrangère ; – soit que l'entreprise française est placée en même temps qu'une ou plusieurs entreprises étrangères sous la commune dépendance d'une même entreprise, d'un groupe ou d'un consortium. • Un transfert de bénéfice à l'étranger : la transaction n'est pas conforme au **principe de pleine concurrence** (majoration ou diminution du prix d'achat, redevances excessives ou absence de contrepartie, prêts sans intérêt) = preuve d'un **avantage anormal** par l'administration. **Conséquences :** – Le profit irrégulièrement transféré est réintégré dans les bases taxables de l'IS en France. – Il est **réputé distribué** et sera soumis en principe à une RAS de 30 % sauf limitation conventionnelle. – **Documentation des prix de transfert** (méthode employée, analyse fonctionnelle, comparables utilisés…). – Accord Préalable de Prix (APP) dans le cadre des procédures de rescrit (L. 80 B LPF). • **Demande d'information sur les prix de transfert :** De nombreuses obligations documentaires pèsent aujourd'hui sur les entreprises.

Principe
Les actions destinées à lutter contre l'érosion de la base d'imposition et le transfert de bénéfices (projet BEPS en anglais).
Application
• À compter du 1er janvier 2016, les grands groupes sont tenus de souscrire une **déclaration « pays par pays »** ou country-by-country reporting (CBCR) (CGI, art. 223 quinquies C) : • Il s'agit : – des personnes morales qui établissent des comptes consolidés, réalisent un chiffre d'affaires annuel HT consolidé d'au moins 450 M €, disposent d'une ou plusieurs implantations à l'étranger quelle qu'en soit la forme, filiales ou succursales et qui ne sont pas détenues par une entité soumise à une obligation de déclaration pays par pays, en France ou à l'étranger ; – des personnes morales détenues ou contrôlées par des entités implantées dans des États qui n'ont pas adopté d'obligation de déclaration pays par pays et qui seraient tenues au dépôt de la déclaration si elles étaient établies en France.

D. Les retenues la source (RAS)

Les revenus distribués par une société étrangère à une société française font généralement l'objet d'une **retenue à la source** (RAS).

Principe
Produits de valeurs mobilières et de créances CGI, Art. 119 bis
Application
• **Principe** : RAS 30 % (Art. 187-1 du CGI). • Taux majoré à 75 % en cas de paiement dans un ETNC. • Directive européenne n° 2011/96 (CGI, Art. 119 ter) : **exonération sous conditions** : - forme sociale de la société distributrice : SA, SCA, SAS ou SARL ; - société distributrice passible de l'IS sans être exonérée ; - société mère établie dans l'UE ou dans l'EEE ; - participation de 10 % (en pleine propriété ou en nue-propriété) pendant 2 ans ou engagement de conservation et représentant fiscal en France ; - taux de participation ramené à 5 % si société mère se trouve dans l'impossibilité d'imputer la retenue à la source ; - passible de l'IS dans son État de résidence ; - il s'agit d'un dividende et pas « revenu distribué ». • Nouvelle **clause anti-abus** pour les montages non authentiques, transposée pour l'application du régime mère-fille.
Principe
CGI, Art. 115 quinquies
Application
• Les bénéfices nets réalisés en France par des sociétés étrangères sont **réputés distribués** à des associés n'ayant pas leur domicile fiscal en France. • Toutefois, dispense de RAS si : - distribution au profit d'associés français, • ou : - au profit de sociétés de l'UE ou de l'EEE passible de l'IS de plein droit et non exonérée (art. 119 bis CGI)

4 La territorialité de la TVA

La TVA en tant que système de taxation indirecte repose sur les paiements fractionnés, avec une TVA collectée pour le fournisseur et une TVA déductible pour le client (sauf s'il s'agit du consommateur final).

Lorsque l'un des intervenants exerce son activité en dehors de la France, un tel système ne peut plus être appliqué. Cela reviendrait à ce que la TVA soit encaissée par un pays et décaissée par un autre.

Il existe donc des régimes propres aux échanges internationaux :

- le régime applicable aux transactions extra-communautaires de marchandises ;
- le régime applicable aux transactions intra-communautaires de marchandises ;
- le régime propre aux prestations de services et opérations assimilées.

A. Le régime applicable aux transactions extra-communautaires de marchandises

Principe
Délimitation des territoires français
Application
• **Territoire français** : – la France Continentale y compris les îles du littoral, les eaux territoriales, La Corse et la Principauté de Monaco. • **Territoire de l'Union Européenne (UE)** : – les 27 pays de l'UE (suite au départ du Royaume Uni au 31 janvier 2020) dont certains territoires sont exclus (DOM-TOM, îles Canaries Mont Athos…). • **Territoire hors UE** : – ce sont par défaut les pays qui ne font pas partie de l'UE plus les territoires exclus.
Principe
Le régime applicable aux transactions extra-communautaires de marchandises
Application
• **Les importations :** – l'introduction en France de biens donne lieu à perception de la TVA par le service des Douanes lors de l'importation ; – le passage de la frontière constitue en lui-même un acte imposable : même en l'absence de transfert de propriété ; – dès lors que les produits importés sont eux-mêmes imposables sur le marché intérieur ; – et ce que l'opération soit effectuée à titre onéreux ou gratuit. • Le **redevable** est le déclarant. – L'impôt devient exigible au moment où le bien est introduit sur le territoire français. – La base d'imposition est celle applicable en régime intérieur. – Le taux de la TVA est celui applicable à l'intérieur du territoire. – La TVA supportée à l'importation peut faire l'objet d'une déduction sous réserves des exclusions. Depuis le 1er janvier 2022 la gestion et le recouvrement de la TVA due à l'importation par les assujettis et les non-assujettis identifiés à la TVA, ne relèvent plus de la Direction des Douanes mais de la Direction Générale des Finances Publiques. De fait la déclaration et le paiement de la TVA à l'importation sont effectués directement à l'appui de la déclaration de TVA en lieu et place de la déclaration en douane. À cette fin, aucune autorisation préalable n'est nécessaire. Cette nouvelle modalité déclarative est obligatoire pour tout redevable identifié à la TVA. Elle permet dans de nombreux cas de collecter et déduire simultanément la TVA à l'importation sur la déclaration de TVA, sans avance de trésorerie. En pratique la TVA devient exigible au moment où le bien est considéré comme importé. La TVA supportée à l'importation par une entreprise redevable de la TVA peut faire l'objet d'une déduction dans les conditions et sous les réserves prévues par la réglementation générale des déductions. • **Exonérations** : – les produits exonérés dans le régime intérieur ; – les franchises douanières et fiscales ; – application du régime suspensif pour le dépôt temporaire.

Principe
• Les **exportations** Les exportations sont **exonérées** si deux conditions sont réunies : - inscription en comptabilité permettant d'identifier les envois à l'étranger ; - production d'une **déclaration d'exportation** visée par les services des douanes qui doit être conservée à l'appui de la comptabilité.

B. Le régime applicable aux transactions intracommunautaires de marchandises

Principe
Le régime applicable aux transactions intra-communautaires de marchandises
Application
• Depuis le **1er janvier 1993** dans l'Union Européenne, la notion d'importation-exportation est remplacée par celle de livraison-acquisition intracommunautaire. • Une même opération économique se décompose fiscalement en deux opérations. - **Une livraison intra-communautaire (LIC) :** la livraison d'une marchandise à destination d'un autre État membre continuera d'être exonérée ; la TVA sera toujours perçue dans le pays de consommation des biens. - **Une acquisition intra-communautaire (AIC) :** l'acquisition d'un bien provenant de la CEE sera imposable à la TVA non pas directement au passage de la frontière mais spontanément par l'acheteur, cette opération étant taxable dans le pays d'arrivée de la marchandise. • Chaque redevable possède un **identifiant TVA intra** par pays.
Modalités d'imposition des AIC • L'acquisition se définit comme l'obtention du pouvoir de disposer comme un propriétaire d'un bien meuble corporel expédié ou transporté en France par le vendeur, par l'acquéreur ou pour leur compte, à destination de l'acquéreur à partir d'un autre État membre. • Elle se caractérise par le transfert du pouvoir de disposer de ce bien comme un propriétaire au profit de l'acquéreur et par l'expédition ou le transfert du bien à partir d'un autre État membre à destination de la France. • Les acquisitions intra-communautaires et opérations assimilées sont taxables à la TVA si : - elles sont réalisées à titre onéreux ; - le vendeur doit être un **assujetti** ; - l'acquéreur doit être un **assujetti** ou assimilé. • Exonérations comme en régime intérieur et dans le cadre de transit temporaire sur le territoire français. • Le **redevable** est l'acquéreur. • L'impôt devient exigible : - le 15 du mois suivant celui au cours duquel est intervenu le fait générateur ; **ou** - à la délivrance de la facture lorsque celle-ci est délivrée à l'acquéreur avant le 15 du mois suivant celui du fait générateur. • La base d'imposition est constituée par toutes les sommes, valeurs, biens ou services reçus ou à recevoir en contrepartie par le fournisseur. • Le taux de la TVA est celui applicable à l'intérieur du territoire. • La TVA supportée lors de l'acquisition intra peut faire l'objet d'une déduction sous réserves des exclusions du droit à déduction (par ex. véhicule de tourisme).

Principe
Le régime applicable aux transactions intra-communautaires de marchandises
Application
• L'absence d'auto-liquidation de la taxe est sanctionnée par une **amende de 5 %** du montant de la TVA (CGI art. 1788 A). **Modalités d'imposition des LIC** • La livraison, comme en régime intérieur, se définit comme le transfert du pouvoir de disposer d'un bien meuble corporel comme un propriétaire. • L'article 262 ter I du CGI exonère ce type d'opérations si **4 conditions cumulatives** sont réunies : – la livraison est effectuée à titre onéreux ; – le vendeur est un assujetti agissant en tant que tel ; – les marchandises doivent être expédiées ou transportées dans un autre État membre ; c'est au vendeur d'apporter la preuve de la réalité du transfert physique du bien ; – l'acquéreur est un assujetti ou assimilé. • Exonération si l'acquéreur est identifié à la TVA dans un autre État membre de l'Union et a communiqué son **numéro d'identification** au vendeur français. • **La déclaration d'échange de biens (DEB) :** toute entreprise qui réalise en France des échanges intracommunautaires doit en principe établir une DEB.
Régimes spécifiques : particuliers, le régime dérogatoire (PBRD), les ventes à distance, les opérations triangulaires, les moyens de transport neufs
Principe
Le régime applicable aux transactions intra-communautaires de services
Application
Deux types d'opérations : • Les **relations B to B** ou relations entre assujettis : (art. 259-1 du CGI). Imposition au lieu d'établissement du siège de l'activité économique du preneur ou de **l'établissement stable** du preneur à qui le service est fourni. • Les **relations B to C** ou relations assujetti et non assujetti : (art. 259-2 du CGI). – Imposition au lieu d'établissement du siège de l'activité économique du prestataire ou de l'établissement stable du prestataire ayant fourni le service. • **Nombreuses exceptions :** – Prestations de services des intermédiaires transparents – Prestations de services rattachées à un bien immeuble – Prestations de transport – Prestations de services culturels, artistiques, sportifs, scientifiques, éducatifs et de divertissement et manifestations similaires, services accessoires au transport – Travaux et expertises sur biens meubles – Services de restaurant et de restauration – Locations de moyens de transport – Prestations immatérielles fournies à des personnes non assujetties – Services fournis par voie électronique à des personnes non assujetties
• La **déclaration européenne des services (DES)** La DES permet à une entreprise prestataire de services qui a effectué une transaction avec une entreprise établie dans un autre pays de l'Union européenne, et qui a facturé hors taxe, de déclarer toutes les opérations effectuées, au plus tard le 10e jour ouvrable du mois suivant.

Financement par les capitaux propres pour les sociétés non cotées

L'entreprise peut financer sa croissance par l'autofinancement. Elle utilise alors sa capacité d'autofinancement représentant sa capacité à générer de la trésorerie, mais elle peut également améliorer sa trésorerie en augmentant son capital ou en sollicitant les actionnaires pour des apports en comptes courants associés.
Ces différentes méthodes impacteront les jeux de pouvoirs et la rentabilité des fonds propres.

1 Augmentation de de capital (généralités)

A. Conditions préalables

Le capital doit être entièrement libéré avant l'augmentation de capital en numéraire ou par compensation avec des créances. Cette exigence n'existe pas pour les augmentations de capital par apport en nature.

1. Libéralisation des actions nouvelles dans la SARL et dans la SA

	SARL	SA, SAS, SCA
Émission d'actions ou de parts nouvelles libérées en numéraire	Libération de 1/4 au moins du montant nominal, le surplus dans les 5 ans.	
Émission par apports en nature	Libération immédiate.	
Prime d'émission	Selon la décision des associés, le Code de commerce n'imposant pas la libération intégrale.	Libération intégrale lors de la souscription.

2. Délibération de l'assemblée générale extraordinaire (AGE)

	SARL		SA non cotée	
Types d'apports	**Quorum**	**Majorité**	**Quorum**	**Majorité**
Apports en numéraire ou en nature (avec rapport du commissaire aux comptes)	1/4 des parts sociales ayant droit de vote sur première convocation. Les statuts peuvent prévoir un quorum plus élevé. 1/5 des actions sur deuxième convocation, sauf clause statutaire prévoyant un quorum plus élevé.	Au moins les **deux tiers** des parts sociales. Les statuts peuvent prévoir une majorité plus élevée, celle-ci ne pouvant pas atteindre l'unanimité.	1/4 des actions ayant droit de vote sur première convocation. 1/5 des actions sur deuxième convocation.	Au moins les **deux tiers** des actions.
Augmentation de capital par incorporation des réserves ou du bénéfice	Idem	**Majorité simple** des voix dont disposent les associés présents ou représentés. Juridiquement le constat de la décision par l'AGE correspond à la réalisation de l'opération	Idem	**Majorité simple** des voix dont disposent les actionnaires présents ou représentés. (Art. L 225-130)
Augmentation de capital par élévation de la valeur nominale	Idem	À l'unanimité	Idem	À l'unanimité

B. Prime d'émission

En SARL comme en SA,la prime d'émission correspond à un droit d'entrée à payer par l'apporteur lorsque la valorisation des titres est supérieure à sa valeur nominale.

La valeur de l'entreprise pour calculer la valeur de l'action émise, peut être déterminée selon plusieurs méthodes.

Prime d'émission = prix d'émission - valeur nominale (de l'action émise)

- Influence de la prime d'émission sur le calcul du droit préférentiel de souscription. Si les actions nouvelles sont émises avec une prime d'émission, la valeur du droit préférentiel de souscription baissera mécaniquement.

C. Augmentation de capital par compensation avec des créances

Il peut s'agir d'une dette fournisseurs, d'un compte courant associé créditeur, de dettes financières rattachées à des participations ou de toute autre créance détenue par un tiers.

Définition	La compensation de créances est la renonciation par une entreprise créancière, à exercer les droits que lui confère l'existence d'une créance.
Formalités	Procédure équivalente à celle d'une augmentation de capital en numéraire.
Conditions	- L'assemblée générale n'écarte pas expressément cette modalité en imposant un apport en numéraire. - Le capital ancien est intégralement libéré. - La créance doit être certaine et exigible.
Particularité pour les SARL et EURL	Un arrêté des comptes n'est pas obligatoire, mais conseillé. Il peut être certifié exact par l'expert-comptable. Pas de nomination de commissaire aux comptes. Si un commissaire aux comptes est déjà présent, il devra vérifier l'existence du compte courant créditeur de l'associé et examiner leur liquidité et leur exigibilité.
Pour les SA, SAS non cotées	Un arrêté des comptes est nécessaire, à la date de souscription des actions par le conseil d'administration, ou le directoire, ou le président (SAS), certifié par le commissaire aux comptes. • **Avis** adressé par lettre recommandée avec demande d'avis de réception à tous les **actionnaires** aux moins **14 jours avant la date de clôture de la souscription**.
Libération des actions	**Constatée** par un **certificat** du commissaire aux comptes ou d'un notaire qui **tient le lieu de certificat du dépositaire** (ce certificat permet de vérifier la passation des écritures comptables correspondantes).

D. Augmentation de capital par incorporation des réserves et/ou des bénéfices

Réserves incorporables	Réserves, prime d'émission, primes d'apports et de fusion. Le report à nouveau négatif doit être imputé sur ces réserves.
Décision en AGE	Décision en AGE avec majorité simple. Si élévation de la valeur nominale : décision à l'unanimité
Formes d'augmentations de capital	Deux modalités possibles : - **attribution d'actions gratuites** ou - **élévation de la valeur nominale**.
Droit d'attribution	En cas d'attribution d'actions gratuites, le **droit d'attribution** ressemble au droit préférentiel de souscription. Dans les SARL situation possible si les statuts le prévoient (la loi ne prévoyant pas expressément cette situation).
Pour les SA, SAS, s'il existe des actions de préférence sans droit de vote	L'attribution d'actions gratuites s'applique également aux titulaires de cette catégorie de titres. Mais l'AGE peut décider qu'au lieu de recevoir des actions ordinaires, ils recevront des « actions de préférence sans droit de vote » (*cf. infra* § III-E) assorties des mêmes droits que les actions qu'ils détiennent déjà (C. com., art. L. 228-35-7).
Fiscalité	Droit fixe de 375 € ou 500 € selon que le capital est $<$ ou $\geqslant$ 225 000 €.

E. Augmentation de capital par incorporation des comptes courants associés

Étude des comptes courants associés : ***cf. mémo 17-III.***

Les conditions sont les mêmes que pour les augmentations de capital par incorporation des créances (*cf. supra* § 1-C).

▸ Particularité pour les comptes courants associés pour les SA

Pour les SA qui ne procèdent pas par offre au public de titres et les SAS, un avis doit être adressé par LR avec AR à tous les actionnaires aux moins 14 jours avant la date de clôture de la souscription.

F. Fiscalité des apports

	Apports à titre pur et simple	Apports à titre onéreux
Droit d'enregistrement	Exonération	Droit proportionnel 3 % ou 5 %
Exception		Si l'apporteur s'engage à conserver les titres pendant 3 ans, exonération.

G. Augmentation de capital dans une SARL

Étapes	Caractéristiques dans la SARL
1. Proposition	Proposition de la **gérance**.
2. Rapport spécial du commissaire aux apports	Dans les cas suivants : - Apports en nature, quel que soit le montant de l'apport. Le rapport est déposé 8 jours au moins avant la date de l'AGE. **Sanction** s'il n'y a pas de nomination de commissaire aux apports, ou si la valeur retenue est différente de celle attribuée par le commissaire aux apports : responsabilité solidaire du gérant et des apporteurs pendant 5 ans à compter de la date de réalisation de l'opération.
3. Délibération de l'assemblée générale extraordinaire (AGE).	Convocation des associés par LR avec AR 14 jours avant l'AGE. Quorum et majorité : *cf. supra* § I.A-2
4. Dépôt des fonds	Les fonds doivent être déposés dans les huit jours de leur réception à la Caisse des dépôts et consignation, chez un notaire, ou dans une banque. Ils resteront bloqués dans un compte libellé au nom de la société jusqu'à réalisation de l'opération. Le retrait des fonds ne peut être effectué par le gérant qu'après l'établissement du certificat du dépositaire, sous peine **d'abus de confiance**. Si l'augmentation n'est pas réalisée dans les 6 mois à compter du premier dépôt des fonds, les apporteurs peuvent individuellement demander en justice l'autorisation de retirer le montant de leurs apports.
5. Enregistrement au service des impôts	Dans le mois suivant le procès-verbal constatant l'augmentation de capital. L'augmentation de capital qui résulte d'une incorporation de réserves ou de bénéfices est enregistrée sans droit d'enregistrement depuis le 1er janvier 2019 (CGI art. 182 – Loi de finances 2019, art. 26). Les augmentations de capital réalisées à compter du 1er janvier 2021, ne sont plus soumises à l'**obligation d'enregistrement** lorsqu'elles ont été faites : en numéraire, par incorporation de bénéfices, de réserves ou de provisions. Par symétrie, ces actes **n'ont également plus l'obligation d'être déclarés au service des impôts.** En revanche, demeurent notamment soumises à une formalité d'enregistrement obligatoire (même si elles sont exonérées) les augmentations de capital en nature (immeubles etc.).

Étapes	Caractéristiques dans la SARL
6. Modification des statuts	Modification des statuts Formalités de publicité prévues pour toute modification statutaire (insertion de la modification statutaire dans un journal d'annonces légales). Transmission du dossier par le CFE au greffe du tribunal de commerce. **Sanction** si les statuts ne sont pas modifiés : amende de 9 000 € et de 6 mois de prison.
7. AGO	Constatant l'accomplissement des formalités de l'augmentation de capital.

2 Augmentation de capital dans une SA, SAS, SCA

A. Les étapes de l'augmentation de capital

Étapes	Caractéristiques
1. Proposition	Proposition du **conseil d'administration** (ou du directoire).
2. Rapport spécial du commissaire aux comptes	Dans les cas suivants : apports en nature, compensation avec des créances, renonciation aux DPS, création d'actions de préférence, émission d'options ou de titres donnant accès au capital).
3. Délibération de l'assemblée générale extraordinaire (AGE)	*Cf. supra* § I.A-2
4. Délégation au conseil d'administration (ou au directoire)	L'AGE peut déléguer sa compétence ou son pouvoir au conseil d'administration (ou au directoire). La délégation ne peut concerner que des augmentations de capital par apport en numéraire.
5. Dépôt des fonds	**Cinq ans** à dater de l'AGE qui l'a décidée ou déléguée. Ce délai est raccourci à : - 18 mois en cas de suppression du droit préférentiel de souscription. - 26 mois en présence de délégation de compétence aux organes de gestion.
6. Enregistrement au service des impôts	Dans le mois suivant le procès-verbal constatant l'augmentation de capital. Frais d'enregistrement : exonération

Étapes	Caractéristiques
7. Modification des statuts sous peine d'une amende de 9 000 € et de 6 mois de prison	Les représentants légaux de la société doivent Modifier les statuts. Accomplir les formalités de publicité prévues pour toute modification statutaire (insertion de la modification statutaire dans un journal d'annonces légales). Dépôt au greffe du tribunal de commerce avec demande d'inscription modificative au RCS. Insertion au BODACC par les soins du greffier du tribunal de commerce.

Remarque. Dans une **SAS**, il convient de se référer aux statuts. Ils peuvent par exemple prévoir une clause d'agrément des nouveaux actionnaires.

B. Augmentation de capital en numéraire

1. Droit préférentiel de souscription

Chaque action (ou part sociale éventuellement) dispose d'un droit préférentiel de souscription (DPS) des **actions** (ou éventuellement de parts sociales) **de numéraire** émises pour réaliser une augmentation de capital. L'augmentation de capital par apport en nature n'ouvre pas droit à la souscription préférentielle, mais elle peut être assortie d'une prime d'apport.

Application du DPS	Dans les SA, SAS, SCA l'article L 225-132 du Code de commerce impose le DPS au bénéfice des actionnaires lors des augmentations de capital. Dans les SARL si les statuts le prévoient (la loi ne prévoyant pas expressément cette situation).
Objectif du DPS	Permettre aux actionnaires anciens qui exercent leur droit, de ne pas être dilués. Permettre aux actionnaires anciens qui n'exercent pas leurs droits de vendre les DPS attachés à leurs actions, pour ne pas perdre en patrimoine.
Délai d'exercice du DPS	Fixé par l'AGE qui décide une augmentation de capital en numéraire. Il ne peut être inférieur à quinze jours.
Actions de préférence uniquement pour les sociétés par actions	La loi prive du DPS les **actions de préférence** sans droit de vote auxquelles est attaché un droit limité de participation aux dividendes, aux réserves ou au partage du patrimoine en cas de liquidation, sauf disposition contraire des statuts.
Valeur	Valeur réelle de l'action - Valeur nominale.
Renonciation individuelle au DPS	Les actionnaires peuvent renoncer **à titre individuel** à leur DPS.

2. Suppression du droit préférentiel de souscription par décision collective

Dans quel cas ?	Une société peut avoir besoin de réaliser une augmentation de capital réservée à un ou des tiers : - pour faire entrer un tiers au capital. - lors de l'approbation d'un projet de fusion ou de scission par les actionnaires de la société bénéficiaire des apports. - pour réaliser des augmentations de capital consécutives à l'émission de valeurs mobilières donnant accès au capital.
Décision collective	Les opérations citées ci-dessus nécessitent une décision collective des anciens actionnaires renonçant à leurs DPS.
Double AGE	- Une première AGE. décide de la suppression du DPS et nomme les bénéficiaires, ces derniers ne votant pas à l'AGE. - Une deuxième AGE décidera de l'augmentation de capital, sous condition de l'accord des actionnaires lors de la première AGE.
Déroulement de la 1re AGE	Les actionnaires entendent : **Le rapport du conseil d'administration ou du directoire exposant** - les motifs de l'augmentation de capital ; - les raisons de la suppression du DPS ; - les noms des bénéficiaires de la suppression du DPS et le nombre de titres qui leur sont attribués ; - le prix d'émission des titres attribués ; - l'incidence de l'émission des actions nouvelles sur la proportion de capital détenue par les actionnaires anciens. **Le rapport spécial du commissaire aux comptes** - avis sur les conditions de l'émission et donc sur l'opportunité de la suppression du DPS. - avis sur le calcul du prix d'émission, certifiant ces éléments exacts et sincères.
	Sanction : L'absence de l'un de ces rapports entraîne la nullité des délibérations.
	Le commissaire aux comptes émettra un deuxième rapport destiné aux actionnaires lors de la réalisation définitive de l'opération (dit « rapport complémentaire ») (C. com. art. R. 225-116). Il est mis à la disposition des actionnaires 15 jours au plus après la réunion du CA ou du directoire et porté à la connaissance de la prochaine assemblée. **Autorisation préalable de l'assemblée générale extraordinaire** des actionnaires, (C. com., art. L. 225-135) qui peut ensuite déléguer sa compétence ou ses pouvoirs au conseil d'administration (ou au directoire) dans la limite d'un plafond qu'elle a fixé. L'autorisation peut n'intéresser qu'une partie de l'augmentation de capital.

Déroulement de la 2e AGE	Après avoir entendu ces rapports, l'AGE décide la suppression des droits préférentiels de souscription puis vote, le cas échéant, la délégation au conseil d'administration (ou au directoire). Les personnes bénéficiaires de l'opération ne prennent pas part au vote.
Emission d'actions nouvelles	L'émission des **actions nouvelles** (et non l'augmentation de capital) doit ensuite être réalisée **dans les 18 mois** à compter de cette assemblée (C. com., art. L. 225-138-III). L'AGE peut décider un délai plus court.

C. Augmentation de capital par apports en nature

Pour les augmentations de capital par apport en nature, il n'est pas nécessaire de libérer le capital antérieur.

<table>
<tr><th>Etapes</th><th>Modalités</th></tr>
<tr><td>Contrat d'apport</td><td>Projet de contrat d'apport signé par le président du conseil d'administration ou du directoire et soumis à l'approbation par l'AGE.</td></tr>
<tr><td>Désignation d'un ou plusieurs commissaires aux apports</td><td>Par ordonnance, sur requête du président du tribunal de commerce.
(Art. L 225-147)</td></tr>
<tr><td>Dépôt du rapport d'évaluation du commissaire aux apports</td><td>8 jours au moins avant l'AGE au greffe du TC et au siège social. Sans rapport du commissaire aux comptes, la décision de l'AGE est nulle si le juge est saisi d'une action en nullité. Le délai de prescription de l'action en nullité est de trois mois à compter de la date de l'AGE.
En cas d'annulation de la décision, une action en responsabilité civile peut être engagée contre le dirigeant, et contre le commissaire aux apports et si une faute peut être imputée.</td></tr>
<tr><td>AGE</td><td>Statue sur :
- le rapport du Conseil d'administration (motivant l'augmentation de capital) ;
- le rapport du commissaire aux apports ;
- Le cas échéant sur la prime d'apport (prime d'émission).
L'apporteur en nature ne participe pas au vote.
<table>
<tr><th>l'AGE n'approuve pas l'évaluation</th><th>l'AGE approuve l'évaluation</th></tr>
<tr><td>Réduction possible de l'augmentation de capital avec l'accord de l'apporteur. Puis décision de l'AGE.</td><td>L'augmentation de capital est votée.</td></tr>
</table>
</td></tr>
</table>

D. Augmentation de capital par conversion d'obligations en actions

Conversion d'obligations ordinaires	Conversion de valeurs mobilières donnant accès au capital
L'accord de chaque porteur d'obligation est obligatoire. S'il est obtenu, l'AGE décidera l'augmentation de capital qui peut prendre deux formes : **- augmentation par apport en numéraire réalisé par compensation avec les obligations. Dans cette situation, il faut prévoir la suppression du DPS ;** **- augmentation par apport en nature de la créance sur la société auquel cas un rapport du commissaire aux apports est nécessaire.**	Lorsque la société avait émis des valeurs mobilières donnant accès au capital, l'AGE avait approuvé cette opération qui devait générer des augmentations de capital différées. Les actionnaires avaient accès à ces titres grâce au droit préférentiel de souscription. **Conversion par simple signature** du bulletin de souscription des actions nouvelles attribuées en échange de leurs titres. L'obligataire devient alors actionnaire. Formalités administratives : - Pas de publicité légale. - Il suffit de constater l'augmentation de capital et de modifier les statuts en conséquence à tout moment de l'exercice. - Normalement, cette tâche avait été déléguée par l'AGE au conseil d'administration (ou au directoire).

E. Actions de préférence

Droit de vote	Les actions de préférence sans droit de vote ne peuvent pas représenter **plus de la moitié du capital social**.
Avantages particuliers	Selon l'initiative statutaire. Avantages pécuniaires (par exemple des dividendes prioritaires en cas de boni de liquidation). Avantages non pécuniaires (information renforcée, association au pouvoir de décision par l'attribution de sièges dans les organes de gestion…).
Avantages interdits	Prévoir un intérêt fixe ou un pourcentage fixe par rapport à un investissement réalisé. Verser un dividende en l'absence de bénéfice distribuable au titre de l'exercice.
Émission d'action de préférence	Dans les mêmes conditions que l'émission d'actions ordinaires, les intéressés ne pouvant pas prendre part au vote.
Conversion en actions ordinaires ou en actions de préférences différentes	L'AGE est seule compétente pour décider le rachat ou la conversion. Les modalités de rachat ou de conversion peuvent être fixées par les statuts.

F. Réalisation de l'augmentation de capital

Publicité avant l'ouverture des souscriptions	**Avis** à tous les actionnaires (par lettre recommandée avec avis de réception) **14 jours au moins** avant la clôture de souscription. Si les actions ne revêtent pas toutes la forme nominative les informations sont les mêmes mais elles sont publiées au BALO.
Dépôt des fonds	**Totalité de la prime d'émission** et **le quart de la valeur nominale des actions** (l'AGE pouvant prévoir une quote-part supérieure) dans les **8 jours** de la réception des fonds. Le dépositaire constate les souscriptions et les versements par un **certificat**. La libération du surplus doit intervenir dans un délai de **5 ans.** Les augmentations de capital réservées aux salariés n'exigent aucune libération immédiate lors de la souscription. La libération des actions et de la prime d'émission éventuelle doit être effectuée dans un délai de 3 ans.

3 Réduction de capital

La réduction de capital peut entrer dans une stratégie de financement, lorsqu'elle a pour but d'épurer des pertes permettant d'assainir les capitaux propres pour ensuite recapitaliser l'entreprise, ou encore préparer une fusion ou une absorption.

A. Les étapes

	SARL	SA
Motifs communs	L'annulation de pertes, le remboursement pour réduction du capital jugé trop élevé, de l'annulation de ses propres parts sociales ou de ses propres actions.	
Compétence	AGE au vu du rapport de gérance, dans les mêmes conditions exigées que pour la modification des statuts (C. com., art. L. 223-34, al. 1).	AGE statue au vu du rapport du conseil d'administration (ou du directoire) et du rapport spécial du commissaire aux comptes. Elle peut déléguer au conseil d'administration ou au directoire, selon le cas, tous pouvoirs pour réaliser l'opération (C. com., art. L. 225-204).
Commissaire aux comptes	Si le CAC existe : projet de réduction communiqué au CAC au moins 45 jours avant l'AGE Rapport remis aux associés 15 jours au moins avant l'AGE.	Rapport remis au CAC « dans un délai raisonnable ».
Rapport du CAC	Rapport remis aux associés (actionnaires) 15 jours au mois avant l'AGE.	
Décision individuelle	Les actionnaires peuvent renoncer individuellement à l'opération. Si un ou plusieurs actionnaires l'acceptent formellement. La réduction de capital peut être supportée par ce ou ces actionnaires dont les actions seront supprimées.	
Publicité et modification des statuts	Le conseil d'administration ou le directoire ou la gérance, selon le cas, réalise l'opération, sur délégation de l'assemblée générale, il en dresse procès-verbal soumis à publicité (insertion dans un journal d'annonces légales, dépôt d'actes au greffe, inscription modificative au RCS, insertion au BODACC) et procède à la modification corrélative des statuts.	
Protection des créanciers : droit d'opposition	La loi prévoit une protection des créanciers pour les réductions de capital non motivées par des pertes (*cf. infra* § IV-C). Les créanciers peuvent former opposition dans le délai de 20 jours à compter de la date du dépôt au greffe de procès-verbal de la décision d'assemblée.	
Modalité	Soit par la diminution du nombre d'actions ou parts sociales, soit par la diminution de la valeur nominale par action. Le capital social ne peut être réduit au-dessous du capital minimum légal, à moins que cette réduction de capital soit faite sous condition suspensive : - d'augmenter ensuite le capital au moins au montant minimum légal, - ou de transformer la société en une autre forme juridique.	

B. Réduction de capital motivée par les pertes

	SARL	SA
Motifs communs	Si, en raison des pertes accumulées, les **capitaux propres** deviennent **inférieurs à la moitié capital**, le dirigeant ou le conseil d'administration ou le directoire, selon le cas, est tenu dans les **4 mois** qui suivent l'approbation des comptes ayant fait apparaître ces pertes, de convoquer l'AGE à effet de décider, ou non, de la dissolution anticipée de la société. **Sanction** : À défaut de consultation des associés, les responsables statutaires encourent six mois d'emprisonnement et une amende.	
Détermination des capitaux propres	Prendre en compte les capitaux propres tels qu'ils apparaissent au bilan (les actions non libérées n'étant donc pas décomptées). Et exclure les prêts participatifs.	
2 décisions possibles de l'AGE	La société **reconstitue ses capitaux propres** à hauteur de la moitié du capital social, ou elle **diminue son capital social.** → Première solution : elle peut être réalisée par tous moyens : réalisation de bénéfices suffisants, abandon de créances, augmentation du capital par apport en numéraire ou en nature, voire par la réduction du capital. Ces procédés peuvent être cumulés. La société a alors un délai de **deux ans** à compter de la clôture de l'exercice pour régulariser sa situation. → Seconde solution : réduction du capital : ultime moyen et non une réelle solution d'assainissement de l'entreprise.	

1. Coup d'accordéon sans prise de contrôle par les tiers

	SARL	SA
Motifs communs	L'AGE décide : - de réduire le capital social pour réduire les pertes, pour que celles-ci n'excèdent pas la moitié du capital social par exemple, - puis d'augmenter le capital social par différents moyens : augmentation du capital en numéraire ou par incorporation des écarts de réévaluation....	

2. Coup d'accordéon avec prise de contrôle par les tiers

	SARL	SA
Motifs communs	Réduire le capital pour assainir la situation, puis d'augmenter le capital. L'augmentation est réservée à un tiers qui apporte du numéraire et prend le contrôle de l'entreprise.	

	SARL	SA
Procédure	**Double AGE** : - **Première AGE** étant sous condition suspensive de l'accord des actionnaires pour les résolutions de la **deuxième AGE** acceptant l'augmentation de capital au profit d'un tiers et suppression des DPS. - Déroulement des 2 AGE (*cf. III.B-2*).	
Impact en terme de pouvoir pour les anciens associés ou actionnaires	Les capitaux propres sont restructurés mais les actionnaires anciens sont dilués.	
Impact financier	Cette opération est sans effet sur le résultat de la société. Elle a seulement pour conséquences de modifier la structure du passif et de consolider les fonds propres.	
Droit d'enregistrement	L'acte constatant l'annulation ou la réduction du nominal ou du nombre de titres avec remboursement corrélatif aux associés est enregistré gratuitement depuis le 1er janvier 2019. La réduction du capital sans remboursement (notamment quand elle est motivée par des pertes). Depuis le 1er janvier 2019 : exonération de droits d'enregistrement CGI. art. 814, 1°. Les réductions de capital réalisées à compter du 1er janvier 2021, qui sont exonérées, ne sont plus soumises à l'**obligation d'enregistrement**.	

C. Réduction de capital non motivée par les pertes

	SARL	SA
Motifs communs	Soit pour réduire une trésorerie jugée pléthorique par rapport aux besoins réels de la société. Soit pour annuler des titres propres achetés ou reçus en apport dans le cadre de l'absorption d'une société.	
Droits d'opposition des créanciers	Ils ont un droit d'opposition, car la réduction de capital a pour effet de **réduire le gage des créanciers**. Le droit d'opposition est conféré aux créanciers sociaux dont la créance est née antérieurement à la date du dépôt au greffe, du procès-verbal de la délibération de l'assemblée. S'ils font opposition, une décision de justice, soit rejettera l'opposition, soit ordonnera le remboursement des créances, soit exigera la constitution de garanties si la société en offre et si elles sont jugées suffisantes.	

<table>
<tr><th></th><th>SARL</th><th>SA</th></tr>
<tr><td>Procédure</td><td colspan="2">J-15. La Mise à disposition des actionnaires le rapport des commissaires aux comptes sur cette opération.
J. AGE.
Dépôt au greffe du procès-verbal de délibération de l'assemblée générale qui a décidé ou autorisé la réduction.
J à J+20. Délai d'opposition des créanciers à la réduction du capital à compter de la date du dépôt au greffe du procès-verbal de délibération de l'assemblée générale qui a décidé ou autorisé la réduction.
L'opposition éventuelle est portée devant le tribunal de commerce.</td></tr>
<tr><td>Impact fiscal pour les associés (actionnaires)</td><td colspan="2">Les sommes réparties aux associés au titre de la réduction du capital, sont assimilées à des distributions de dividendes.
Seules échappent à cette imposition, les sommes présentant le caractère de remboursement d'apports en capital ou de primes d'émission, à la condition cependant que tous les bénéfices et réserves autres que la réserve légale aient été préalablement répartis.
- Si l'associé est un particulier, les sommes assimilées à des distributions, sont imposées à l'IR dans la catégorie des revenus mobiliers.
La plus-value est imposée soit au prélèvement forfaitaire unique de 12,8 %, soit au barème progressif de l'impôt sur le revenu et à hauteur de 17,20 % au titre des prélèvements sociaux.
- Si l'associé est une société, les sommes assimilées à des distributions, sont imposées à l'IR ou à l'IS en tant que produits financiers, (avec application éventuelle du régime des sociétés mères).</td></tr>
<tr><td>Droit d'enregistrement</td><td colspan="2">Le remboursement du capital aux associés n'est pas assimilé à un partage partiel de la société.
Depuis le 1er janvier 2019 : il est exonéré de droits d'enregistrement.</td></tr>
<tr><td>Si existence d'actions de préférence</td><td></td><td>Il est nécessaire d'obtenir l'approbation des assemblées spéciales d'actionnaires de chacune des catégories d'actions de préférence dont les droits sont diminués, par l'effet de la réduction de capital.</td></tr>
</table>

	SARL	SA
Si existence d'actions à dividende prioritaire dans droit de vote		Elles doivent être rachetées avant le remboursement du capital.

D. Rachat de ses propres actions

Motifs	Réduction de capital non motivée par des pertes : - Opération « relutive » pour améliorer les indicateurs par action (bénéfice par action, dividende par action) ; - Permettre à des actionnaires d'augmenter leur taux de détention.
Formalités	Le conseil d'administration, autorisé par l'AGE, propose à tous les actionnaires de leur racheter tout ou partie de leurs actions à un certain prix et ce pendant une certaine période (environ 1 mois).
Sort des actions acquises	Elles peuvent être conservées par l'entreprise pour réaliser des opérations de croissance externe (OPE) ou pour une attribution future d'actions aux salariés dans le cadre de stock-options.

Impact financier sur les ratios financiers.	Les actionnaires restant, à performances financières globales inchangées, voient le bénéfice par action s'améliorer.
Encadrement pour les procédures de rachat d'action	Limite de la réduction de capital : - moins de 10 % du capital, et - moins de 25 % des volumes d'échange moyens sur un titre donné sont concernés.
Contrainte en trésorerie	Avoir des liquidités abondantes **permettant de racheter ses propres actions**. Si l'entreprise s'endette à cette fin, l'opération pourrait représenter un acte anormal de gestion.
Publicité	Offre d'achat à tous les actionnaires. - avis achat inséré dans un journal d'annonces légales

Réalisation de l'opération	Actions présentées à l'achat excèdent le nombre d'actions à acheter.	Actions présentées à l'achat n'atteignent pas le nombre d'actions à acheter.
	Réduction proportionnelle par actionnaire.	Le capital social est réduit à due concurrence des actions achetées. Le conseil d'administration ou le directoire, peut décider de renouveler l'opération, jusqu'à l'achat complet du nombre d'actions initialement fixé.

4 Pacte d'actionnaires

A. Caractéristiques essentielles

Définition et formes

- Le pacte d'actionnaires est un **contrat écrit** signé **entre les principaux actionnaires d'une société ou certains d'entre eux**.
- Forme :
  - le pacte est inscrit dans les **statuts** ou fait l'objet d'un **acte extrastatutaire** (il peut alors rester secret dans les sociétés dont les titres ne sont pas inscrits sur un marché réglementé) ;
  - les statuts d'une société par actions simplifiée peuvent comprendre des pactes d'actionnaires.

Principe fondamental

Liberté contractuelle.

But

Fournir des garanties aux signataires, qui sont fonction des clauses inscrites dans le pacte (*exemples* : maîtrise de la composition du capital social, contrôle des décisions).

Publicité

Dans les sociétés dont les titres sont inscrits sur un marché réglementé	Les pactes doivent être portés à la connaissance des tiers (sur site internet...).
Dans les autres sociétés	Ils restent confidentiels quand ils ne sont pas inscrits dans les statuts.

Sanctions du non-respect d'un pacte d'actionnaires

- Nullité d'un acte effectué en violation d'un pacte d'actionnaires.
- Résolution du pacte (avec le cas échéant : clause résolutoire), application d'une clause pénale... condamnation à des dommages intérêts.

B. Principaux pactes d'actionnaires

Types de pactes	Pactes / Caractéristiques essentielles
Clauses relatives au vote	
Convention de vote	• Objet : les associés ou certains d'entre eux s'engagent à voter dans un sens déterminé ou à ne pas participer au vote de certaines décisions collectives. • Prévue pour une durée limitée.
Clauses de stabilisation du capital	
Clause d'agrément	• But : écarter l'entrée de certaines personnes dans la société. • Clause prévue seulement par les sociétés dont les titres ne sont pas inscrits sur un marché réglementé. • Condition de validité de la cession : agrément conforme au pacte.
Clause d'inaliénabilité	• Interdit aux signataires de se séparer des parts ou actions acquises pendant une période donnée (généralement 2 à 5 ans). • Permet aussi la **stabilité du pouvoir** dans la société.
Clause de préemption	• Le signataire du pacte qui veut céder ses titres doit avertir les autres signataires afin que ces derniers exercent le droit d'achat prioritaire dont ils disposent sur les titres.
Clause de non dilution	• Les actionnaires minoritaires ont un droit préférentiel de souscription lors des augmentations de capital : ils peuvent conserver un pourcentage de capital identique.
Clause de droit préférentiel à l'information	• Les investisseurs obtiennent des informations plus fréquentes et détaillées.
Convention de management	• L'acquéreur de titres doit consulter ses partenaires financiers pour les décisions extraordinaires sortant du cadre de la gestion courante. • Les partenaires disposent d'un droit de veto et ils peuvent sortir du capital en cas de désaccord avec l'acquéreur.
Clauses de sortie de la société	
Clause de sortie conjointe	• Protège les associés minoritaires. • Si l'acquéreur majoritaire cède ses titres à un tiers, il doit par cette clause acheter ou faire acheter les titres présentés par les minoritaires signataires au prix où il vend ses parts.

Types de pactes	Pactes Caractéristiques essentielles
Clause de retrait	• Un signataire du pacte peut **se retirer du capital** si un ou des événements précisés dans le pacte surviennent au cours de la période de validité du contrat. • Les signataires du pacte sont contraints de racheter les parts du partenaire souhaitant se retirer à un prix calculé d'avance et précisé dans le pacte.
Clause d'exclusion	• Les signataires du pacte ont le droit d'exclure l'un d'entre eux si certains événements surviennent. • Les signataires doivent racheter les titres de l'exclu à un prix calculé par avance.
Clauses de protection	
Clause de sortie garantie	• L'acquéreur doit, à l'issue d'une période donnée, racheter les titres des minoritaires désireux de vendre, à un prix calculé d'avance (méthode de calcul précisée dans le pacte).
Clause de "Buy or sell"	• Un actionnaire (A) peut demander à un autre actionnaire (B) de lui racheter ses titres à un prix proposé par A. Si l'actionnaire B refuse, A pourra racheter les parts de B au prix qu'il lui aura proposé précédemment. • C'est-à-dire : A contraint B, soit à lui racheter ses titres, soit à lui vendre ses titres, d'où le nom de clause "buy or sell". • But : contrecarrer une mauvaise « cohabitation » entre deux actionnaires.
Clause de priorité de collaboration	• Elle accorde une préférence aux sociétés de capital-investissement par rapport à d'autres établissements extérieurs concurrents lors de la réalisation ultérieure d'importantes opérations financières (introduction en bourse,...). • Le signataire n'est pas tenu d'accorder un droit d'exclusivité à son partenaire.

▸ Cas de l'action de concert

- elle vise à acquérir, céder ou exercer des droits de vote, pour mettre en œuvre une politique commune vis-à-vis de la société ou pour obtenir le **contrôle** de celle-ci ;
- les signataires doivent respecter certaines **obligations** (déclaration de franchissement de seuil...) sous peine de sanction.

MÉMO 17 Financement par les capitaux propres pour les sociétés cotées

Nous n'étudierons dans ce chapitre que les particularités liées aux sociétés dont les actions composant leur capital sont pour tout ou partie échangeables sur un marché financier.
L'architecture des marchés financiers résulte de la directive européenne 2004-39 transposée en droit français par l'ordonnance 2007-544 du 12 avril 2007.

1 Le recours au marché financier

A. Motivations

La société souhaite :
- réaliser de nouveaux investissements sans faire appel aux actionnaires actuels, ou à ses établissements financiers ;
- diminuer son endettement ;
- faire entrer de nouveaux investisseurs ;
- renforcer la crédibilité de l'entreprise, augmenter sa notoriété.

B. Les Marchés

Marchés réglementés	Systèmes multilatéraux de négociation (*Multilateral Trading Facility* - MTF)
Marché très contrôlé, mettant à la charge des émetteurs plus d'obligations, par exemple celles relatives aux OPA, ou encore à l'application des normes comptables IFRS. Il est géré par une *entreprise de marché* (*ex.* : NYSE Euronext).	Systèmes analogues aux marchés réglementés mais où les modalités d'admission et de cotation sont assouplies. Leur exploitation constitue un service d'investissement assuré par une *entreprise d'investissement* comme Euronext Growth qui permet aux PME d'accéder à la cotation.

C. Les acteurs du marché

Opérateurs de marchés	Entreprise d'investissement	Internalisateur systématique
Une ou plusieurs personnes gérant et/ou exploitant l'activité d'un marché réglementé.	Toute personne morale ayant reçu un agrément pour fournir à titre *habituel* des services d'investissement.	Prestataire de services d'investissement qui négocie **pour compte propre** en exécutant les ordres de ses clients en dehors d'un marché réglementé ou d'un système multilatéral de négociation.

D. Procédures d'introduction en bourse

En France, l'Autorité des Marchés Financiers (AMF) autorise une **procédure d'introduction en Bourse lorsqu'au moins 10 % des titres** sont destinés aux investisseurs particuliers.

Offre à prix ferme (OPF)
L'entreprise et l'intermédiaire financier définissent préalablement le nombre de titres mis en circulation sur le marché et leur prix de vente. La quantité de titres à livrer est ensuite déterminée en fonction de la quantité des ordres reçus.
Offre à prix ouvert (OPO)
Avec cette procédure, la plus utilisée en France notamment pour les valeurs de taille modeste, le prix est fixé à la dernière minute et correspond ainsi à la demande réelle du marché à cet instant.
Offre à prix minimal (OPM)
Euronext publie un avis qui précise à la fois le nombre d'actions offertes au public et le **prix minimal** de vente. L'investisseur devra fixer le prix limite (supérieur au prix minimal) auquel il accepte d'acheter l'action et indiquer la quantité d'actions qu'il désire.

E. Règles particulières aux titres cotés

Contraintes
- Surveillance des autorités de marché sur le capital de l'entreprise. - Communication adaptée vers les investisseurs externes. - Coût financier important.
Franchissements de seuils
Toute personne agissant seule ou de concert, doit informer la société et l'AMF du nombre total d'actions ou de droits de vote qu'elle possède lorsqu'elle franchit à la hausse ou à la baisse les seuils de 5 %. Lorsque les seuils de **10 %, 15 %, 20 %, 25 % et 30 %** sont franchis, l'actionnaire doit le déclarer et doit préciser ses objectifs pour les 6 prochains mois (achats, contrôle, stratégie...). Le franchissement du seuil de 30 % doit s'accompagner du déclenchement d'une offre publique d'achat (OPA). Le seuil de 95 % de détention rend possible le déclenchement par l'actionnaire d'une procédure d'expropriation des actionnaires minoritaires ; il s'agit alors d'une offre publique de retrait (OPR).
Actionnaire personne morale
Toute personne morale possédant plus de 2,5 % du capital ou des droits de vote d'une société, est tenue, sur demande de la société, de lui faire connaître l'identité des personnes qui détiennent plus du tiers du capital ou des droits de vote de la personne morale (C. com. art. L. 228-3-1, II).
Obligations de transparence
Les entreprises de marché, les gestionnaires de MTF et les internalisateurs systématiques sont soumis à des obligations de transparence (prix à l'achat et à la vente et nombre d'instruments financiers correspondants).
Informations privilégiées
Les « initiés » (**dirigeants sociaux** et personnes disposant en raison de l'exercice de leur profession ou de leurs **fonctions**, d'informations privilégiées sur la situation d'un émetteur de titres admis aux négociations sur un marché réglementé) sont passibles de sanctions pénales s'ils réalisent ou permettent de réaliser, directement ou par personne interposée, des opérations avant que le public ait connaissance de ces informations.

2 Particularités pour les augmentations de capital en numéraire

A. Déroulement de l'augmentation de capital. Points particuliers pour les sociétés cotées

	Compléments d'information pour les sociétés cotées
Augmentation de capital par offre au public réalisée moins de 2 ans après la constitution d'une société sans offre au public	Elle doit être précédée d'une **vérification de l'actif et du passif** ainsi que, le cas échéant, des avantages particuliers consentis, dans les mêmes conditions que pour une constitution de société avec offre au public (C. com. art. L. 225-131, al. 2). Cette règle évite les constitutions sans offre au public, suivies d'une augmentation de capital avec offre au public sans contrôle initial.
AGE : subdélégation de pouvoir au directeur général	Pour les délégations de pouvoir ou de compétence, situations identiques aux sociétés non cotées (*cf.* mémo 18 III.) Pour les sociétés cotées, le conseil d'administration (ou le directoire), peut déléguer au directeur général les pouvoirs de réaliser l'augmentation de capital, ainsi que celui d'y surseoir. Le conseil d'administration (ou le directoire) fixe les limites et les modalités préalablement, en décidant par exemple des pouvoirs pour certaines catégories de valeurs mobilières. Le président rend compte au conseil d'administration ou au directoire, selon le cas, de l'utilisation faite de ces pouvoirs dans les conditions prévues par ce dernier.
Réalisation de l'augmentation de capital	Le conseil d'administration (ou le directoire), rend compte ensuite à l'assemblée générale ordinaire suivante de l'utilisation faite des autorisations d'augmentation de capital précédemment votées par l'assemblée générale extraordinaire.
Publicité avant l'ouverture des souscriptions	- Dispense de publication au BALO. - Édition d'un prospectus contenant les modalités de l'opération, mais sans indication du prix définitif. - Diffusion par insertion dans la presse et sur Internet. - Si l'augmentation de capital est réservée par exemple aux salariés, il n'y a pas à établir de prospectus.

B. Droit préférentiel de souscription

Les généralités applicables aux SA et SAS (*cf.* mémo 18 § III) :
Les droits de souscription d'actions des sociétés cotées en Bourse sont eux-mêmes **cotés**. Lorsque le nombre de titres que détient un actionnaire d'une des sociétés est insuffisant pour faire l'acquisition d'un nombre entier d'actions nouvelles, il peut faire l'acquisition en Bourse des droits de souscription qui lui font défaut.

	Compléments d'information pour les sociétés cotées
Souscriptions d'actions nouvelles à titre irréductible par les actionnaires en vertu de leur DPS. Ils peuvent négocier leur DPS ou y renoncer	**Le droit préférentiel de souscription s'exerce à titre irréductible**. Ce droit, d'ordre public, est proportionnel aux droits antérieurs dans le capital et il est négociable. Le délai de souscription ne peut être inférieur à **5 jours de bourse** (C. com., art. L. 225-132 et L. 225-141).
Si tous les titres ne sont pas souscrits à titre irréductible	Le conseil d'administration (ou le directoire) décide du sort des titres non souscrits à titre irréductible en limitant par exemple l'augmentation de capital. Cette limitation ne peut être décidée qu'à la condition que l'augmentation de capital soit réalisée à au moins 75 % du montant fixé initialement, sauf si l'assemblée générale en avait décidé autrement.
Souscription à titre réductible	Seulement si l'assemblée générale extraordinaire avait expressément prévu cette possibilité lors de la décision d'augmentation de capital. Les titres non souscrits à titre irréductible sont alors répartis de façon proportionnelle aux droits antérieurs des actionnaires.
Sort des DPS à l'issue de l'opération d'augmentation de capital	Les droits sont **retirés de la cote** et perdent toute valeur.
Fiscalité liée à la cession des DPS	La plus-value dégagée est soumise à la fiscalité **des plus-values de cession de valeurs mobilières**, en fonction de la durée de détention et de la nature des titres concernés.

C. Suppression du droit préférentiel de souscription

La Suppression des DPS peut être sans indication du nom des bénéficiaires lorsque l'augmentation de capital est réalisée **par offre au public de titres financiers** ou par **placement privé** au profit d'investisseurs qualifiés ou dans un cercle restreint d'investisseurs. **L'AGE peut supprimer les DPS sans nommer les bénéficiaires** (C. com. art. L. 225-136) afin de faciliter les investissements des sociétés institutionnelles (compagnies d'assurance, banques...).
En contrepartie, la société augmente les primes d'émission améliorant d'autant la trésorerie. L'augmentation de capital par placement privé ne doit pas être confondue avec une offre au public ; elle est limitée à 20 % du capital social par an.

Possibilité de décote sur le prix d'émission des titres nouveaux	Elle ne peut être supérieure à 5 % de la moyenne pondérée des cours des trois dernières séances de Bourse. Par exception, l'AGE peut autoriser le conseil d'administration (ou le directoire) à fixer le prix d'émission pour une opération par an ne représentant pas plus de 10 % du capital. Dans ce cas, le commissaire aux comptes rédige un rapport complémentaire décrivant les conditions définitives de l'opération.
Droit de priorité non négociable	Il est possible de prévoir pour les anciens actionnaires, afin de compenser la suppression du DPS, un droit de priorité de souscription (non négociable) proportionnel au nombre d'actions anciennes (C. com. art. L. 225-135, al. 2). L'AGE fixe alors la durée d'exercice du droit qui doit être égale à au moins **3 jours** de Bourse. Des dispositions spécifiques sont prévues pour les augmentations de capital réservées aux salariés dans le cadre d'un **PEE** (plan d'épargne entreprise).

3 Augmentation de capital par incorporation des réserves

	Compléments d'information pour les sociétés cotées
Intérêt	Dans certaines sociétés cotées, dont l'action a une forte valeur unitaire, la distribution gratuite permet de réduire le cours unitaire, ce qui favorise la liquidité du marché (on peut aussi pour les mêmes raisons procéder à une multiplication du nombre d'actions).

4 Augmentation de capital par incorporation du compte-courant associé

Modalités	Procédure équivalente à celle d'une augmentation de capital en numéraire (*cf.* mémo 17 *supra* I.E.).
Compléments d'information pour les sociétés cotées	- Publication et mise à disposition de toute personne intéressée un **document d'information** intitulé **« prospectus »**. - Envoi d'un avis aux actionnaires.

5 Réduction de capital

Motifs communs	Annulation de pertes, annulation de ses propres parts sociales ou de ses propres actions.
Motif particulier pour une société cotée	Capital jugé trop élevé (effet de relution, contraire de la dilution).

A. Rachat de ses propres actions sur le marché pour les conserver et OPRA

1. Rachat de ses propres actions sur le marché

Circonstances	Pour les sociétés cotées uniquement, le rachat sur le marché (au fil de l'eau) est possible dans la limite de 10 % du capital et dans le cadre d'un programme de rachat d'actions approuvé par l'assemblée des actionnaires.
Formalités	- Publication d'une note d'information visée par l'Autorité des marchés financiers. - Approbation du programme de rachat d'actions par l'assemblée des actionnaires. La durée maximale du programme est de 18 mois.

B. Rachat de ses propres actions sur le marché pour les revendre

Elles peuvent être revendues sur le marché, la technique servant alors pour réguler le cours de l'action, ou encore pour les annuler.

6 Actions de préférence

Droit de vote	Les actions de préférence sans droit de vote ne peuvent pas représenter **plus de la moitié du capital social**, et dans les sociétés dont les actions sont admises aux négociations sur un marché réglementé, **plus du quart du capital social** (C. com. art. L. 228-11, al. 3).

▸ Offre publique de rachat (OPRA)

Une société cotée peut procéder au rachat de ses propres actions par une offre de rachat ouverte à tous ses actionnaires.

- Rachat par l'entreprise de ses propres actions pour les annuler (*cf.* mémo 17 *supra* IV.B).

Formalités	Offre d'achat à tous les actionnaires. - Avis achat inséré dans un journal d'annonces légales. - Et pour les sociétés cotées : avis achat inséré au bulletin des annonces légales obligatoires (BALO).

7 Apports en comptes courants d'associés

Ce type de financement à court terme ou à long terme est rapide et simple.
Il doit au moins être proportionné avec la capacité financière de l'entreprise.

▸ Fiscalité des intérêts de comptes courants d'associés

- **Conditions de déduction pour la société versant les intérêts**

Comptes courants d'associés détenus par des personnes physiques	• Intérêts servis par la société pour les sommes laissées en compte courant d'associé par les associés. • Déduction sous conditions (CGI art. 39-1-3° et 212) : - capital social entièrement libéré ; - taux de rémunération = taux moyen des prêts à taux variables (TMPV) : ce taux est de 1,17 % pour l'année civile 2021. • La fraction des intérêts excédant le TMPV n'est pas fiscalement déductible : réintégration sur le 2058-A. **Attention : Le régime des comptes courants d'associés ne s'applique pas dans les entreprises individuelles (à défaut d'associés) mais uniquement dans les sociétés imposables à l'IR et à l'IS.**
Comptes courants d'associés dans les groupes (sociétés liées)	• *Cf.* mémo 24. IC

Fiscalité pour l'associé personne physique recevant l'intérêt

Prélèvement libératoire de 12,80 % ou Imposition au barème progressif de l'IR	En N, application par la société versant l'intérêt d'un prélèvement forfaitaire obligatoire unique (PFU) de 12,80 % qui constitue un acompte sur l'impôt dû sur l'intérêt. Possibilité de dispense de PFO si revenu fiscal de référence N-2 < à 25 000 € pour une personne seule ou < à 50 000 € pour un couple.
	Imposition optionnelle au barème progressif en N+1. Le prélèvement forfaitaire unique de 12,80 % est imputable sur l'IR : si excédent, crédit d'impôt restituable. La fraction de CSG déductible imputable sur RBG N+1 = 6,8 %, mais uniquement si option oour imposition au barème.

8 Les pactes d'actionnaires

Cf. mémo 17.
À noter un autre cas de l'action de concert dans les sociétés cotées : cette action peut apparaître lors de la conclusion d'un pacte d'actionnaires portant sur des titres inscrits sur un marché réglementé ou sur Euronext.

Financement par endettement pour les sociétés non cotées

1 Contrats de financement

Les entreprises peuvent négocier leur financement avec les banques et autres établissements de crédit, plutôt que de recourir au financement par capitaux propres. Elles concluent alors des **contrats de financement**.

A. Contrats de prêts et de découverts

1. Contrats de prêts en argent

Le **prêt en argent** est une convention par laquelle une personne (le **prêteur**) remet une somme d'argent à une autre personne (l'**emprunteur** ou **bénéficiaire**) ; cette dernière s'engage à rembourser une somme identique augmentée d'un intérêt, à une date convenue.

Durée du prêt	Le prêt sera remboursé au terme convenu
Sanction du défaut de paiement	Il peut être stipulé dans le contrat que le défaut de paiement des intérêts ou d'une annuité de remboursement soit sanctionné par l'exigibilité immédiate de la totalité de la créance (déchéance du terme).
Taux d'intérêt	Le taux de l'intérêt conventionnel (fixe ou variable) doit être fixé par écrit (C. civ. art. 1907, al. 2).
Formalité fiscale	Déclaration du prêt à l'administration si le montant emprunté excède 5 000 euros (CGI, art. 242 *ter* 3).

B. Crédit-bail

L'opération de **crédit-bail** comprend à la fois une **vente**, une opération de **crédit** et une **location** assortie d'une **promesse unilatérale de vente** en fin de contrat. Elle fait intervenir trois parties : le fournisseur du bien, le crédit bailleur (établissement de crédit) et le crédit-preneur (locataire utilisateur du bien).

1. Le crédit-bail immobilier, les obligations

Dommages causés aux tiers	Le crédit bailleur, en qualité de propriétaire de l'immeuble loué, demeure responsable à l'égard des tiers des **dommages causés par l'immeuble** (C. civ. art. 1386).
Obligations du crédit-preneur	- **Utilisation du bien loué.** Le crédit-preneur doit user du bien loué en bon père de famille. - Paiement des loyers. - Assurance du bien loué par le crédit-preneur.
Annexe des comptes annuels du crédit-preneur	Le crédit-preneur (commerçant ou personne morale) doit donner des informations sur ses contrats de crédit-bail en cours, dans l'annexe de ses comptes annuels (C. mon. et fin., art. R. 313-14).

2. Fiscalité du crédit-bail

Voitures particulières	N'est pas déductible la fraction du loyer correspondant à l'amortissement pratiqué par le bailleur pour la fraction du prix d'achat de la voiture qui excède 18 300 € (ou 9 900 € pour les voitures dont les émissions de Co_2 sont < 130 g/km). Plafond porté, pour les véhicules acquis à compter du 1er janvier 2017, de 18 300 € à 30 000 € pour ceux émettant moins de 20 g de CO_2/km (véhicules électriques) et 20 300 € pour ceux dont le taux d'émission est supérieur ou égal à 20 g et inférieur à 60 g de CO_2/km (véhicules hybrides rechargeables). Plafond de 9 900 € des véhicules polluants étendu aux véhicules émettant plus de : 130 g de CO_2/km pour ceux acquis à partir de 2021 Les loyers versés par les entreprises qui prennent en location ces véhicules pour plus de 3 mois ou en crédit-bail sont déductibles dans la limite des mêmes plafonds.
Fonds de commerce	N'est pas déductible la fraction du loyer correspondant au prix d'acquisition du fonds par le bailleur. Au terme du contrat, le crédit-preneur exerçant son option d'achat, immobilisera le prix d'exercice de l'option, augmenté des redevances qui n'ont pas été déduites.
Immeubles	N'est pas déductible l'excédent du prix d'acquisition du terrain par le bailleur sur le prix d'exercice de l'option d'achat. Pour l'application de cette règle : - chaque versement du preneur est réputé couvrir la rémunération du capital investi par le bailleur et (par différence) le remboursement progressif du prix d'acquisition de l'immeuble ; - la fraction des versements affectée au remboursement du prix de l'immeuble, est affectée d'abord au remboursement des frais d'acquisition du bailleur puis du prix des éléments amortissables (construction) puis du prix des éléments non amortissables (terrain) (CGI, art. 39-10). Cette règle permet de rejeter les loyers non déductibles dans les dernières années du bail (***cf.* exercice**).

3. Résiliation du contrat

Les contrats de **crédit-bail immobilier** doivent, à peine de nullité, comporter une clause prévoyant les **conditions de résiliation** à la demande du crédit-preneur (C. mon. et fin., art. L. 313-9, al. 2).

Cas où le contrat est résilié de plein droit	- Résolution du contrat de vente. - Manquement du crédit-preneur à ses obligations contractuelles (non-paiement du loyer). - Événement (sinistre total) rendant impossible la jouissance du bien loué. - Dissolution de la personne morale locataire.
Clause prévoyant une indemnité pour le crédit-bailleur	- **Indemnité** compensant le préjudice du crédit-bailleur en cas de résiliation. - Indemnités prévoyant le remboursement du prix d'achat, le paiement des loyers à échoir et même le remboursement du manque à gagner de l'établissement de crédit.

C. Cession-bail (ou lease-back)

Dans la **cession-bail**, l'entreprise propriétaire et utilisatrice d'un bien d'équipement ou d'un immeuble, le vend à un établissement de crédit qui le lui reloue immédiatement dans le cadre d'un contrat de crédit-bail.
Opération de financement, comparable à un prêt de l'établissement de crédit au propriétaire et utilisateur. Le remboursement de ce prêt est garanti par le droit de l'établissement de crédit sur le bien pendant la durée du financement. Les loyers sont comparables à des annuités de remboursement du prêt.

1. Fiscalité du lease-back

Voitures particulières	N'est pas déductible la fraction du loyer correspondant à l'amortissement pratiqué par le bailleur pour la fraction du prix d'achat de la voiture qui excède 18 300 € (ou 9 900 € pour les voitures dont les émissions de Co_2 sont < 130 g/km en 2021).
Immeubles d'exploitation	La loi de finances pour 2021 a rétabli le dispositif temporaire d'étalement des plus-values réalisées lors d'opérations de cession-bail d'immeubles (CGI art 39 novodecies I et II), initialement instauré de 2009 à 2012. Cette mesure s'applique aux opérations de cessions réalisées entre le 01/01/2021 et le 30/06/2023, précédées d'un accord de financement obtenu du crédit-bailleur entre le 28/09/2020 et le 31/12/2022. Ce dispositif permet aux entreprises propriétaires d'immeubles d'exploitation de : - les céder à des organismes de financement, qui leur en concèdent immédiatement la jouissance en vertu d'un contrat de crédit-bail immobilier (CBI) leur permettant de redevenir propriétaire à la fin du contrat, et d'éviter l'imposition immédiate de la plus-value réalisée à cette occasion, en la remplaçant par un étalement de son montant sur une période maximale de 15 ans,

Immeubles d'exploitation *(suite)*	– tout en bénéficiant immédiatement de la trésorerie dégagée par la vente de l'immeuble. L'étalement prévoit : • une réintégration par parts égales sur la durée du contrat de CBI sans pouvoir excéder 15 ans, • une réintégration immédiate en cas d'acquisition de l'immeuble avant le terme du contrat ou en cas de résiliation du contrat de CBI. La réintégration du produit dans le résultat imposable est compensée par la déduction des charges de loyer de CBI qui réduit voire annule l'impôt qui serait dû sur la vente. ATTENTION : les seuls immeubles éligibles sont ceux inscrits à l'actif immobilisé et utilisés dans le cadre de l'activité économique industrielle, commerciale, artisanale, agricole ou libérale de l'entreprise cédante, ou loués ou mis à disposition à titre principal à des entreprises liées au sens de l'art 39-12 du CGI, et non les immeubles de placement.

2 Comptes courants associés

Le compte courant associé est assimilé à un prêt remboursable et rémunéré.

A. Financement par comptes courants associés

1. Intérêt et conditions

	SARL	SA
Intérêts		
	– Les sommes prêtées peuvent être rémunérées par des intérêts déductibles du bénéfice imposable de la société. – L'associé peut, de manière souple, effectuer des retraits ou, au contraire, s'engager à bloquer les fonds pendant un temps déterminé. – Les apports permettent de consolider la surface financière de la société, sans faire appel à d'autres associés, et donc **sans risque de renversement de majorité**.	
Associés concernés		
	Associés possédant plus de 5 % du capital. Dirigeant : gérant quel que soit son % de détention.	Associés possédant plus de 5 % du capital. SAS : les dirigeants et associés doivent détenir au moins 5 % du capital. Dirigeant : PDG, membre du directoire, ou du conseil d'administration.

	SARL	SA
Autorisation préalable de la convention réglementée		
		Opérations concernées : L'apport par des dirigeants, administrateurs ou actionnaires détenant plus de 10 % des droits de vote est soumis à l'autorisation préalable du conseil d'administration (C. com. art. L. 225-38). Le président du CA doit en aviser le commissaire aux comptes qui présente à l'AG un rapport spécial sur ces conventions (C. com. art. L. 225-40, al. 2 et 3).
Approbation de la convention réglementée en AGO		
	• Si le CAC existe : Le gérant avise le CAC dans un délai d'1 mois. Il établit un rapport précisant le % des intérêts qui sera versé. • Si absence de CAC. Rédaction du rapport spécial par le gérant.	Le président du CA avise le commissaire aux comptes qui présente à l'AG un rapport spécial sur ces conventions (C. com. art. L. 225-40, al. 2 et 3). Pour les SAS, il faudra se référer aux statuts.
AG		
	L'AG se prononcera sur ces conventions, l'intéressé ne prenant pas part au vote.	

2. Régime fiscal des comptes courants associés

Régime fiscal des intérêts des comptes courants associés versés par la société
• La déductibilité des intérêts versés est soumise à trois conditions (CGI, art. 39-I-3°) : - le **capital** de la société doit être **entièrement libéré** ; - le **taux maximal** des intérêts déductibles est égal au TMPv (taux moyen pratiqué par les banques pour les prêts à taux variable aux entreprises, d'une durée initiale supérieure à deux ans). - l'apport est réalisé dans **l'intérêt de la société qui a besoin de trésorerie** : composante de la politique de financement, aide pour palier une insuffisance de trésorerie. • Pour les sociétés ne faisant pas partie d'un groupe fiscal, les charges financières nettes du résultat fiscal sont déductibles dans la limite du plus élevé des deux montants suivants : 3 millions d'euros ou 30 % de l'EBITDA fiscal. Les intérêts des comptes courants sont inclus dans les charges fiscales nettes.

Comptes courants entre les sociétés liées
Dans la limite du taux maximal (voir ci-dessus), la déductibilité des intérêts est soumise à des règles particulières dans le cas où les intérêts sont versés entre deux entreprises liées par un lien de dépendance. Ces règles sont développées au chapitre ***La fiscalité des groupes***.
Fiscalité des intérêts perçus par un associé personne physique
• Imposition au prélèvement forfaitaire unique (PFU) ou sur option au barème progressif de l'IR dans la catégorie des revenus mobiliers (*voir supra*).

3 Emprunts obligataires

Toutes les sociétés peuvent émettre des **emprunts obligataires** (Sociétés par actions, GIE constitués de sociétés par actions, association exerçant une activité économique, Sociétés d'économie mixte). Les obligations émises par des SARL sont nominatives.

Définition de l'obligation

L'**obligation** est un titre négociable qui, dans une même émission, confère les mêmes droits de créance pour une même valeur nominale (C. mon. et fin. art. L. 213-5).

A. Caractéristiques financières

Les obligations ordinaires contrairement aux actions, ne représentent pas une part du capital mais une part des **dettes**.

Nominal	Comme les actions, une obligation a une valeur nominale, qui représente la quote-part du montant de l'emprunt. La valeur nominale des obligations est librement fixée par l'émetteur.
Taux d'intérêt nominal	Le taux nominal (ou taux facial) est le taux qui, appliqué à la valeur nominale, donne le montant du coupon. Ce taux peut être **fixe** (le plus souvent), variable ou révisable : - un **taux variable** varie au jour le jour ; - un **taux révisable** est un taux fixe modifié annuellement.
Taux actuariel	Il s'agit du taux d'intérêt réellement perçu par l'investisseur. Ce taux est le taux de rendement annuel brut (avant impôts).
Prix d'émission	Le prix d'émission de l'obligation peut être en dessous du pair, c'est-à-dire inférieur à la valeur nominale (l'inverse, très rare est également possible). La différence entre la valeur nominale et le prix d'émission constitue la « **prime d'émission** ».
Prix de remboursement	Le montant remboursé à l'échéance peut être supérieur au montant du nominal, afin d'attirer les investisseurs. La différence entre le prix de remboursement et le nominal est appelée « **prime de remboursement** ».

Cotation des obligations	Les obligations peuvent faire l'objet d'une cotation sur un marché réglementé (*cf.* mémo 20).
Mode d'amortissement	Il existe différents modes d'amortissement, c'est-à-dire de remboursement du « principal » de l'emprunt (montant de la dette hors intérêts) : - le remboursement ***in fine*** (le plus fréquent) ; - le remboursement par **amortissements constants** (une tranche comprenant un nombre égal d'obligations, est tirée au sort chaque année pour être amortie).
Durée de vie (ou maturité)	Le marché obligataire est un marché à long terme. La durée de vie moyenne des obligations se situe entre **7 et 10 ans** pour les obligations émises par les **entreprises**, et **15 ans** pour les obligations émises par **l'État**. Plus la durée de vie est longue, plus le risque attaché à l'obligation est élevé.

B. Conditions préalables

- Capital social intégralement libéré, sauf si les actions non libérées concernent les actions réservées aux salariés.

> Sanction : annulation de l'émission d'obligations.

- Avoir établi 2 bilans approuvés par les actionnaires, sinon, vérification de la situation financière par un commissaire aux comptes.

C. Modalités de l'émission des obligations

Compétence pour décider l'émission d'obligations	Conseil d'administration, ou directoire ou gérant (C. com. art. L. 228-40, al. 1).
Conditions d'émission	Montant librement fixé par la société. Les obligations émises lors d'un même emprunt ont les **mêmes droits de créance**.
Publicité de l'émission	Aucune. Elle n'est requise qu'en cas d'émission publique.
Souscription des obligations	- La loi n'impose pas d'établissement d'un bulletin de souscription. - La société peut fixer librement les conditions de versement des sommes dues. - Les souscriptions peuvent être libérées par tout moyen de paiement, notamment par compensation de créance sur l'émetteur, si celle-ci est **certaine, liquide et exigible**.

D. Droit des obligataires

Droit au remboursement des obligations	Conditions du remboursement des obligations prévues dans le **contrat d'émission**. Le remboursement peut être : - à l'échéance ; - étalé par le procédé de l'amortissement ; - réalisé par tirage au sort de tranches annuelles.
Droit aux intérêts	Fixes ou variables, périodiques ou uniques.
Droit de céder ses titres	Les obligations sont des **titres négociables**.

E. Protection des intérêts des obligataires

<table>
<tr><td>Masse des obligataires</td><td colspan="2">Les porteurs d'obligations d'une même émission sont groupés de plein droit pour la défense de leurs intérêts communs, en une masse qui jouit de la personnalité civile (C. com. art. L. 228-46).</td></tr>
<tr><td>Représentants de la masse des obligataires</td><td colspan="2">- La masse est représentée par un ou plusieurs mandataires élus par l'assemblée générale des obligataires (C. com. art. L. 228-47). Leur nombre ne peut en aucun cas excéder trois.
- Personnes physiques ou morales.
- Ils reçoivent les mêmes documents que les actionnaires. Ils sont rémunérés par la société émettrice.</td></tr>
<tr><td>Assemblée générale des obligataires</td><td colspan="2">La convocation des AG d'obligataires est faite dans les mêmes conditions de forme et de délai que celle des assemblées d'actionnaires (convocation, définition d'un ordre du jour, tenue d'une feuille de présence, rédaction d'un procès-verbal de l'assemblée des obligataires).</td></tr>
<tr><td rowspan="2">Autorisation de l'assemblée des obligataires pour des modifications du contrat</td><td>Cas de fusion, ou scission de la société.</td><td>Modification de l'objet ou de la forme de la société.</td></tr>
<tr><td>La société peut passer outre l'autorisation des obligataires qui peuvent demander en justice, soit le remboursement des obligations, soit la constitution de garanties.</td><td>La société peut passer outre l'autorisation des obligataires en offrant de rembourser les obligations.</td></tr>
<tr><td>Opposition aux réductions de capital non motivées par des pertes</td><td colspan="2">Le représentant de la masse des obligataires et les créanciers dont la créance est antérieure à la date de dépôt au greffe du procès-verbal de délibération peuvent former opposition à la réduction, dans le délai de 20 jours (C. com. art. L. 228-98, al. 4), (cf. supra mémo 16 § IV).</td></tr>
</table>

4 Les obligations convertibles ou remboursables

A. Définition et intérêt de l'obligation convertible en action (OCA)

<table>
<tr><td>Définition</td><td colspan="2">Les obligations convertibles en actions sont des titres hybrides (ou titres composés) sont des titres contenant à la fois une composante de capitaux propres et une composante d'emprunt. Ce sont des titres d'emprunt et l'option de conversion les assimile à des titres en capital.</td></tr>
<tr><td>Catégorie en valeurs mobilières donnant accès au capital</td><td colspan="2">Tous les titres hybrides sont regroupés dans une catégorie unique de valeurs mobilières : valeurs mobilières donnant accès au capital (C. com. art. L. 228-91, al. 1).
OCA : En cas de conversion, l'obligataire devient actionnaire.</td></tr>
<tr><td rowspan="3">Obligations convertibles en actions (OCA)</td><td colspan="2">Obligations ordinaires assorties d'une option de conversion de l'obligation en actions.
La conversion peut être réalisée à tout moment ou à des dates déterminées à l'avance par l'émetteur. L'obligation et l'option ne peuvent pas être séparées.</td></tr>
<tr><td>Intérêt pour l'entreprise</td><td>Intérêt pour l'obligataire</td></tr>
<tr><td>• Augmenter les chances de succès de l'emprunt.
• Avoir un coût moins élevé. En général, ces obligations sont en effet émises à un taux inférieur aux taux des obligations classiques.
• Réduire la dépense de remboursement si l'obligation est convertie.
• Renforcer à terme le poids des capitaux propres dans le bilan.</td><td>• Bénéficier dans un premier temps d'un revenu fixe.
• Observer la société avant de prendre la décision de devenir actionnaire.</td></tr>
<tr><td>Valeur de la composante « titre en capital »</td><td colspan="2">Un calcul permet de distinguer dans la valeur totale du titre hybride, ce qui est la valeur d'un emprunt de caractéristiques voisines et, par différence, ce qui est la valeur de la composante capital.</td></tr>
<tr><td rowspan="3">Intérêt pour les sociétés non cotées</td><td colspan="2">De nombreuses études montrent que les obligations convertibles sont bien adaptées au financement des entreprises non cotées par les capital-investisseurs.</td></tr>
<tr><td>Le projet réussit</td><td>Le projet échoue</td></tr>
<tr><td>Les obligataires convertissent leurs obligations en actions.</td><td>La société est liquidée et les obligataires bénéficient d'une priorité liquidative par rapport aux actionnaires.</td></tr>
</table>

B. Définition et intérêt de l'obligation remboursables en action (ORA)

Obligations remboursables en actions (ORA)	**ORA : L'obligataire devient actionnaire à l'échéance.** Ces titres donnent bien « accès au capital » mais **ce ne sont pas des titres hybrides** ; ils n'ont pas de composant emprunt en raison de la certitude de l'échange contre des actions.

C. Modalités de l'émission des OCA ou ORA

Vérification des actifs et des passifs par un CAC	Pour les SAS n'ayant pas 2 ans d'existence et 2 bilans approuvés. Rapport déposé au greffe du tribunal de commerce et mis à disposition des actionnaires.
AGE car la conversion future diluera les actionnaires	Sur rapport spécial du commissaire aux comptes qui donne son avis sur : – l'émission proposée ; – le choix des éléments de calcul du prix d'émission ; – les caractéristiques des obligations OCA ou ORA ; – les modalités d'attribution des actions ; – les dates auxquelles peuvent être exercés les droits d'attribution.
Règles des augmentations de capital	Règles classiques (*cf.* mémo 18). Les actionnaires de la société qui émet des valeurs mobilières donnant accès au capital, ont le **droit de souscrire, par préférence** ces valeurs mobilières. Il est possible également de leur demander de renoncer à leur DPS.

D. Protection des porteurs de valeurs mobilières donnant accès au capital

Opérations interdites	• Modifier la forme ou l'objet de la société. • Modifier les règles de répartition des bénéfices. • Amortir le capital.

5 Le financement participatif *(crowdfunding)*

A. Définition

<table>
<tr>
<td>Définition</td>
<td>Le financement participatif (crowdfunding), stimulé par les nouvelles technologies permet aux entreprises d'accéder à des financements complémentaires et aux particuliers de réaliser un nouveau type de placement.
Le crowdfunding, littéralement « financement par la foule » peut prendre la forme de don, de prêt (crowglending) ou d'apport en capital (crowdgequity). Il s'adresse à des startups, à des TPE, PME, ETI ou encore à des associations.</td>
</tr>
<tr>
<td>Crowdequity. Financements participatifs sous forme d'apport en capital</td>
<td>Les starts-up ou PME/ETI peuvent lever des fonds via une plateforme internet et, en contrepartie, les investisseurs deviennent actionnaires. Un plafond de 2,5 millions d'euros est fixé par projet proposé. Pour les sites de financement participatif en capital disposant du statut de conseiller en investissements participatifs (CIP), statut octroyé par l'AMF le seuil est de 8 millions d'euros.
Loi Pacte du 22 mai 2019. Les sociétés peuvent se financer par des ICO (initial coin offering). Une ICO est une levée de fonds en crypto-monnaies. Pour lever via une ICO, une entreprise doit émettre des jetons sur une plateforme dédiée. Les jetons (tokens) émis permettront à son détenteur de recevoir une partie des bénéfices générés par l'entreprise, comme un dividende avec une action, ou de s'en servir pour utiliser le service de l'entreprise. Les investisseurs intéressés envoient ensuite de la crypto-monnaie, principalement des ethers ou des bitcoins, en échange des jetons.
<table>
<tr><th>Garanties</th><th>Fiscalité du particulier</th></tr>
<tr>
<td>• Les plateformes qui possèdent le statut d'IFP ou de CIP ont la possibilité d'afficher le label « Plateforme de financement participatif régulée par les autorités françaises », gage du contrôle de l'ACPR (Autorité de contrôle prudentiel et de résolution) et de l'AMF (Autorité des marchés financiers).</td>
<td>• Les résidents français ont la possibilité de réaliser des déductions fiscales sur leur impôt sur le revenu ou bénéficient de conditions avantageuses du PEA et PEA-PME.
• Les plus-values réalisées en crowdequity sont soumises à la flax tax de 30 % avec la possibilité d'opter pour l'imposition au barème de l'impôt sur le revenu.</td>
</tr>
</table>
<table>
<tr><th>Comptabilisation</th></tr>
<tr><td>• L'apport en capital avec détermination de la prime d'émission est réalisé de façon classique.</td></tr>
</table>
</td>
</tr>
</table>

<table>
<tr>
<td>Crowlending. Financements participatifs sous forme de reconnaissance de dettes : les minibons</td>
<td>Les minibons (bons de caisse) sont des reconnaissances de dettes. Ce sont des titres nominatifs et non négociables, comportant l'obligation des sociétés émettrices de payer à échéance déterminée à taux fixe. Ils sont proposés par les sites de financement participatif en capital. Ils sont échangeables sur des plateformes de crowdfunding.
Le montant total des offres d'un même émetteur ne doit pas excéder 2,5 millions d'euros sur une période de 12 mois et sont obligatoirement émis à taux fixe.
Les remboursements ne peuvent pas excéder 5 ans.
L'emprunteur est directement responsable des remboursements à l'égard des prêteurs. Les conditions réglementaires sont fixées par les articles R 548-4 et suivants du code monétaire et financier.
<table>
<tr><th>Emetteurs</th><th>Prêteurs</th></tr>
<tr><td>• Seules les sociétés par actions et les SARL dont le capital est intégralement libéré et qui ont établi le bilan de leur troisième exercice, sont autorisées à émettre des minibons (c. mon. et fin. art. L. 223-7 nouveau).</td><td>• Les prêteurs peuvent être des personnes physiques ou des personnes morales.
• Leur prêt est plafonné à 2 000 € par projet si le prêt est rémunéré, 5 000 € par projet si le prêt n'est pas rémunéré.</td></tr>
</table>
Comptabilisation et fiscalité du particulier : cf. infra Crowdlending. Financements participatifs sous forme de prêt</td>
</tr>
</table>

Crowdlending. Financements participatifs sous forme de prêt

L'ordonnance n° 2014-559 du 30 mai 2014 prévoit un emprunt maximum de 2,5 millions d'euros par projet.
Les remboursements ne peuvent pas excéder 7 ans. L'emprunteur est directement responsable des remboursements à l'égard des prêteurs. Les conditions réglementaires sont fixées par les articles R 548-4 et suivants du Code monétaire et financier.
Les prêteurs peuvent être des personnes physiques ou des personnes morales.

Emprunteurs proposant des prêts sans intérêts	Emprunteurs proposant des prêts avec intérêts
• **Les emprunteurs** peuvent être despersonnesphysiquesagissant à des fins professionnelles, des associations ou des personnes morales. Leur prêt est plafonné à 5 000 euros par projet.	• **Les emprunteurs** peuvent être despersonnesphysiquesagissant à des fins professionnelles ou des personnes morales. Leur prêt est plafonné à 2 000 euros par projet. Les intérêts sont réguliers et le taux d'intérêt est obligatoirement à taux fixe. Il est fixé dans un contrat.

Comptabilisation	Fiscalité du particulier
• La comptabilisation chez l'emprunteur suit les mêmes règles qu'un emprunt normal. • Les intérêts, comptabilisés en charges financières, sont déductibles du résultat imposable.	• **Revenus sur prêts** Comme tous les revenus de placements financiers, les intérêts du *crowdlending* sont soumis à la *flax tax* de 30 % avec la possibilité d'opter pour l'imposition au barème de l'impôt sur le revenu. • **Obligations et minibons.** Depuis la loi PACTE, les titres participatifs obligations et minibons peuvent être logés dans une PEA-PME, bénéficiant ainsi d'une fiscalité avantageuse. • **Pertes :** Pour l'impôt sur le revenu des particuliers, les pertes, qu'elles proviennent d'un prêt participatif ou de minibons souscrits depuis 2017, sont déductibles des intérêts perçus des autres titres dans la limite de 8 000 euros par an.

<table>
<tr><td rowspan="3">Financements participatifs sous forme de dons</td><td colspan="2">Il est estimé que la contrepartie ne doit pas avoir une valeur monétaire excédant 25 % du montant du don.</td></tr>
<tr><td>Dons perçus par des sociétés commerciales
• S'il existe une contrepartie : le don reçu est enregistré en chiffre d'affaires et la TVA s'appliquera.
• S'il n'existe pas de contrepartie, le don reçu est enregistré en « autres produits »</td><td>Dons perçus par des associations
• S'il existe une contrepartie : elle peut avoir un caractère lucratif. Elle sera enregistrée en Chiffre d'affaires et entrera dans le champ d'application de la TVA
• S'il n'existe pas de contrepartie (ou symbolique), la somme reçue est qualifiée de don ou de cotisation que le contributeur acquiert ou non la qualité d'adhérent.</td></tr>
<tr><td colspan="2">Fiscalité des donateurs
• Les dons pour certains projets peuvent ouvrir droit à une réduction d'impôt.</td></tr>
</table>

6 Garanties du crédit

- **Réglementation** : par le Code civil et le Code de commerce.
- **But** : assurer le règlement des créances dans le cas où le débiteur ne disposerait pas d'un patrimoine suffisant pour désintéresser ses créanciers.

A. Deux types de garanties

- **Sûretés personnelles**.
- **Sûretés réelles**.

Sûretés personnelles	
Cautionnement	
Caractéristiques	• **Contrat** : - unilatéral : la caution s'engage envers le créancier à le payer si le débiteur principal ne paie pas ; - accessoire à un contrat principal.
	• **Civil ou commercial**
	• **Simple ou solidaire** (la caution bénéficie alors du bénéfice de discussion et du bénéfice de division).
	• **Étendue** : la **caution** est engagée pour tout ou partie de la dette découlant du contrat principal.

Sûretés personnelles	
Obligations du créancier professionnel	• (Ou l'établissement de crédit) : **obligation d'information** envers la caution concernant l'évolution de la dette garantie ou la défaillance du débiteur principal. • Il ne peut se prévaloir d'un contrat de cautionnement conclu par une personne physique dont l'**engagement** était, lors de sa conclusion, **manifestement disproportionné à ses biens et revenus**.
Subrogation	• La caution qui a payé à la place du débiteur principal peut se retourner ensuite contre celui-ci ; elle est subrogée dans tous les droits qu'avait le créancier contre le débiteur.
Garantie de passif	
• Lors d'une cession de titres : le cédant s'engage envers le cessionnaire à payer les dettes existantes dans la société avant la date de cession des titres. • Le cédant est engagé pour les dettes nées lorsqu'il était associé.	
Lettre d'intention	
Définition	• Objet : soutien apporté à un débiteur dans l'exécution de son obligation envers son créancier.
Cas d'utilisation	• Entre deux sociétés : une société mère et une société filiale. • Un dirigeant au profit de sa société.
Étendue de la garantie	• Doit être précisée dans la lettre. • Préciser s'il s'agit d'une obligation de moyens ou de résultat.

Sûretés réelles	
Hypothèque conventionnelle	
Caractéristiques	• Constituée sans dépossession du débiteur. • Est un **droit réel accessoire**. • Porte sur un immeuble.
Contrat	• Contrat entre le débiteur (ou un tiers) et le créancier. • Est un acte authentique.
Publicité	• Inscription au bureau de conservation des hypothèques. • La date d'inscription qui détermine le **rang de l'hypothèque**. • Durée maximale d'une hypothèque : 50 ans.
Sort à l'échéance	• Si le débiteur s'acquitte de sa dette : il y a une **mainlevée** de l'hypothèque. • Si le débiteur ne paie pas sa dette : le créancier peut poursuivre la **vente forcée de l'immeuble** ou demander son **attribution judiciaire**. Le créancier dispose d'un **droit de préférence** et d'un **droit de suite**.

Sûretés réelles	
Nantissement conventionnel du fonds de commerce	
Caractéristiques	• C'est un **nantissement sans dépossession**.
Contrat	• Le débiteur donne en garantie de sa dette à son créancier son fonds de commerce ou un élément du fonds. • C'est un **contrat accessoire** à un contrat de prêt ou à une ouverture de crédit.
Biens qui peuvent être nantis	• L'enseigne, le nom commercial, le droit au bail, la clientèle, l'achalandage, le mobilier commercial, le matériel ou l'outillage servant à l'exploitation du fonds, les brevets d'invention, les licences, les marques, les dessins et modèles industriels et les droits de propriété intellectuelle.
Publicité	• Le nantissement doit être inscrit sur un registre spécial tenu au greffe du tribunal de commerce, pour son **opposabilité**.
Sort à l'échéance	• Le créancier bénéficiaire du nantissement a un **droit de préférence** lors de la vente des éléments du fonds et un droit de suite.
Nantissement de l'outillage et du matériel d'équipement	
Caractéristiques	• Appelé aussi nantissement des biens d'équipement professionnel. • **Gage sans dépossession**.
Contrat	• A pour objet de garantir le paiement du prix d'acquisition de l'outillage et du matériel ; la garantie bénéficie au vendeur à crédit ou au prêteur de fonds. • Doit être conclu par acte authentique ou sous signature privée enregistré.
Publicité	• Doit être inscrit sur un registre spécial tenu au greffe du tribunal de commerce, pour son opposabilité.
Gage	
Contrat	• Un débiteur (ou un tiers) accorde à un créancier le droit de se faire payer par préférence à ses autres créanciers sur un **bien mobilier** ou un ensemble de biens mobiliers corporels, présents ou futurs.
Avec ou sans dépossession	• S'il y a **dépossession** : - le créancier doit conserver et entretenir le bien en bon père de famille et a un droit de rétention (qu'il peut exercer tant qu'il n'est pas payé) ; - l'opposabilité du gage résulte de la dépossession. • S'il n'y a **pas dépossession** : - le débiteur doit veiller à la conservation du bien ; - une publicité du gage est faite sur un registre spécial tenu au greffe du tribunal de commerce, pour son opposabilité.

Sûretés réelles	
Exécution	• À défaut de règlement de la dette à l'échéance, le créancier : - poursuit la **vente forcée** du bien ; - ou demande son **attribution**.
Privilèges	
Source	• La loi ; un privilège est une **sûreté légale**.
Définition du privilège	• Droit que la qualité de la créance donne à un créancier d'être préféré aux autres créanciers, même hypothécaires.
Classification en fonction de l'assiette	• **Privilèges généraux** : - sur meubles et immeubles, *ex.* : privilège des salaires, privilège de la conciliation ; - sur les meubles ; privilège du trésor, privilège des caisses de sécurité sociale. • **Privilèges spéciaux** : - mobiliers, *ex.* : privilège du bailleur d'immeuble, privilège du vendeur de fonds de commerce ; - immobiliers, *ex.* : privilège du vendeur d'immeuble, privilège du prêteur de deniers.

B. Autres garanties

- **Droit de rétention** : droit pour un créancier de refuser la délivrance ou la restitution d'une chose (meuble ou immeuble) tant qu'il n'a pas obtenu le paiement de sa créance. Ce n'est pas une sûreté réelle.
- **Réserve de propriété** : clause par laquelle le vendeur conserve la propriété de la chose vendue jusqu'à complet paiement du prix. Le vendeur a un **droit de revendication** sur la chose.

C. Quelles sont les limites du recours à une garantie du crédit ?

Notamment :
- la dépendance accrue du débiteur par rapport au créancier... et le cas échéant au tiers qui fournit la garantie ;
- la réduction du crédit par rapport à d'autres créanciers, dans la mesure où une partie plus ou moins importante du patrimoine est déjà constituée en garantie ;
- le coût financier de la garantie.

MÉMO 19 Financement par endettement pour les sociétés cotées

Lorsqu'une entreprise fait appel à un financement externe, elle peut soit s'endetter auprès d'une banque, soit se financer sur le marché des obligations (l'entreprise devient alors plus indépendante à l'égard des banques).
Le financement par emprunt et les obligations classiques ont été traités dans la fiche précédente. Nous trouverons dans cette partie des emprunts obligataires convertibles en action, qui concernent les sociétés côtées.
Le marché obligataire est un moyen de financement utilisé par les entreprises, l'État, les collectivités locales et certains organismes tels que la CADES (Caisse d'amortissement de la dette sociale).

1 Stratégie financière

Définition	*Cf. supra* mémo 19 § III
Stratégie financière	Augmentation de capital différé. Si le cours actuel de l'action est sous-évalué, la société cotée peut émettre des **obligations convertibles**. Quand le cours des actions sera au niveau souhaité, la société peut forcer la conversion des actions.

2 Typologie des titres hybrides en fonction de leur caractéristique

Outre les titres décrits en mémo 17 (*cf. supra* mémo 19 § III), les sociétés cotées peuvent émettre d'autres types de **valeurs mobilières donnant accès au capital**.

<table>
<tr><td>Obligations à bons de souscription d'actions (OBSA)</td><td colspan="3">Le souscripteur achète 2 produits : une obligation et un ou plusieurs bons.
L'obligation et le bon de souscription sont cotés séparément.
Le bon de souscription permet de souscrire à une future augmentation de capital à un prix d'exercice fixé.
L'obligataire devient actionnaire s'il exerce ce bon.</td></tr>
<tr><td>Stratégie financière</td><td colspan="3">Lors des opérations à effet de levier, comme les LBO (rachat des actions d'une entreprise financée par endettement), les obligations ont alors le caractère de dette subordonnée, remboursable à l'investisseur après que les autres créanciers aient été désintéressés.
L'option de souscription d'action représentée par le bon de souscription, rémunère alors le risque supplémentaire encouru par l'investisseur.</td></tr>
<tr><td rowspan="2">Choix pour l'investisseur</td><td>Il anticipe la baisse des taux d'intérêt.</td><td>Pour profiter d'une hausse des cours de l'action.</td><td>Pour mieux répartir les risques.</td></tr>
<tr><td>Il vend les BS et conserve les obligations.</td><td>Il vend les obligations et conserve les BS.</td><td>Il conserve les obligations et les BS.</td></tr>
</table>

3 Émission des obligations

AGE Autorisation de l'émission d'obligations	Sur le rapport du conseil d'administration ou du directoire, et sur le rapport spécial des commissaires aux comptes. L'AGE se prononce sur les modalités de calcul du ou des prix d'exercice du droit de souscription et le montant maximum des actions qui peut être souscrit par les titulaires de bons. Le montant du ou des prix d'exercice du **droit de souscription** ne peut être inférieur à la valeur nominale des actions souscrites sur présentation des bons. Sauf stipulation contraire du contrat d'émission, les bons de souscription peuvent être **cédés ou négociés indépendamment des obligations**.
Délai d'émission	5 ans maximum à compter de l'AGE. 2 ans maximum en cas de renonciation des actionnaires à leur DPS.
Actes interdits	À dater du vote de l'AGE et tant qu'il existe des bons de souscription en cours de validité, il est interdit à la société d'amortir son capital et de modifier la répartition des bénéfices.
Dispositif anti-dilution	À dater du vote de l'AGE et tant qu'il existe des bons de souscription en cours de validité. • L'émission d'actions à souscrire contre numéraire est réservée aux actionnaires. • L'incorporation au capital de réserves, bénéfices ou primes d'émission, ne sont autorisées qu'à la condition de réserver les droits des titulaires de bons de souscription qui exerceraient leur droit de souscription. La société qui procède à une opération comportant un droit préférentiel de souscription doit, si elle fait publiquement appel à l'épargne, en informer les obligataires ou les porteurs de bons par un avis publié au bulletin des annonces légales obligatoires avant le début de l'opération.
Publicité de l'émission	Si l'offre est publique, les conditions d'émission sont publiées, après être revêtues du visa de l'AMF.
	Sanction en cas d'absence de publicité : nullité de l'émission.

MÉMO 20 Fusions et scissions : aspects juridiques

La réglementation applicable est inscrite dans le Code de commerce et dans le droit fiscal.

1 Règles générales concernant les fusions, les scissions et les apports partiels d'actifs

A. Définitions

Fusion	Deux sociétés se réunissent pour en former une seule. Les patrimoines des sociétés sont réunis ; ⟹ il y a **absorption** ou **création d'une société nouvelle**.
Scission	Une société scinde son patrimoine ⟹ ce dernier va à une société existante ou à une société nouvelle.
Apport partiel d'actif	Une société apporte une partie de son actif (*ex.* : une branche d'activité) à une société existante ou en train de se créer.

B. Caractéristiques des fusions et des scissions

Transmission universelle du patrimoine (TUP) de plein droit	• Sont transmis : actif + passif.
	NB : Le cas échéant : respect de la clause d'agrément, de la clause de préemption.
	• Les sociétés bénéficiaires de l'opération : - prennent en charge **les dettes** ; - devront recouvrer **les créances** ; - pourront **ester en justice en lieu et place de la société absorbée ou scindée.**
Dissolution sans liquidation de la société absorbée ou scindée	• **A lieu de plein droit (la personne morale disparaît) ⟹ la société est radiée du RCS.**
Échange de droits sociaux	• Principe : **fusion, scission ⟹ remise de droits sociaux aux associés des sociétés absorbées ou scindées.** • Le cas échéant : **soulte en espèces (qui ne doit pas être > à 10 % de la valeur nominale des parts ou actions attribuées).**

C. Conditions générales de validité des fusions et scissions

Structures juridiques concernées	• **Sociétés (mêmes : EURL, SASU)**
Limitations juridiques	• Pas d'opérations pour **frauder les droits des créanciers** (ils peuvent exercer l'action paulienne pour demander que l'opération leur soit opposable). • Contrôle des **concentrations** prévu par la loi.

D. Déroulement des fusions ou des scissions

Étape 1 : préparation	**Conditions financières**	• Évaluation des sociétés concernées, avec plusieurs critères d'évaluation. • Fixation de la parité d'échange, le cas échéant avec une **prime de fusion**.
	Rapport sur l'opération de fusion	• Doit être rédigé par chaque société, sauf si les actionnaires de chaque société en décident autrement à l'unanimité.
	Projet de fusion ou scission	• Peut être précédé d'un protocole. • Est arrêté par le conseil d'administration (CA) ou directoire, le ou les gérants de chaque société participant à l'opération. • Contenu : notamment informations sur la société, évaluation actif / passif, rapport d'échange + modalités de remise des parts sociales ou actions. • Dépôt au greffe du tribunal de commerce et parution d'un avis au JAL un mois avant la date de la 1re AGE appelée à statuer sur l'opération.
Étape 2 : réalisation	**Contrat de fusion ou contrat de scission** après approbation du projet de fusion ou de scission par chaque AGE.	

2 Règles spécifiques relatives aux fusions

A. Définitions

- **Fusion-renonciation** : la société absorbante qui détient déjà des titres de la société absorbée ne peut s'attribuer des parts ou actions en échange de la participation qu'elle détient déjà.
- **Fusion-allotissement** : si la société absorbante détient une participation dans la société absorbée, les deux parties peuvent convenir l'attribution en partage à la société absorbante de la fraction du patrimoine de l'absorbée qui correspond aux droits de l'absorbante, le surplus faisant l'objet d'un véritable apport-fusion.

B. Déroulement

Caractéristiques	Société ABSORBÉE	Société ABSORBANTE
Commissaire à la fusion (CAF)	**Si est une société par actions ou une SARL**	**Si la société absorbante est une société par actions ou une SARL**

Caractéristiques	Société ABSORBÉE	Société ABSORBANTE
Commissaire à la fusion (CAF) *(suite)*	• Un ou plusieurs CAF sont désignés par le président du tribunal de commerce dans chaque société. • 2 **rapports** (pour chaque société) : 1 sur les modalités de la fusion + 1 sur la valeur des apports en nature. Pour la société absorbante : on vérifie que l'actif net apporté par sociétés(s) absorbée(s) est au moins égal au montant de l'augmentation de capital de la société absorbante.	
	Attention : Les sociétés participant à la fusion peuvent décider de ne pas faire désigner un commissaire à la fusion. Cette décision est prise à l'unanimité par les actionnaires de toutes les sociétés participant à l'opération.	
Assemblée générale extraordinaire	• Dans chaque société concernée : décision prise dans les conditions pour modifier les statuts.	
Assemblée des obligataires	• Est consultée.	

Cas du régime simplifié de fusion

Deux situations :

- **absorption** par une société par actions d'une autre société par actions **filiale à 90 % : pas d'AGE de la société absorbante (sauf à la demande d'actionnaires réunissant 5 % du capital social), pas de CAF, pas de CAA, pas de rapport des dirigeants présenté aux actionnaires** ;
- **absorption** par une société par actions ou une SARL d'une autre société **filiale à 100 % : en plus (par rapport à la situation précédente) : pas d'AGE de la société absorbée**.

C. Finalisation de la fusion

Situations	Règles applicables
La société nouvelle est une SARL	• La constitution résulte d'un acte signé par les représentants légaux des sociétés concernées. • Les statuts sont signés par tous les associés.
La société nouvelle et les sociétés fusionnées sont des sociétés par actions	• Apports : le cas échéant, seulement ceux des sociétés procédant à la fusion. • Projet de statuts de la société nouvelle : est approuvé par l'AGE des sociétés qui vont disparaître, de chaque société qui va être dissoute. • Pas d'AG dans la société nouvelle pour approuver l'opération.

D. Publicité de la fusion

- Pour la société absorbée : *cf.* dissolution de société.
- Pour la société absorbante : *cf.* augmentation de capital.
- Pour la société nouvelle : *cf.* constitution de société.

3 Règles spécifiques relatives aux scissions et aux apports partiels d'actif

A. Scissions

Société SCINDÉE	Sociétés BÉNÉFICIAIRES DES APPORTS
• **Intervention d'un commissaire à la scission** (CAS) : il vérifie la pertinence des valeurs attribuée aux actions et établit un rapport sur les modalités de l'opération. • **Exception** : pas de CAS si la scission entraîne la création de sociétés nouvelles sans autres apports que ceux de la société scindée et si les titres sont attribués proportionnellement aux droits qui étaient détenus dans la société scindée. • **AGE** : *cf.* les conditions de modification des **statuts**. • Consultation des **obligataires**, le cas échéant. • **Publicité**, notamment : dissolution de la société scindée + constitution des sociétés issues de la scission.	• Si ce sont des **sociétés EXISTANTES** : il y a augmentation de capital par **apports en nature**. • Si ce sont des **sociétés NOUVELLES** : il y a création de **deux structures juridiques nouvelles**. • **Publicité**, notamment : augmentation de capital (pour sociétés existantes) ou constitution de société (pour sociétés nouvelles).

B. Apports partiels d'actif

- **Nature des apports** : un ou plusieurs éléments isolés ou un ensemble de biens.
- Signature d'un **traité d'apport**.
- **Option pour le régime des scissions** :

Cas où l'option est possible	• Quand il y a transmission d'une branche complète d'activité susceptible de faire l'objet d'une exploitation autonome. • Il s'agit d'un apport entre sociétés quelle que soit leur forme juridique respective. • Effet : il y a une TUP.
Cas du défaut d'option	• L'apport est ordinaire ; il n'y a pas alors de transmission universelle de patrimoine. • Effet : augmentation de capital de la société bénéficiaire par apport en nature.

4 Effets des fusions ou des scissions

<table>
<tr><td rowspan="2">Date d'effet de l'opération</td><td>Pour des sociétés nouvelles</td><td>• Date d'immatriculation au RCS.</td></tr>
<tr><td>Pour des sociétés existantes</td><td>• Date de la dernière AGE ayant approuvé l'opération en principe.</td></tr>
<tr><td rowspan="2">Droit des créanciers</td><td>Non obligataires</td><td>• En cas de fusion : la société absorbante ou nouvelle devient débitrice.
• En cas de scission ou d'apport partiel d'actif : les sociétés bénéficiaires deviennent débitrices solidaires.
• Dans tous les cas : les créanciers non obligataires ont un droit d'opposition devant le tribunal de commerce.</td></tr>
<tr><td>Obligataires (dans les sociétés absorbées ou scindées)</td><td>• Soit l'AG est consultée.
• Soit la société offre le remboursement des titres (obligations) sur simple demande de leur part.</td></tr>
<tr><td>Droit des salariés</td><td colspan="2">• Les comités sociaux et économiques des sociétés concernées doivent être préalablement consultés à peine de nullité de l'opération.
• Les contrats de travail sont transmis à la société absorbante ou nouvelle.</td></tr>
<tr><td>Baux en cours</td><td colspan="2">La société absorbante ou nouvelle est substituée à celle qui bénéficiait du bail.</td></tr>
<tr><td>Actions d'apport émises</td><td colspan="2">Elles sont immédiatement négociables.</td></tr>
</table>

5 Effets des irrégularités des opérations de fusions et scissions

- **Nullité** de l'opération : s'il y a nullité de la délibération de l'une des **AGE**.
- **Exercice de l'action en nullité** : dans le délai de **6 mois** à compter de la dernière inscription au RCS rendue nécessaire pour l'opération.
- **Effet de la nullité** : toutes les sociétés participant à l'opération sont **solidairement** responsables de l'exécution des obligations de la société absorbante ou nouvelle.

Fusions et scissions : aspects fiscaux

Aspect fiscaux de la fusion

Il existe deux approches fiscales du régime des fusions et opérations assimilées : le régime de **droit commun**, qui s'applique de plein droit, et le **régime spécial**, qui lui est optionnel.

- Mais à défaut d'option de la société absorbante pour le régime de faveur, c'est le **régime dit de droit commun** qui a vocation à s'appliquer. Nous étudierons successivement les conséquences fiscales de ces deux régimes, à la fois pour la société absorbée et pour la société absorbante.
- Afin de faciliter les opérations de fusion, le législateur a instauré un **régime fiscal de faveur** tant pour les sociétés participant à la fusion que pour les associés de celles-ci lorsqu'intervient un échange de titres.

1 Le régime de droit commun

Placée sous le régime de droit commun, la fusion est assimilée à une **cession-cessation d'entreprise** avec toutes les conséquences fiscales liées à cet événement. La fusion entraîne toutes les conséquences d'une dissolution de société (articles 221-2 et 201-1 et 3 du CGI)

A. Conséquences fiscales du régime de droit commun chez l'absorbée

Principes	Applications
Imposition du résultat courant	• Retenu pour la période écoulée entre l'ouverture du dernier exercice de la société absorbée et le jour où la fusion est définitivement réalisée. • L'opération peut être réalisée avec **effet rétroactif** : le résultat intercalaire sera pris en compte chez l'absorbante
Imposition des résultats dont l'imposition a été étalée ou différée	• Imposition des provisions à caractère fiscal, subvention d'équipement étalées, plus-values sur indemnité d'assurances ou d'expropriation étalées, plus-values en report ou étalées sur précédente restructuration...).
Reprise des provisions	• Provisions pour dépréciations ou provisions pour charges ; • Provisions réglementées ; • Provisions pour congés payés.
Imposition du résultat de cession des immobilisations	• Imposition de la société apporteuse sur ses **plus-values d'apport** tout comme si elle cédait les biens apportés à l'absorbante. • **ATTENTION** : Le résultat fiscal de cession doit être déterminé par rapport aux valeurs réelles des biens apportés, quand bien ceux-ci auraient été apportés à la valeur nette comptable. – Nécessite un **retraitement fiscal** sur le tableau n°2058A, et cette situation complexe nécessitera un suivi particulier chez l'absorbante.

Principes	Applications
	• La plus-value à court terme est comprise dans le résultat courant, elle peut servir à compenser des déficits fiscaux reportables ; • La moins-value à court terme diminue le résultat courant ; • La plus-value à long terme sur cession de titres de participation relève du taux de 0 % moyennant l'imposition d'une quote-part de frais et charges de 12 % de son montant. • La moins-value à long terme sur cession de ces mêmes titres n'est pas déductible du résultat (taux 0 %). • Les titres détenus dans des sociétés à prépondérance immobilière (SPI) relèvent du régime des plus-values à court terme (taux à 26,5 % ou 27,5 % en 2021 selon les cas et taux à 25 % en 2022).
Perte des reports déficitaires	• Les déficits fiscaux reportables lors de la cessation de la société dissoute sont **définitivement perdus**. • Pas de report en arrière de ses déficits au titre de l'exercice de la fusion. • Mais le transfert de la créance née du report en arrière des déficits est autorisé.

B. Conséquences fiscales du régime de droit commun chez l'absorbante

Principes	Applications
La société absorbante récupère des apports totalement libérés d'impôt sur les sociétés	• Pas d'obligation particulière pour l'absorbante.
La reprise des actifs apportés chez l'absorbante	• Reprise effectuée à partir d'une valeur d'apport déterminée d'après la réglementation comptable (valeur réelle ou valeur nette comptable). • Calcul des résultats comptables ultérieurs, et en particulier les amortissements et les éventuels résultats de cession, d'après cette valeur. • Fiscalement, il faut tenir compte du fait que lors de l'apport, celui-ci a été déterminé par rapport à une valeur réelle. • Problème de **déconnexion** entre ces deux valeurs et gestion de l'incidence fiscale via des retraitements extra-comptables.
Amortissements	• Amortissements calculés sur la valeur d'apport, mais les biens apportés ne peuvent bénéficier du régime du dégressif car les biens sont considérés comme biens d'occasion.
Résultat de cession des actifs apportés	• Le résultat de cession sera déterminé par rapport aux valeurs d'apport et la durée de détention sera déterminée par rapport à la date de la fusion.

Principes	Applications
Titres de l'absorbée détenus par l'absorbante	• La dissolution de la société absorbée entraîne **l'annulation des titres** détenus par l'absorbante dans l'absorbée. • Cette annulation est assimilée à une cession et de ce fait la fiscalité propre aux titres de participation est applicable : • **La plus-value (boni)** sera taxable à l'IS courant (26,5 % ou 27,5 % en 2021, 25 % en 2022 ou 15 % si IS réduit PME) **OU** (taux de 0 %), en fonction de la durée de détention et / ou de la nature des titres détenus (société à prépondérance immobilière SPI). • **La moins-value (vrai mali)** est déductible du résultat de droit commun si les titres sont détenus depuis moins de 2 ans (MVCT ou titres de SPI). Sinon, elle relèvera du régime des MVLT à taux 0 %). • S'agissant du « **faux mali** », la société absorbante est désormais autorisée à déduire de son résultat fiscal les dotations aux amortissements du mali technique affecté aux actifs amortissables.

2 Le régime de faveur

La fusion, ou la scission n'est plus analysée comme une cession-cessation d'entreprise, mais comme une simple opération intercalaire sans conséquence fiscale particulière. La société absorbée poursuit son activité au sein de la société absorbante qui devra remplir certaines obligations fiscales.

A. Les opérations éligibles au régime de faveur

Principes	Applications
1. Opérations éligibles au régime de faveur	• Opérations qui répondent à la **définition juridique de la fusion** : « *Une ou plusieurs sociétés absorbées transmettent, par suite et au moment de leur dissolution sans liquidation, l'ensemble de leur patrimoine à une autre société préexistante absorbante, moyennant l'attribution à leurs associés de titres de la société absorbante et, éventuellement, d'une soulte ne dépassant pas 10 % de la valeur nominale de ces titres* » (Article 210-0A du CGI)
2. Régime fiscal des sociétés fusionnantes	• Le régime de faveur est réservé aux opérations auxquelles participent exclusivement des **personnes morales passibles de l'IS** (Article 210 C1 du CGI). Une SCI peut opter à l'IS et bénéficier du régime de faveur (rescrit)
3. Rémunération des apports	• Apports rémunérés par la remise aux actionnaires ou associés de la société absorbée d'actions ou de parts sociales de la société absorbante. • Possibilité pour les associés de percevoir une soulte en espèces dans la limite de 10 % de la valeur nominale des titres attribués : condition non requise pour une TUP ou pour une fusion simplifiée où ce problème ne se pose pas.

Principes	Applications
4. Restrictions géographiques	• Sociétés situées en France, dans l'Union ou au moins dans un pays ayant signé avec la France une convention pour lutter contre la fraude et l'évasion fiscale.
5. Formalisme	• S'agissant d'un régime optionnel, mention de l'option dans le projet de fusion.
6. Clause anti-abus	• Pour bénéficier du régime de faveur, les opérations de fusion scission ou d'apport partiel d'actif ne devront pas avoir comme objectif principal ou comme un de leurs objectifs principaux la fraude ou l'évasion fiscale. Sera constitutive d'une telle opération celle qui ne sera pas effectuée pour des motifs économiques valables.
7. Rescrit restructuration	• L'administration ne pourrait pas remettre en cause le régime fiscal appliqué à une opération lorsqu'elle : – n'a pas répondu dans un délai de six mois à un contribuable de bonne foi qui a demandé, préalablement à la réalisation d'une opération de fusion, de scission ou d'apport partiel d'actif, – à partir d'une présentation écrite, précise et complète de cette opération, la confirmation que les régimes dont il entend bénéficier ne lui étaient pas applicables.

B. Caractéristiques du régime de faveur pour la société absorbée

Principes	Applications
Imposition du résultat courant de l'exercice	• Imposition du résultat courant de l'absorbée pour la période comprise entre l'ouverture du dernier exercice de la société absorbée et le jour où la fusion est définitivement réalisée. Toutefois, l'opération peut être réalisée avec effet rétroactif. • À défaut d'effet rétroactif, et en cas de déficit, la société absorbée ne peut procéder à un report en arrière de son déficit fiscal.
Exonération des plus-values de fusion sur apports d'éléments d'actif immobilisé	• **Situation de PV ou MV lorsque l'apport a été réalisé à la valeur réelle :** • **Si apport en valeur comptable,** pas de plus ou moins-value. – Les plus-values et les profits dégagés sur l'ensemble des éléments d'actif apportés du fait de la fusion ne sont pas soumis à l'IS chez l'absorbée. – Sont assimilés à des éléments de l'actif immobilisé les droits afférents à un contrat de crédit-bail, les titres du portefeuille (dont titres de placement). • **Si apport en valeur réelle**, exonération des plus-values de fusion sur éléments d'actif immobilisé. – Les plus-values et les profits dégagés sur l'ensemble des éléments d'actif apportés du fait de la fusion ne sont pas soumis à l'impôt sur les sociétés.

Principes	Applications
	– Les droits afférents à un contrat de crédit-bail, et les titres du portefeuille, y compris ceux exclus du régime des plus-values ou moins-values à long terme, sont assimilés à des éléments de l'actif immobilisé. • **Pour la moins-value nette :** – sur élément non amortissable : elle n'est pas déductible chez l'absorbée, – sur élément amortissable : elle peut être déduite chez l'absorbée sur son résultat propre, ou s'imputer chez l'absorbante selon les modalités propres au résultat déficitaire.
Résultats sur éléments d'actif circulant	• En régime de faveur, les profits sur stocks, titres de créances négociables et autres éléments de l'actif circulant qui ne relèvent pas du régime des plus-values sont neutralisés : l'option concerne **tous** les éléments d'actif. • En contrepartie, la société absorbante fera figurer à son actif ces différents biens pour la valeur qu'ils avaient du point de vue fiscal dans les écritures de la société absorbée.
Traitement des provisions	• La société absorbée n'a pas à réintégrer toutes les provisions qui, à la date d'effet de la fusion, ont conservé leur objet : – provisions pour risques et charges ; – provisions pour dépréciation. – provisions réglementées. • Mais la société absorbante devra reprendre à son bilan les provisions en question.

C. Caractéristiques du régime de faveur pour la société absorbante

Principes	Applications
Reprise des immobilisations	• Immobilisations inscrites à l'actif de l'absorbante pour leur valeur d'apport (valeur réelle ou valeur nette comptable). • Si apport à la valeur nette comptable (VNC), la société absorbante doit reprendre à son bilan les écritures comptables de la société apporteuse (valeur d'origine, amortissements, provisions) et poursuivre les dotations aux amortissements à partir de la valeur d'origine des biens chez l'absorbée.
Reprise des éléments de l'actif circulant	• La société absorbante reprend les éléments de l'actif circulant à la valeur fiscale qu'ils avaient chez l'absorbée : profit ou perte réalisé au fur et à mesure des cessions. • À défaut, elle doit prendre en compte de manière immédiate le profit en inscrivant les biens pour leur valeur réelle. • L'option retenue est globale pour l'ensemble des éléments apportés.

Principes	Applications
Amortissements de biens reçus dans l'apport	• Sur la durée d'utilisation probable. • **Amortissement dégressif possible**.
Inscription comptable des provisions transmises par l'absorbée	• La reprise éventuelle de ces provisions sera taxable, d'où la nécessité d'un suivi permettant de vérifier quel traitement fiscal avait été pratiqué chez l'absorbée.
Réintégration des plus-values sur éléments amortissables	• Société absorbée exonérée d'impôt sur ses plus-values d'apport, c'est la société absorbante qui est fiscalisée. • Réintégration opérée, de manière extracomptable, sur le tableau n° 2058 A : – **Sur 5 ans pour les biens meubles**. – **Sur 15 ans pour les biens immeubles**. – Sur une **durée moyenne pondérée** lorsque la plus-value sur constructions excède 90 % de la plus-value nette globale sur éléments amortissables. • La réintégration est effectuée chaque année par parts égales, avec une possibilité de réintégration anticipée par l'absorbante. • La réintégration sera également effectuée en cas de vente du bien, et la partie de la plus-value non encore réintégrée est immédiatement imposée.
Détermination du résultat de cession sur éléments non amortissables	• À l'occasion de la fusion, la plus-value nette dégagée a été exonérée, et la moins-value nette n'a pas été déduite. • **La société absorbante déterminera le résultat de cession par rapport à la valeur fiscale que le bien avait chez la société absorbée.** • Les **cessions de titres de participation** peuvent relever du régime des PVLT ou MVLT : la durée de détention est appréciée au regard de la **date d'acquisition des titres chez l'absorbée**. • **Documents de suivi** : tableau spécial de suivi (CGI art. 54 septies I) et registre spécial de suivi (CGI, art. 54 septies II) ; à défaut, application d'une amende de 5 % (art. 1763 du CGI). • Pour les états de suivi, l'amende de 5 % n'est pas applicable si l'entreprise régularise spontanément et avant toute demande de l'Administration.
Sort fiscal du boni de fusion	• Consécutif à **l'annulation des titres** détenus par l'absorbante dans la société absorbée, il est **exonéré** dans le cadre du régime de faveur.

Principes	Applications
Sort fiscal du mali de fusion	• **Mali technique** non déductible fiscalement puisque les plus-values latentes existant chez la société absorbée auxquelles ce mali se rapporte ne sont pas imposées lors de la fusion. • Depuis le 1er janvier 2016, le mali technique est affecté, opération par opération, aux actifs sous-jacents sur lesquels existent les plus-values latentes, selon les informations disponibles à la date d'ouverture de l'exercice. • À la date de l'opération, l'entité absorbante comptabilise le mali technique dans un compte spécifique par catégorie d'actif concerné, après son affectation (comptes prévus : 2081, 2187, 278, 478) ; • Le mali technique est amorti ou rapporté au résultat selon les mêmes règles et dans les mêmes conditions que les actifs sous-jacents auquel il est affecté. Chaque quote-part du mali affecté à un actif sous-jacent subit une dépréciation lorsque la valeur actuelle de l'actif sous-jacent devient inférieure à sa valeur nette comptable, majorée de la quote-part de mali affectée ; • La dépréciation est imputée en priorité sur la quote-part du mali technique ; • Le mali technique résiduel affecté au fonds commercial suit les règles de dépréciation applicables aux fonds commerciaux ; • Aucune reprise de dépréciation n'est autorisée • **Vrai mali :** Il s'agit d'une véritable perte fiscale déductible du résultat selon le régime propre aux titres de participation - MVCT (- 2 ans ou titres de SPI), sauf mesure anti-abus ; - MVLT (taux 0 % non déductible et non reportable).

3 La rétroactivité fiscale de la fusion

Date d'effet de la fusion (3 possibilités).
Soit :

- La date de la décision de la fusion, dite date d'effet juridique (date de l'assemblée) ;
- La date d'effet comptable ;
- La date d'effet fiscal, qui est en principe identique à la date d'effet comptable (sauf cas particulier des transmissions universelles du patrimoine (TUP) ou la date d'effet fiscal peut différer de la date d'effet comptable)

Principes	Applications
Rétroactivité	• La rétroactivité produit ses effets que l'opération soit placée sous le régime de faveur ou sous le régime de droit commun et tout se passe comme si la société absorbée n'existait plus, d'un point de vue fiscal, à compter de la date d'effet prévue par le traité de fusion. • Toutes les opérations réalisées par la société absorbée pendant la période intercalaire sont prises en compte par l'absorbante (rétroactivité forte). • La rétroactivité fiscale ne s'applique qu'en matière **d'impôt sur les sociétés** ; pas d'effet sur la TVA, les taxes sur les salaires, la CVAE et la CFE, ni sur les droits d'enregistrements. **Remarque :** L'option pour la rétroactivité est une décision de gestion à mentionner dans l'acte de fusion.
Les opérations réciproques	• Les opérations réciproques réalisées entre la société absorbée et la société absorbante sont éliminées comptablement et fiscalement : - Les créances et dettes réciproques ainsi que les produits et charges réciproques sont éliminés totalement (les conséquences fiscales des opérations réciproques continuent cependant à être comptabilisées (TVA) ; - Les profits et les pertes ainsi que les plus-values et moins-values réciproques sont éliminés totalement, de même que les abandons de créance et les distributions de dividendes au profit de l'absorbante. Les cessions d'immobilisations sont réputées ne pas avoir existé.
Intérêt de la rétroactivité fiscale :	• Faire coïncider la date d'effet de la fusion avec la date d'ouverture d'un exercice de l'absorbante. • Permet d'agréger fiscalement les résultats des deux entités parties à l'opération en permettant de faire remonter un déficit de l'absorbée sur le résultat de l'absorbante, ou l'imputation d'un déficit de l'absorbante sur le résultat bénéficiaire de l'absorbée. • **ATTENTION** : dans le cadre d'une opération de dissolution-confusion (TUP) pas de rétroactivité comptable, mais rétroactivité fiscale possible (par voie extra-comptable, sur 2058-A).
Les butoirs fiscaux à la rétroactivité :	• Celle-ci : - ne peut être antérieure à la date d'ouverture de la société absorbante, alors que comptablement, la rétroactivité ne peut être antérieure à la date d'ouverture de l'absorbée - ne peut avoir pour conséquence de modifier des résultats déjà déclarés, • ne peut être antérieure à la création de la société absorbée.

▸ Synthèse

LA RETROACTIVITE FISCALE

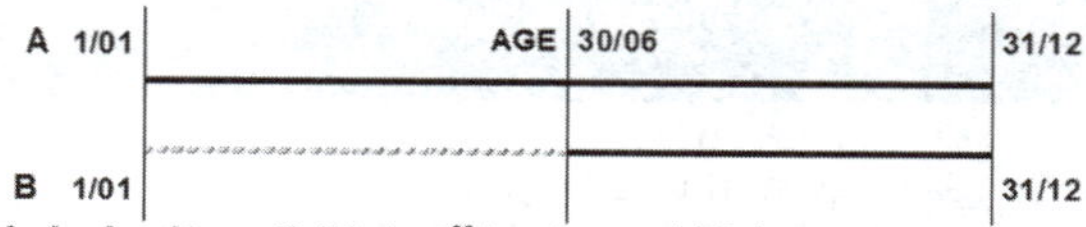

Période de rétroactivité du 1er janvier au 30 juin

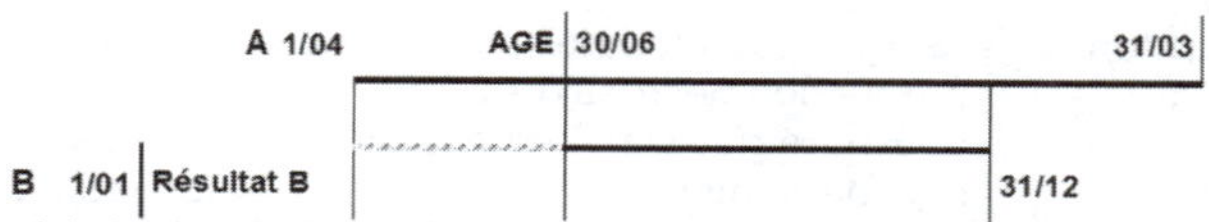

La période de rétroactivité ne peut rétroagir antérieurement à la date d'ouverture de A

La rétroactivité ne peut avoir pour conséquence de modifier les résultats de B déclarés au 31 mars.

4 Le sort des déficits fiscaux antérieurs à la fusion

La gestion fiscale des déficits fiscaux dans les opérations de restructuration est délicate. Les pièges sont nombreux, et le risque fiscal majeur est la perte des déficits fiscaux antérieurs, qui peuvent représenter de substantielles et potentielles économies d'IS. Les modalités de leur imputation vont différer en régime de droit commun ou en régime de faveur, en cas d'apport à la valeur comptable ou à la valeur réelle, en fonction de l'importance respective des déficits chez les sociétés, de la possibilité d'agir ou non sur la date d'effet fiscal de la fusion, etc.

A. Le changement d'activité

Changement d'activité de l'absorbante = perte des déficits antérieurs (art. 221-5 du CGI)

1. **Cas de changement d'activité entraînant cessation d'activité au plan fiscal applicable aux exercices clos à compter du 4 juillet 2012 :**

Situations diverses	Modalités pratiques	Exception à la perte des déficits
• **Changement d'objet social**	• Modification de l'objet social dans les statuts, s'accompagnant nécessairement d'un changement effectif d'activité	• Aucune
• **Interruption d'activité**	• **SOIT** disparition des moyens de production nécessaires à la poursuite de l'activité pendant plus de 12 mois. • **SOIT** disparition des moyens de production nécessaires à la poursuite de l'activité suivie de la cession de la majorité des droits sociaux.	• Force majeure ou **agrément** lorsque l'interruption et la reprise sont justifiées par des motivations principales autres que fiscales. • Aucune exception possible dans le second cas.
• **Changement d'activité réelle** • **Adjonction d'activité** • **Abandon ou transfert d'activité**	• Changement d'activité entraînant, au cours de l'exercice de sa survenance ou de l'exercice suivant (par comparaison à l'exercice précédant celui du changement) : • **Augmentation** de plus de 50 % : - **SOIT** du chiffre d'affaires ; - **SOIT** de l'effectif moyen du personnel **ET** du montant brut des éléments de l'actif immobilisé (critère le plus important en cas de fusion). • Ou **diminution** de plus de 50 % : - Soit du chiffre d'affaires ; - Soit de l'effectif moyen du personnel **ET** du montant brut des éléments de l'actif immobilisé.	• Sur **agrément** lorsque l'adjonction, l'abandon ou le transfert d'activité est indispensable à la poursuite de l'activité à l'origine des déficits et à la pérennité des emplois (CGI, art. 221-5 c).
Remarque : La mise en location gérance ne constitue pas un changement d'activité. La cession massive de titres de participation par une société holding ne constitue pas systématiquement un changement d'activité.		

B. Le transfert des déficits de l'absorbée à l'absorbante sur agrément

Conditions de délivrance de l'agrément pour les exercices clos à compter du 4 juillet 2012 :

Agrément de droit pour le transfert à la société absorbante du droit au report des déficits en instance de report chez l'absorbée à la date de fusion (art. 209, II du CGI).

Depuis le 1er janvier 2020, l'absorbée n'est plus tenue d'obtenir un agrément pour transférer à l'absorbante ses déficits antérieurs, ses charges financières nettes non déduites et sa capacité de déduction inemployée[1] si 3 conditions cumulatives sont réunies :

- le montant cumulé des déficits antérieurs, des charges financières nettes non déduites et de la capacité de déduction inemployée transférés est inférieur à 200 000 € ;
- les déficits et intérêts susceptibles d'être transférés ne proviennent ni de la gestion d'un patrimoine mobilier par des sociétés dont l'actif est principalement composé de participations financières ni de la gestion d'un patrimoine immobilier ;
- durant la période au cours de laquelle ces déficits, ces charges financières et cette capacité de déduction inemployée ont été constatés, la société absorbée n'a pas cédé ou cessé l'exploitation d'un fonds de commerce ou d'un établissement.

2. Cette dispense d'agrément ne s'applique pas aux opérations de scission ou d'apport partiel d'actif d'une ou plusieurs branches complètes d'activité.

Conditions favorables au transfert	Exclusions du transfert
Absence de changement significatif de l'activité à l'origine des déficits à la fois pendant la période de constatation des déficits et pendant les 3 ans de poursuite de l'activité, en termes : - de clientèle ; - d'emploi ; - de moyens d'exploitation effectivement mis en œuvre ; - de la nature et du volume d'activité.	• Déficits nés d'une activité de gestion : - d'un patrimoine mobilier par une société dont l'actif est principalement composé de participations financières dans d'autres (sociétés à prépondérance financière) ; - d'un patrimoine immobilier (sociétés à prépondérance immobilière).

Remarque. Pour contourner l'interdiction de transfert des déficits à l'absorbante : faire absorber la société déficitaire par la société bénéficiaire.
Attention toutefois au risque d'abus de droit.

1 Montant du plafond de déduction qui n'a pas été utilisé au titre d'un exercice (de moins de 5 ans) pour déduire les charges financières nettes de cet exercice.

5 Autres impôts

Impôts	Règles applicables
Droits d'enregistrement	• Projet de fusion soumis au droit fixe des actes innommés de 125 €. • Le droit d'enregistrement n'est plus applicable depuis le 1er janvier 2019 (Loi de finances pour 2019). • Néanmoins, s'agissant des TUP, dans l'hypothèse où l'actif social est composé en tout ou partie d'immeubles, leur transmission à la société confondante entraîne le paiement de la taxe de publicité foncière (TPF), au taux de 0,70 % (0,71498 % en incluant le prélèvement au titre des frais d'assiette et de recouvrement perçus au profit des départements), ainsi que le paiement de la contribution de sécurité immobilière égale à 0,10 % de la valeur vénale des immeubles transmis.
TVA	• Neutralité en cas de transfert d'une universalité de biens (CGI, art. 257 *bis*) mais mention de l'apport sur les CA3 sur la ligne « Autres opérations non imposables ». • Dispenses de taxation, ou de régularisation immédiate concernant tous les biens transmis. • Engagement de régularisation ultérieure à faire figurer dans le traité de fusion ou la décision de TUP : - Indication du montant total HT de la transmission de l'apporteuse et de la bénéficiaire ; - Possibilité de transfert du crédit de TVA de l'absorbée à l'absorbante.
CFE	• La CFE est due par l'absorbée pour la totalité de l'année au cours de laquelle a lieu la fusion. • Pour l'absorbante, application éventuelle de la **valeur locative plancher** (art. 1518 B du CGI) pour les établissements industriels : - 80 % cas général ; - 90 % en cas de fusion intragroupe (intégration fiscale).

6 La fiscalité des associés de la société absorbée

Principe	Application
Les titres échangés appartiennent à une personne physique	• Si la valeur réelle des titres reçus en échange est supérieure la valeur des titres détenus par l'associé, différence = plus-value d'échange. • L'associé qui réalise la plus-value d'échange de titres bénéficie d'un **sursis d'imposition** (art. 150 O B du CGI). • Plus-value de cession des titres reçus en échange sera calculée par différence entre le prix de cession des titres de l'absorbante et le prix ou la valeur d'acquisition des titres de l'absorbée selon qu'ils avaient été acquis ou remis en rémunération d'un apport.
Les titres échangés figurent au bilan d'une entreprise industrielle ou commerciale	• **Comptablement** la société associée doit enregistrer les titres reçus en échange pour leur valeur réelle et doit constater la plus-value ou la moins-value comptable. • **Fiscalement** la société associée doit constater le résultat de l'échange de titres : – Soit bénéfice ou perte relevant de l'IS courant (26,5 % ou 27,5 % en 2021 ou 25 % en 2022, selon les cas). – Soit plus-value ou moins-value à long terme à 0 % (mais quote-part de 12 % à réintégrer dans le résultat taxable au taux de droit commun).
Les titres échangés figurent au bilan d'une entreprise industrielle ou commerciale	• Possibilité pour la société associée d'opter pour le régime de **l'article 38-7 bis du CGI** : – La plus-value d'échange est placée en sursis d'imposition, et son imposition interviendra lors de la cession ultérieure des titres reçus. – Le calcul du résultat sera opéré par rapport à la valeur fiscale que les titres échangés avaient chez la cédante. – Le traitement fiscal est opéré de manière extra-comptable. • État de suivi souscrit l'année de l'échange et pour chaque exercice tant que les titres seront conservés à l'actif du bilan et registre des plus-values en sursis. • À défaut, pénalité de 5 %.

MÉMO 22 Aspects fiscaux des apports partiels d'actif

Comme pour les fusions, il existe deux régimes applicables, le **régime de droit commun** et le **régime de faveur.** Les textes qui régissent le régime de faveur des apports partiels d'actifs (art. 210 B et 210 B bis) découlent directement des textes de base applicables aux fusions (210 A). **Nous ferons par conséquent état des seules différences applicables à ces opérations.**

1 Le régime de droit commun

A. Conséquences pour la société apporteuse

Principes	Applications
Imposition du résultat courant	• Le résultat tiré de l'exploitation de la **branche d'activité** apportée est pris en compte pour la période comprise entre l'ouverture du dernier exercice de la société apporteuse et le jour où l'apport partiel d'actif est définitivement réalisé. • **Tolérance administrative** : la société apporteuse ne cessant pas son activité, la déclaration de résultat pour la partie cédée n'est pas exigée immédiatement, et elle est normalement intégrée dans le résultat de fin d'exercice. • Effet rétroactif le plus souvent conféré à l'opération. • Toutes autres conséquences fiscales identiques aux fusions : la société apporteuse est imposable sur les plus-values d'apport et les provisions qui deviennent sans objet en raison de l'apport. • Les droits d'enregistrement sont exigibles selon les dispositions prévues pour les apports en société.

B. Conséquences pour la société bénéficiaire de l'apport

Les régularisations fiscales ayant été effectuées chez l'apporteuse, la société bénéficiaire de l'apport se retrouve avec des apports totalement libérés d'impôt sur les sociétés. Elle n'a donc, à ce titre, aucune obligation particulière.

2 Le régime de faveur : conditions d'application

Art. 210 B du CGI : l'apport partiel d'actif peut être placé sous le régime de faveur des fusions et assure ainsi à l'opération la même neutralité que celle dont bénéficie la fusion (art. 210 A du CGI).

Opération intercalaire : la branche apportée « poursuit » son activité dans la société bénéficiaire de l'apport.

Régime de faveur subordonné au respect de **deux conditions préalables** :

- **Apport d'une branche complète d'activité ou éléments assimilés** ;
- **Depuis le 1/1/2018, l'engagement de conservation des titres de 3 ans est supprimé lorsque le régime de faveur est applicable de plein droit. A contrario, les apports partiels d'actif ne portant pas sur une ou plusieurs branches complètes d'activité**

bénéficient du régime de faveur sur agrément avec obligation d'un engagement de conservation pendant trois ans.

A. Apport d'une branche complète d'activité ou éléments assimilés

Principes	Applications
– Sur la notion de branche complète :	• *Ensemble des éléments d'actif et de passif d'une division de société qui constituent du point de vue de l'organisation, une exploitation autonome, c'est à dire capable de fonctionner par ses propres moyens.* • L'apport de titres de participation peut être assimilé, sous certaines conditions, à un apport de branche complète d'activité pouvant bénéficier du régime de faveur. • Si l'apport ne porte pas sur une branche complète d'activité, un **agrément préalable** peut être sollicité afin de bénéficier du régime de faveur.
Sur les conditions requises de la branche apportée :	Conditions à apprécier chez la société apporteuse : • Double approche économique et comptable de la branche apportée : **– Autonomie interne** ; **– Autonomie externe** ; • La branche complète doit être réellement exercée, et ne doit pas comporter éléments d'actif et de passif relatifs à la gestion patrimoniale de la société apporteuse (immeubles et placements financiers sans lien avec l'exploitation).
Nature des éléments transmis	• Tous les éléments d'actif et de passif liés directement ou indirectement à l'exploitation autonome apportée, tels qu'ils apparaissent au bilan de la société apporteuse. • Aménagements possibles pour les **actifs et passifs communs** conservés par l'apporteuse : – Trésorerie : en fonction des besoins de la branche transmise Immeubles conservés par l'apporteuse : oui si assorti d'un droit d'utilisation pérenne ; – Marques conservées par l'apporteuse : elles nécessitent une concession sur 10 ans. *Ex* : Le personnel rattaché à la branche d'activité doit en principe être transféré notamment s'il est nécessaire au fonctionnement de la branche. • Si doute sur la nature exacte de la branche d'activité apportée, demande d'agrément préalable (art. 209 II du CGI).

Principes	Applications
Eléments assimilés à une branche complète d'activité	• **Opérations d'apports de titres :** - Apports de participations représentant plus de 50 % du capital de la société dont les titres sont apportés ; - Apports de participations conférant à la société bénéficiaire des apports la détention directe de plus de 30 % des droits de vote ; - Apports de participations conférant à la société bénéficiaire des apports la fraction des droits de vote la plus élevée lorsque celle-ci détient déjà plus de 30 % des droits de vote ; - Quel que soit le montant de l'apport dès lors que la bénéficiaire détient déjà plus de 50 % du capital. - Si les conditions ne sont pas remplies, application du régime des cessions de titres de participation.

B. Engagement de conservation des titres reçus en échange

L'obligation de conservation de 3 ans des titres par la société apporteuse est supprimée pour les apports d'une branche complète d'activité et les apports assimilés.

L'obligation est maintenue en l'absence d'apport d'une ou plusieurs branches complètes d'activité ou d'éléments assimilés et nécessitera un agrément qui sera accordé si :

- L'opération est justifiée par un motif économique ;
- L'article 210-0 A est respecté ;
- Les modalités de l'opération permettent d'assurer l'imposition future des plus-values mises en sursis d'imposition.

3 Les caractéristiques du régime de faveur

A. Fiscalité de la société apporteuse

Pour l'apporteuse :	• Pas d'imposition chez l'apporteuse, sauf sur le résultat courant avec possibilité de le déclarer en même temps que le résultat de l'activité conservée. • Les déficits de la société apporteuse continuent d'être reportables (sauf changement notable d'activité).

B. Fiscalité de la société bénéficiaire des apports

Pour la bénéficiaire des apports :	• *Idem* fiscalité des fusions en matière de plus-values sur biens amortissables et non amortissables, soit : - La société bénéficiaire de l'apport doit calculer les plus-values sur éléments non amortissables **par rapport à la valeur que ces biens avaient chez la société apporteuse** ; - elle doit réintégrer sur 5 ans (ou 15 ans s'il s'agit de constructions) les plus-values sur biens amortissables constatées chez la société apporteuse. En contrepartie de cette obligation, l'amortissement pratiqué sera calculé sur la valeur d'apport avec faculté de recourir au dégressif. • Les déficits de la société apporteuse continuent d'être reportables (sauf changement notable d'activité). • Les déficits de la société bénéficiaire de l'apport ne sont pas affectés par l'opération d'apport, sauf s'il y a un changement notable d'activité.

C. Obligations de la société apporteuse

- La société apporteuse doit conserver pendant trois ans les titres reçus lors de l'apport ;
- La plus-value ultérieure sur cession de ces mêmes titres devra être déterminée par référence à la valeur d'origine des biens apportés et non d'après leur valeur d'apport ;
- Production d'un état de suivi et tenue d'un registre de suivi des plus-values prévus par l'article 54 septies du CGI.

4 L'agrément fiscal pour les apports partiels d'actif

Lorsque les conditions du régime de faveur ne sont pas réunies, celui-ci ne s'applique pas de plein droit. Il peut toutefois s'appliquer, sous conditions, sur agrément préalable (art. 210 B, 3 du CGI).

Principe	Application
Conditions de délivrance de l'agrément :	• L'opération doit être justifiée par un **motif économique**, par exemple l'exercice par la société bénéficiaire d'une activité autonome, l'amélioration de ses structures ou encore l'association des parties à l'opération avec un souci de conservation des titres reçus lors de l'apport (minimum 3 ans) ; • Elle ne doit pas avoir pour objectif principal la fraude ou l'évasion fiscale ; • Si l'agrément n'est pas délivré, les opérations relèvent du régime de droit commun ; • Les modalités de l'opération doivent permettent d'assurer l'imposition future des plus-values mises en sursis d'imposition.

5 Aspects fiscaux des scissions

Principe	Application
Article 210 B du CGI :	• Les scissions peuvent bénéficier du régime de faveur, **équivalent à celui des fusions**, de plein droit si les conditions légales sont réunies ou à défaut sur agrément ministériel. Régime spécial applicable de plein droit sous réserve du **respect de 3 conditions** : • la société scindée doit comporter au moins 2 branches complètes et autonomes d'activité ; - Celles-ci seront apportées respectivement aux sociétés bénéficiaires (la loi ne prévoit pas l'application de plein droit du régime de faveur aux scissions portant sur des éléments assimilés à une branche complète d'activité) ; - Les titres des sociétés bénéficiaires rémunérant l'apport sont attribués aux associés de la société scindée, proportionnellement à leurs droits dans le capital de celle-ci. - Les associés de la société scindée doivent conserver pendant 3 ans les titres qu'ils ont reçus. • L'engagement de conservation est respecté si l'associé détient à tout moment de la période de 3 ans qui suit l'opération de scission un nombre de titres, apprécié au regard de chaque société bénéficiaire des apports, au moins égal à celui qu'il a reçu en échange des tiers de la société scindée. • Lorsque l'une ou l'autre de ces conditions n'est pas respectée, le régime de faveur peut s'appliquer sur agrément. À compter du 1er janvier 2018, les scissions de sociétés comportant au moins deux branches complètes d'activité, lorsque chacune des sociétés bénéficiaires reçoit une ou plusieurs branches complètes d'activité, bénéficient du régime de faveur sans agrément et sans exigence d'un engagement de conservation des titres reçus en rémunération de la scission. À défaut, les scissions bénéficient du régime de faveur sur agrément avec exigence d'un engagement de conservation pendant trois ans des titres reçus en rémunération de l'apport pour les associés détenant au moins 5 % des droits de vote et pour ceux détenant au moins 0,1 % des droits de vote, lorsqu'ils ont exercé dans la société scindée des fonctions de direction, d'administration ou de surveillance durant les six mois précédant l'opération. Les droits de vote détenus par les actionnaires qui prennent l'engagement doivent représenter ensemble au moins 20 % des droits de vote.

6 Aspects fiscaux des transmissions universelles du patrimoine (TUP)

Article 1844-5 du Code civil : La réunion de toutes les parts sociales en une seule main n'entraîne pas la dissolution de plein droit de la société (alinéa 1).
En cas de dissolution, celle-ci entraîne la transmission universelle du patrimoine de la société à l'associé unique, sans qu'il y ait lieu à liquidation (alinéa 3).
Les dispositions du troisième alinéa ne sont pas applicables aux sociétés dont l'associé unique est une personne physique (alinéa 4).

Principes	Applications
Conditions d'application :	• L'associé unique détient 100 % du capital de sa filiale • Pas de TUP si associé unique personne physique • Pas de TUP si associé unique détient moins de 100 % de sa filiale
Mise en œuvre :	• La TUP peut être réalisée à tout moment à compter de la réunion de tous les titres d'une société en une seule main, sans condition de délai. • La décision de dissolution est faite par simple déclaration au greffe par l'associé unique. • La dissolution est possible par simple décision unilatérale de l'associé unique : pas d'AGE ni de la société confondue ni de la société confondante. • **Forme de cette décision :** – En théorie : pas de formalisme imposé ; – En pratique : un écrit pour prendre les engagements requis par l'article 210 A (régime de faveur des fusions si elle entend en profiter) ; – Insertion dans un journal d'annonces légales (JAL) : délai d'opposition des créanciers de 30 jours ; – Inscription modificative au RCS à l'issue du délai d'opposition de 30 jours.
Effets de la TUP	• L'intégralité du patrimoine de la filiale est transférée à la mère, associé unique. • Pas nécessaire de liquider la filiale.
Intérêts de la TUP	• Alternative à une fusion simplifiée : – moins de formalisme (simple déclaration de dissolution de l'associé unique) ; – plus rapide. • Pour les mêmes effets juridiques et fiscaux : – patrimoine intégralement transféré à la mère ; – Pas de liquidation de la filiale.
Régime fiscal	• Possibilité de bénéficier du **régime de faveur des fusions** (article 210 A du CGI) : nécessité d'une option. • Option expresse pour le régime de faveur des fusions **ET** engagement de respecter les obligations.

Principes	Applications
Régime fiscal *(suite)*	• En régime de faveur, l'imposition des plus-values d'apport afférentes aux immobilisations amortissables est étalée sur 5 ans (biens mobiliers) ou sur 15 ans (biens immobiliers). - Mais les immobilisations corporelles apportées sont amortissables sur la base de la valeur d'apport (idem fusion). • Report de l'imposition des plus-values d'apport d'immobilisations non amortissables à la date de cession des biens. • La société « confondante » va annuler les titres détenus dans sa filiale. • La plus-value éventuellement constatée lors de cette annulation ne sera pas imposée. • **ATTENTION aux apports d'immeubles** : taxe de publicité foncière (TPF) au taux global de 0,715 % calculée sur la valeur vénale des immeubles (CGI art. 1647).
Rétroactivité de la TUP	• En TUP la rétroactivité comptable n'existe pas (pas prévue par le Code civil) : • Mais rétroactivité fiscale possible : **- Effet rétroactif fiscal possible** à compter de l'ouverture de l'exercice en cours chez l'associé unique à la date de la décision de dissolution sans pouvoir remonter au-delà de la date d'ouverture de l'exercice en cours de la société dissoute. • Nécessité de procéder à des retraitements extra-comptables sur les imprimés 2058-A de la confondue et de la confondante. **Remarque** : Les sociétés qui souhaiteraient profiter de la possibilité de rétroactivité fiscale et qui l'appliqueraient également sur le plan comptable pour éviter d'avoir à pratiquer des retraitements extra-comptables présenteraient selon la CNCC des comptes irréguliers.
Traitement des déficits de la société confondue	• Possibilité de solliciter, préalablement à l'opération, un transfert de déficits de la société fille à la mère. • Agrément « de droit » lorsque : - l'opération est placée sous le régime de l'article 210 A du CGI ; - Elle est justifiée d'un point de vue économique et obéit à des motivations principales autres que fiscales ; - L'activité à l'origine des déficits est poursuivie pendant un délai minimum de 3 ans, sans faire l'objet pendant cette période, de changements significatifs ; - L'activité à l'origine des déficits n'a pas subi de changements significatifs (clientèle, salariés, moyens d'exploitation, nature et volume d'activité) pendant la période de constatation des déficits ; - Enfin, l'agrément ne peut pas être délivré pour les déficits issus de la gestion d'un patrimoine mobilier ou immobilier ; - Ne sont donc pas transférables les déficits des holdings financiers et ceux des sociétés à prépondérance immobilière.

Participations et groupes : aspects juridiques

Les règles juridiques applicables sont inscrites dans le Code de commerce.

1 Règles applicables aux groupes et aux participations

A. Groupe de sociétés

- La loi ne définit pas le **groupe de sociétés**.
  Le groupe de sociétés est « *l'ensemble constitué par plusieurs sociétés, ayant chacune une existence juridique propre, mais unies entre elles par des liens divers en vertu desquels l'une d'elles, dite société mère, qui tient les autres sous sa dépendance, exerce un contrôle sur l'ensemble et fait prévaloir une unité de décision.* » (Collectif, *Sociétés commerciales*, coll. Mémento Pratique, éd. Francis Lefebvre)
- Le groupe de sociétés n'a pas la **personnalité morale** ; il n'est pas immatriculé au RCS.
  Cependant, les entités membres du groupe sont indépendantes ; elles sont immatriculées au RCS.

B. Constitution des groupes de sociétés

1. Techniques juridiques de constitution des groupes

Techniques juridiques	Caractéristiques
Filiale	• Lorsqu'une société possède **plus de la moitié du capital** d'une autre société, la seconde est considérée, comme filiale de la première (**société mère**). • **Filiale commune** : lorsque le capital d'une société par actions est détenu par plusieurs sociétés indépendantes (appartenant souvent à des groupes concurrents).
Participation	• Lorsqu'une société possède dans une autre société une fraction du capital **comprise entre 10 et 50 %**, la première est considérée comme ayant une participation dans la seconde. • Toute participation au capital même inférieure à 10 % détenue par une société contrôlée est considérée comme détenue indirectement par la société qui contrôle cette société.
Prise de contrôle	1. Toute personne, physique ou morale, est considérée comme en contrôlant une autre : - lorsqu'elle détient directement ou indirectement une fraction du capital lui conférant la majorité des droits de vote dans les assemblées générales de cette société ⟹ **contrôle de droit** ; - lorsqu'elle dispose seule de la majorité des droits de vote dans cette société en vertu d'un accord conclu avec d'autres associés ou actionnaires et qui n'est pas contraire à l'intérêt de la société ⟹ **contrôle conjoint** ;

Techniques juridiques	Caractéristiques
Prise de contrôle *(suite)*	- lorsqu'elle détermine en fait, par les droits de vote dont elle dispose, les décisions dans les assemblées générales de cette société ⟹ **influence déterminante** ; - lorsqu'elle est associée ou actionnaire de cette société et dispose du **pouvoir de nommer ou de révoquer la majorité des membres des organes d'administration, de direction ou de surveillance de cette société**. 2. Toute personne est **présumée exercer ce contrôle** lorsqu'elle dispose directement ou indirectement, d'une **fraction des droits de vote supérieure à 40 %** et qu'aucun autre associé ou actionnaire ne détient directement ou indirectement une fraction supérieure à la sienne. 3. Deux ou plusieurs personnes agissant de **concert** sont considérées comme en contrôlant conjointement une autre lorsqu'elles déterminent en fait les décisions prises en assemblée générale.

2. Règles spécifiques applicables lors de la constitution des groupes

Prise de contrôle

- Le contrôle peut être **conjoint** : si accord entre 2 sociétés (*ex.* : 50/50).
- Le contrôle est **direct** ou **indirect** : *cf.* les montages financiers avec des contrôles indirects.

Participations réciproques

Cas	Règles applicables
Une société par actions ne peut posséder d'actions d'une autre société, si celle-ci détient une fraction de son capital supérieure à 10 %	• À défaut d'accord entre les sociétés intéressées pour régulariser la situation, celle qui détient la fraction la plus faible du capital de l'autre doit aliéner son investissement. • Si les investissements réciproques sont de la même importance, chacune des sociétés doit réduire le sien, de telle sorte qu'il n'excède pas 10 % du capital de l'autre. • Les droits de vote attachés aux actions à aliéner ne peuvent être exercés.
Une société autre qu'une société par actions compte parmi ses associés une société par actions détenant une fraction de son capital *supérieure à 10 %* : elle ne peut détenir d'actions émises par cette dernière.	• Si elle vient à en posséder une fraction plus importante, elle doit aliéner l'excédent et ne peut exercer le droit de vote correspondant.

Cas	Règles applicables
Une société autre qu'une société par actions compte parmi ses associés une société par actions détenant une fraction de son capital *égale ou inférieure à 10 %* : elle ne peut détenir qu'une fraction égale ou inférieure à 10 % des actions émises par cette dernière.	• Si elle vient à en posséder une fraction plus importante, elle doit aliéner l'excédent et ne peut, au titre de cet excédent, exercer le droit de vote.

Autocontrôle

- Lorsque des actions ou des droits de vote d'une société sont possédés par une ou plusieurs sociétés dont elle détient directement ou indirectement le contrôle, les droits de vote attachés à ces actions (**actions d'autocontrôle**) ou ces droits de vote ne peuvent être exercés à l'assemblée générale de la société.
  Il n'en est pas tenu compte pour le calcul du quorum.
- **L'autocontrôle pris en compte par la loi concerne** les sociétés par actions (SA, SAS, SCA, sociétés européennes), inscrites ou non à un marché réglementé, du secteur public ou privé.
- L'autocontrôle est assuré **par l'intermédiaire de toute société**. Les SARL et les sociétés civiles peuvent être intermédiaires dans la chaîne d'autocontrôle.

3. Acquisition des titres

Techniques d'acquisition	Modalités
Acquisitions sur le marché financier	• **Ramassage en bourse** : acquisition systématique des titres au fur et à mesure de leur mise en vente sur le marché. • Acquisition d'un **pourcentage de titres**. • **Offres publiques** : OPA, OPV, OPE. • Acquisition d'un **bloc de contrôle** (pour détenir la minorité de contrôle des décisions dans les AGE...). • **Action de concert** : quand des personnes ont conclu un accord en vue d'acquérir, de céder ou d'exercer des droits de vote, pour mettre en œuvre une politique commune vis-à-vis de la société ou pour obtenir le contrôle de cette société. ⟹ Obligation d'information du public et de l'AMF concernant les seuils d'acquisition.
Convention de portage	• Un organisme financier convient avec une personne physique ou morale qu'il souscrira ou achètera des actions pour le compte de celle-ci à charge pour elle de les lui racheter au terme d'une période déterminée et moyennant un prix convenu d'avance. • C'est une **promesse unilatérale d'achat et de vente**.
Holding de rachat	⟹ mécanisme du LBO (*Leverage Buy Out*).

2 Les groupes et le droit en vigueur

A. La jurisprudence protège le tissu économique et social

Domaines visés	Modalités
Concurrence	• Préserver le libre jeu de la **concurrence**. **Ex.** : abus de position dominante.
Entreprise en difficulté	• Principe : protéger le **patrimoine** des sociétés qui composent le groupe. **Ex.** : procédure concerne la société qui est en difficulté. • Exception : confusion des patrimoines.
Actionnaires minoritaires	• Protéger les **intérêts minoritaires** au sein du groupe. **Ex.** : abus de majorité.
Créanciers	• Préserver les droits des **créanciers** des sociétés du groupe. **Ex.** : - délit d'abus des biens ou du crédit ; - mise en jeu de la responsabilité extracontractuelle de la société mère par rapport aux engagements pris par la filiale si la société mère s'est immiscée dans la gestion de la filiale.
Salariés	• Protéger les **salariés**. **Ex.** : - maintien des emplois avec le nouvel employeur ; - représentation des salariés au niveau européen.
Étendue de la responsabilité	• Protéger l'**ordre public économique et social**. **Ex.** : respect des dispositions légales relatives aux groupes de sociétés par les dirigeants...

B. La loi recherche la transparence des groupes

Branches du droit	Contenu
Droit comptable européen et national	• **Établissement de comptes consolidés** et publicité des comptes.
Audit	• **Contrôle des comptes consolidés** par le commissaire aux comptes (CAC) : *cf.* notamment, en droit national, le Code de commerce.

<table>
<tr><th>Branches du droit</th><th colspan="2">Contenu</th></tr>
<tr><td>Information financière et juridique des sociétés, des associés, des salariés</td><td colspan="2">• Information sur les prises de participation et leurs effets :
- information des sociétés, notamment « Toute personne physique ou morale agissant seule ou de concert qui vient à posséder directement ou indirectement un nombre d'actions représentant plus du vingtième, du dixième, des trois vingtièmes, du cinquième, du quart, des trois dixièmes, du tiers, de la moitié, des deux tiers, des dix-huit vingtièmes ou des dix-neuf vingtièmes du capital ou des droits de vote informe la société dans un délai de quatre jours à compter du franchissement du seuil de participation, du nombre total d'actions ou de droits de vote qu'elle possède » ;
- information des associés : dans le rapport de gestion et dans le rapport général du CAC ;
- information des salariés : par les comités sociaux et économiques, comité de groupe, comité d'entreprise européen.</td></tr>
<tr><td rowspan="3">Information par les sociétés dont les titres sont inscrits sur un marché réglementé</td><td>Assemblée générale et Public</td><td>Nom des actionnaires qui détiennent directement ou indirectement plus de 5 % de leur capital.</td></tr>
<tr><td>Greffe</td><td>Dépôt des comptes annuels et de l'inventaire des valeurs mobilières détenues à la clôture de l'exercice.</td></tr>
<tr><td>BALO</td><td>Publication des comptes consolidés et du CA HT consolidé pour certaines sociétés.</td></tr>
</table>

MÉMO 24 Participations et groupes : aspects fiscaux

1 Régime fiscaux applicables aux groupes

La fiscalité directe des groupes met en œuvre des règles techniques spécifiques et souvent favorables aux entreprises. Elle comporte des dispositifs dérogatoires du droit commun qui constituent des avantages fiscaux importants :
Par exemple :
- **régime des sociétés mères et filiales ;**
- **régime des cessions de titres de participation détenus depuis au moins deux ans ;**
- **régime de l'intégration fiscale**

Il n'existe pas en France un droit spécifique aux groupes. Un groupe est un ensemble de sociétés qui conservent chacune leur personnalité morale mais qui sont unies entre elles par des liens divers (économiques, financiers, capitalistiques…) et dont l'une d'elles, dénommée société mère, exerce un contrôle sur les autres en centralisant le pouvoir de décision.
Selon une jurisprudence et une doctrine constantes, l'intérêt du groupe n'est pas reconnu en droit fiscal français.
Aussi l'appréciation du caractère normal ou anormal d'un acte de gestion d'une société membre d'un groupe (intégré ou non) doit être analysée au regard du seul intérêt de la société en cause.

A. Le régime des sociétés mères et filiales

Régime optionnel de droit interne ayant pour origine l'article 27 de la loi du 31 juillet 1920 (dispositif ancien, ayant pour finalité de « *favoriser l'implication des sociétés mères dans le développement économique de sociétés filles pour les besoins de la structuration et du renforcement de l'économie française* » ;
- Codifié aux **articles 145 et 216** du CGI ;
- Sources européennes : directive européenne nº 90/435/CEE du Conseil du 23 juillet 1990 concernant le régime fiscal commun applicable aux distributions consenties entre sociétés mères et filiales d'Etats membres différents ;
- Actuellement directive (UE) 2015/121 du Conseil du 27 janvier 2015.

Conditions d'applications :
Régime mère-fille • Les deux sociétés doivent relever de l'IS, de plein droit ou sur option ; • La mère doit détenir au moins **5 % du capital** de la filiale ; • La mère doit **conserver** les titres de la filiale au moins 2 ans : à défaut, le régime mère-fille est remis en cause rétroactivement, mais l'obligation de conservation des titres pendant 2 ans ne porte que sur la quotité des titres ouvrant droit au régime mère-fille (5 %) et non sur la totalité des titres de la filiale distributrice ; • Les titres doivent être détenus en **pleine propriété** ou en **nue-propriété** par la mère ; • La société mère déduira en principe 95 % du dividende brut sur son tableau n° 2058-A ; la quote-part de 5 % ne sera que de 1 % pour les distributions entre sociétés (françaises ou étrangères) pouvant bénéficier du régime de l'intégration fiscale ;
Évolutions récentes du dispositif : • Les distributions provenant de certaines structures ne sont pas éligibles au régime mère-fille : tel est le cas des entités localisées dans les Etats etterritoires non-coopératifs (ETNC), sauf preuve contraire ; – But : exclure les distributions d'entités qui bénéficient d'un régime de faveur ou dérogatoire. • Exclusions des distributions réalisées par les sociétés d'investissement, SIIC, SICOMI, SPPICAV, SCR... • Clause anti-abus : Article 205-A du CGI : « Pour l'établissement de l'impôt sur les sociétés, il n'est pas tenu compte d'un montage ou d'une série de montage qui, ayant été mis en place pour obtenir, à titre d'objectif principal ou à titre d'un des objectifs principaux un avantage fiscal allant à l'encontre de l'objet ou de la finalité du droit fiscal applicable, ne sont pas authentiques compte tenu de l'ensemble des faits et circonstances pertinents » « Ce montage (...) est considéré comme non authentique dans la mesure où ce montage (...) n'est pas mis en place pour des motifs commerciaux valables qui reflètent la réalité économique ». Applicable aux exercices ouverts à compter du 1/1/2019.

B. Le régime des abandons de créances intra-groupes

La qualification de la créance a des incidences tant sur le traitement comptable que sur celui de la déductibilité au regard de l'IS. Il s'agit de déterminer si l'abandon est commercial ou financier.

Le caractère de l'abandon, commercial ou financier, doit être principalement recherché dans les motivations qui ont conduit à le consentir. Cette distinction doit procéder d'un examen, non pas isolé, mais global, de l'ensemble des éléments de fait ou de droit relevés au moment où l'abandon de créance a été consenti.

1. Définition

▸ Aides à caractère commercial

Ce sont essentiellement des aides consenties à un partenaire économique (client, fournisseur) afin de préserver les débouchés commerciaux, les sources d'approvisionnements, et à une filiale pour la prospection de nouveaux marché.

▸ Aides à caractère financier

Ce sont essentiellement des aides consenties avec comme motivation principale de la société créancière la préservation de son renom ou la sauvegarde de la valeur de sa participation dans la filiale.

2. Régime applicable

		Traitement fiscal pour la société créancière	Traitement fiscal pour la société créancière
Aides à caractère commercial	Régime général	Déductible	Imposable
Aides à caractère financier	Régime général	Non déductible	Non imposable
	Régime spécifique	Déductible à hauteur de la situation nette négative de la société aidée, et pour le montant excédant la situation nette négative à proportion des participations détenues par les autres associés	Imposable (sauf si application de l'article 216 A du CGI)

L'article 216 A du CGI prévoit que la fraction non déductible de l'aide chez la société mère peut être exonérée chez la filiale à condition que cette dernière s'engage à augmenter son capital au profit de la société mère d'une somme au moins égale au montant de l'aide consentie. Cette augmentation de capital doit être réalisée avant la clôture du second exercice suivant celui au cours duquel l'aide a été consentie.

C. Les charges financières intra-groupes : intérêts servis aux associés et aux entreprises liées

Limitation de la déduction des charges financières dans les groupes
Intérêts servis aux associés
Conditions d'application
• La déduction fiscale des intérêts servis aux associés n'est possible que si le capital social a été entièrement libéré (article 39-1-3° du CGI, 2e alinéa). • Application éventuelle de la limite maximum fixée par l'article 39.1.3° du CGI « taux plafond », qui est la moyenne annuelle des taux effectifs moyens pratiqués par les établissements de crédit pour des prêts à taux variable aux entreprises, d'une durée initiale supérieure à deux ans. Ce taux est de 1,87 % pour l'exercice clos le 31 décembre 2022.
Limitation de la déduction des charges financières
Les différents mécanismes mis en place depuis 2006 pour lutter contre la sous-capitalisation et fixer les règles de déduction des charges financières liées à l'acquisition de titres de participation ont été remplacés par un nouveau régime de déduction applicable à compter des exercices ouverts à partir du 1er janvier 2019 qui transpose la directive UE 2016/1164 du 12 juillet 2016 (dite « ATAD ») destinée à lutter contre les pratiques fiscales dommageables. Pour calculer les éventuelles limitations, la législation fait référence à la notion d'EBITDA fiscal. L'EBITDA fiscal, terme anglais signifiant *earnings before interest, taxes, depreciation, and amortization* correspond au résultat fiscal soumis au taux normal de l'impôt sur les sociétés, retraité principalement des charges financières nettes, des amortissements et des provisions pour dépréciation. Il inclut également le résultat net des concessions de licence d'exploitation de brevets ou autres actifs de propriété industrielle relevant du taux réduit d'imposition de 10 % en vertu du nouvel article 238 du CGI.
Régime de droit commun pour la déduction des charges financières pour une entité non membre d'un groupe intégré
Ce dispositif conformément à l'article 212 *bis* du CGI autorise la déduction des charges financières nettes du résultat fiscal dans la limite du plus élevé des deux montants suivants : 3 millions d'euros ou 30 % de l'EBITDA fiscal. La notion de charges financières nettes est assez large. Elle comprend notamment les gains et pertes de change relatifs à des prêts, les intérêts versés au titre de contrats de couverture portant sur les emprunts de l'entreprise, les frais de garantie relatifs à des opérations de financement, les frais de dossiers liés à la dette.

Régime de droit commun pour la déduction des charges financières pour une entité membre d'un groupe intégré
Dans cette situation l'entité peut bénéficier d'un complément de déduction égal à 75 % du montant des charges financières nettes non admises en déduction au titre du précédent calcul, à condition que le ratio entre ses fonds propres et l'ensemble de ses actifs soit égal ou supérieur à ce même ratio déterminé au niveau du groupe consolidé (un écart de 2 % est admis).
Régime applicable en cas de sous-capitalisation
• **Définition de la sous-capitalisation :** Selon l'article 212-*bis* VII du CGI, une entreprise est sous-capitalisée lorsque le montant moyen de ses dettes vis-à-vis d'entreprises liées au sens de l'article 39-12 du CGI excède une fois et demie le montant de ses fonds propres, apprécié au choix de l'entreprise, à l'ouverture ou à la clôture de l'exercice. • **Conséquence de la sous-capitalisation :** Dans cette situation les charges financières nettes déductibles de l'entité sont réduites par rapport à la règle de droit commun de la manière suivante : – une première fraction des charges financières nettes, égale à ces dernières multipliées par le ratio correspondant à l'endettement de l'entreprise envers des entreprises non liées, majoré de 1,5 fois ses fonds propres, rapporté à son endettement total, est déductible dans la limite de 30 % de l'EBITDA fiscal (ou 3 millions d'euros) multiplié par ce même ratio ; – le solde des charges financières nettes est déductible dans la limite de 10 % de l'EBITDA fiscal (ou 1 million d'euros) multiplié par le ratio correspondant à l'endettement de l'entreprise vis-à-vis d'entreprises liées au sens de l'article 39-12 du CGI, pour la fraction de cet endettement excédant 1,5 fois les fonds propres, rapporté à son endettement total. La société sous-capitalisée est privée du supplément de déduction de 75 % prévu pour les membres de groupes intégrés.
Report des charges non admises en déduction
• **Principe de report :** Le montant des charges financières nettes non déductibles peut être reporté sans limitation dans le temps et faire l'objet d'une déduction au titre des exercices suivants. Lorsque l'entreprise est sous-capitalisée, les sommes excédant la première fraction sont reportables dans les mêmes conditions. En revanche, celles qui excèdent la seconde fraction ne sont reportables qu'à hauteur du tiers de leur montant. • **Modalités de déduction des charges reportées d'exercices antérieurs :** En l'absence de sous-capitalisation au titre de l'exercice de déduction des charges financières reportées d'exercices antérieurs, ces dernières peuvent être déduites à hauteur d'un montant égal à la différence positive entre la limite de droit commun (30 % de l'EBITDA fiscal ou 3 M €) et les charges financières de l'exercice. En cas de sous-capitalisation, le stock de charges financières antérieures ne peut être déduit que dans la limite de la différence positive entre, d'une part, 30 % de l'EBITDA fiscal ou 3 M € proratisés et, d'autre part, les charges financières nettes de l'exercice minorées de celles soumises au deuxième plafond (10 % de l'EBITDA fiscal ou 1 M € proratisés).

D. Le régime de l'intégration fiscale

Le régime fiscal des groupes de société, appelé « intégration fiscale », a été introduit par l'article 68 de la loi de finances pour 1988 (loi n° 87-1060 du 30 décembre 1987). Il s'agit d'un système de compensation des résultats individuels (bénéficiaires et déficitaires) dans un but de réduction de la charge d'IS du groupe.
Particularités :
- **Technique de neutralisation des opérations intragroupes ;**
- **Contrainte : régime complexe et fiscalité latente car déneutralisations sous conditions en cas de sortie ou de dissolution du groupe.**

Le régime de l'intégration fiscale
Les conditions d'accès au régime : règles communes à toutes les sociétés intégrées
Conditions d'applications
• Assujettissement à l'impôt sur les sociétés dans les conditions de droit commun ou sur option. • Exercices de 12 mois, ouverts et clos à la même date. - exception : une modification de la date de clôture au titre d'une période (5 ans) couverte par une même option (+ ou - de 12 mois). • Une société qui se crée ne peut en pratique être intégrée, au mieux, qu'à compter de son 2e exercice. • Les sociétés du groupe intégré doivent relever du régime réel normal

Le régime de l'intégration fiscale
Conditions requises pour la société mère
Conditions d'applications
• **Seuil de détention de la société tête de groupe < 95 %**. • **Principe** : Pas détenue directement à 95 % et plus (en droits de vote et en droits à dividendes) par une autre personne morale française soumise à l'IS. • Possibilité pour une société étrangère de constituer un groupe fiscal avec ses filiales françaises mais dans ce cas, nécessité de créer un établissement stable en France. • **Exception** : une société mère peut être détenue à + 95 % indirectement par une autre société IS : - si la société intermédiaire n'est pas soumise à l'IS (société étrangère ou société de personnes), ou - si la société intermédiaire est soumise à l'IS mais qu'elle n'est pas elle-même détenue à + de 95 % par une société soumise à l'IS. • Dépassement seuil 95 % => maintien du groupe si le dépassement est temporaire (la situation doit être régularisée avant la clôture) et justifié (motifs juridiques, économiques et sociaux à apporter à l'administration fiscale).

Le régime de l'intégration fiscale
Conditions de détention des filiales
Conditions d'applications
• Le groupe est formé par une société mère et les sociétés dont elle détient 95 % au moins du capital directement ou indirectement par l'intermédiaire de sociétés du groupe. • Il s'agit : - des filiales détenues directement par la société mère ; - des filiales détenues indirectement par l'intermédiaire de sociétés membres ; - des filiales françaises détenues indirectement (à 95 %) via une société établie dans l'Union Européenne (UE) : arrêt Papillon (CJCE 27 novembre 2008). • En cas de détention indirecte, les filiales détenues à 95 % sont assimilées à des filiales à 100 % pour le calcul des participations successives. • La détention s'entend toujours d'une **détention en pleine propriété de 95 % des droits de vote et de 95 % des droits à dividendes.** • **Intégration horizontale :** • Possibilité de former un groupe d'intégration fiscale entre sociétés françaises « sœurs », détenues à 95 % au moins, directement ou indirectement (via des sociétés étrangères interposées) par la même société mère européenne (établie dans l'UE ou dans l'EEE). • Une des sociétés françaises est choisie pour prendre le rôle de société mère de l'intégration. • **Conditions à respecter :** - La société mère (dite « entité mère non résidente », EMNR) et les éventuelles sociétés étrangères interposées (dites « sociétés étrangères ») entre la société mère et les filiales françaises, doivent être résidentes de l'UE ou d'un État de l'Espace économique européen (EEE) ayant avec la France une convention d'assistance administrative (Islande, Norvège et Liechtenstein). - Ces sociétés doivent être soumises, dans l'État où elles sont établies, à un impôt équivalent à l'IS ; • Toutes les sociétés (y compris l'EMNR et les sociétés étrangères) doivent ouvrir et clôturer aux mêmes dates un exercice de 12 mois, sauf lorsque la législation de l'Etat dans lequel elles sont implantées ne leur permet pas de satisfaire cette condition.

Le régime de l'intégration fiscale
Un régime optionnel
Conditions d'applications
• **Option de la mère :** - Renouvelable par tacite reconduction. - Notification de l'option au service des finances publiques dont elle relève jusqu'à l'expiration du délai de dépôt de la déclaration des résultats de l'exercice précédant celui au titre duquel le régime s'applique (exemple : exercice 1er janvier au 31 décembre 2021, notification au plus tard le 3 mai 2022).

• Option accompagnée de : - la liste des filiales membres ; - l'attestation d'accord de chaque filiale. • Durée d'option : 5 ans. • **Accord des filiales :** - Accord librement formulé sur une attestation conforme au modèle de l'Administration, notifié à son service des Finances Publiques et à la société mère (dépôt en même temps que la notification de l'option). • Accord valable pour toute la durée de l'option. • **Mise à jour du périmètre d'intégration** • Si modification du périmètre (sortie mais aussi décision de la mère ne plus intégrer une filiale), la société mère doit adresser au service des Finances Publiques la liste des filiales intégrées mise à jour pour l'exercice suivant, ainsi que l'identité des sociétés qui cessent d'être membres du groupe.
Le régime de l'intégration fiscale
Gestion des déficits en intégration fiscale
Conditions d'applications
• Les déficits générés par une société membre d'un groupe fiscalement intégré antérieurement à son entrée dans le groupe sont soumis : - D'une part, à la règle générale **de plafonnement du déficit** (Imputation possible à hauteur de 1 M € + 50 % du résultat fiscal diminué d'1 M €). • D'autre part, à la règle de **plafonnement du bénéfice d'imputation** des déficits nés avant intégration : - Exclusion du bénéfice d'imputation des bénéfices et plus-values dégagés par certaines opérations intragroupe (subventions/abandons de créance, plus-values sur cessions d'immobilisations intragroupe etc...) - Le plafonnement du bénéfice d'imputation est déterminé sur l'état 2058-FC.
Le régime de l'intégration fiscale
Neutralisation de certaines opérations intragroupe limitativement énumérée par la loi
Conditions d'applications
• **1. Jetons de présence ou dans sa nouvelle dénomination la rémunération de l'activité des administrateurs** - Réintégration par la société tête de groupe (2058 ER) des jetons de présence déduits par les filiales intégrées. • **2. Dividendes intra-groupe** **Dividendes n'ouvrant pas droit au régime des sociétés mères et filiales (détention < 5 %) :** Pour les exercices ouverts à compter du 01/01/2019, les dividendes sont retranchés à hauteur de 99 % de leur montant. Ce régime de neutralisation ne s'applique pas si les produits sont versés au cours du premier exercice d'intégration de la société distributrice. **Dividendes ouvrant droit au régime des sociétés mères et fililales** : aucune rectification n'est à effectuer mais ces produits supportent la taxation d'une quote-part de frais et charges à un taux réduit par rapport au droit commun.

- **3. Provisions intra-groupe**

– Neutralisation des **dotations** aux provisions déduites du résultat individuel d'une société membre du groupe pour la détermination du résultat d'ensemble lorsqu'elles se rapportent à une autre société du groupe intégré ;
– **Reprises** neutralisées pour la détermination du résultat d'ensemble (traitement symétrique) sauf si l'une au moins des sociétés concernées (celle qui a doté ou celle qui a fait l'objet de la provision) n'est plus intégrée lors de l'exercice de reprise, ou si les provisions en cause ont été constituées avant l'intégration.

- **4. Abandons de créances ou subventions directes et indirectes intragroupe**

Pour les exercices ouverts avant 2019, ces abandons et subventions devaient faire l'objet d'une neutralisation. Depuis les exercices ouverts à compter du 01/01/2019, il n'y a plus aucun retraitement à effectuer sur ces opérations.

- **5. Cessions d'immobilisations au sein du groupe intégré**

Résultat de cession (Plus-value ou moins-value - CT/LT - y compris sur titres) neutralisée, mais neutralisation non définitive :

→ **Déneutralisation ?**

Sortie de l'actif immobilisé du groupe intégré ;
Sortie de la société cédante ou cessionnaire du groupe intégré (sauf si sortie du fait d'une fusion intragroupe en régime de faveur).
Montant à déneutraliser : montant initialement neutralisé sous déduction des suppléments d'amortissement réintégrés (2058 ER société cédante / 2058 ES société sortante si cédante).
Pour les biens amortissables, correction du suramortissement.

→ **État de suivi 2058 PV**

Pénalité de 5 % des sommes omises ou inexactes Taux ramené à 1 % lorsque les montants en cause sont déductibles de l'IS (art. 1763 CGI)

- **5.1 Cession de titres de participation intragroupe**

Le résultat de cession est neutralisé pour les plus et moins values à court terme. Pour les plus ou moins values à long terme, il n'y a plus de neutralisation et de réintégration de quote-part depuis les exercices ouverts à compter du 01/01/2019 dès lors que ces opérations sont exonérées pour la détermination du résultat individuel.

Le régime de l'intégration fiscale

Limitation de la déductibilité des frais financiers dans l'intégration fiscale
Limite concernant la situation de sous-capitalisation

Conditions d'applications

Pour les exercices ouverts à compter du 1er janvier 2019, les charges financières supportées par le groupe font l'objet d'une limitation en fonction de l'EBITDA fiscal du groupe et de sa situation de sous-capitalisation.
Lorsque le groupe n'est pas sous-capitalisé, les charges sont déductibles dans la limite de 30 % de l'EBITDA fiscal du groupe ou de 3 M € par exercice, le cas échéant ramené à douze mois, si ce montant est plus élevé.
Le groupe peut aussi bénéficier d'un complément de déduction égal à 75 % du montant des charges financières nettes non admises en déduction au titre du précédent calcul, à condition que le ratio entre ses fonds propres et l'ensemble de ses actifs soit égal ou supérieur à ce même ratio déterminé au niveau du groupe consolidé (un écart de 2 % est admis).

Lorsque le groupe est sous-capitalisé les charges financières nettes déductibles du groupe sont réduites par rapport à la règle de droit commun de la manière suivante :
- une première fraction des charges financières nettes, égale à ces dernières multipliées par le ratio correspondant à l'endettement de l'entreprise envers des entreprises non liées, majoré de 1,5 fois ses fonds propres, rapporté à son endettement total, est déductible dans la limite de 30 % de l'EBITDA fiscal (ou 3 millions d'euros) multiplié par ce même ratio ;
- le solde des charges financières nettes est déductible dans la limite de 10 % de l'EBITDA fiscal (ou 1 million d'euros) multiplié par le ratio correspondant à l'endettement de l'entreprise vis-à-vis d'entreprises liées au sens de l'article 39-12 du CGI, pour la fraction de cet endettement excédant 1,5 fois les fonds propres, rapporté à son endettement total.

Le groupe sous-capitalisé est automatiquement privé du supplément de déduction de 75 %.

Le régime de l'intégration fiscale

Réintégration forfaitaire d'une fraction des charges financières nettes de l'exercice (article 223 B bis du CGI, dit le « rabot »)

Amendement CHARASSE (art. 223 B, 7e alinéa)

- Lorsqu'une société a acheté les titres d'une société qui devient membre du même groupe aux personnes qui la contrôlent, directement ou indirectement, ou à des sociétés que ces personnes contrôlent, directement ou indirectement, au sens de l'article L 233-3 du Code de commerce.
- Réintégration au résultat d'ensemble des intérêts de la dette d'acquisition pendant 9 ans.
- La société cible doit devenir membre du même groupe fiscal que le cessionnaire.
- L'article 223 B ne concerne que l'acquisition de titres à titre onéreux, donc pas applicable en cas d'apport de titres.
- Si augmentation de capital en numéraire : dans les 3 mois précédant ou suivant l'achat.
- Seules sont sanctionnées les **ventes à soi-même c'est-à-dire les cas où le cédant est en situation de contrôle**.
- Dispositif applicable exclusivement dans les groupes intégrés.

Montant des charges financières à réintégrer par la mère sur 2058-RG :

Le régime de l'intégration fiscale

Amendement CHARASSE (art. 223 B, 7e alinéa)

Conditions d'applications

$$\text{Charges financières de toutes les sociétés du groupe intégré} \times \frac{\text{Prix d'acquisition des titres}}{\text{Montant moyen des dettes du groupe au cours de l'exercice}}$$

Le régime de l'intégration fiscale
Événements provoquant la sortie du régime de l'intégration fiscale
Conditions d'applications
• **Événements entraînant la sortie d'une filiale** - Pourcentage de détention inférieur à 95 % (même si provisoire), - Modification individuelle de la date de clôture ou cessation de l'option a l'IS, - Décision de la mère de ne plus intégrer une filiale, - Cession des titres de la filiale à une société non intégrée, - Filiale intégrée cédée le 1er jour de l'exercice peut entrer dans le groupe de la cessionnaire dès cette date (pas d'exercice intercalaire), - Absorption, dissolution, etc. • **Événements entraînant la cessation du groupe** - Les conditions d'éligibilité au régime ne sont plus remplies ; - Absence de filiale intégrée, • Conséquence : en cas de cessation de groupe, le déficit d'ensemble et les moins-values nettes à long terme d'ensemble deviennent la seule propriété de la société mère du groupe cessant.

Le régime de l'intégration fiscale
Conséquences des sorties
Conditions d'applications
• Si des sociétés sont sorties de l'intégration fiscale : - Déneutralisation des abandons de créances neutralisés au cours des cinq derniers exercices ; - Déneutralisation des subventions directes ou indirectes neutralisées au cours des cinq derniers exercices (ou sans limite temporelle pour les immobilisations) ; - Déneutralisation des plus ou moins-values sur cessions d'immobilisations intragroupe **quelle que soit la date de sortie de la cédante ou de la cessionnaire.** • La sortie est réputée intervenir rétroactivement au 1er jour de l'exercice en cours. • Le résultat de la société sortante, dégagé entre le début de l'exercice et l'événement entraînant la sortie, n'est pas repris dans le résultat d'ensemble. • **Attention** : ces conséquences ne s'appliquent pas du seul fait d'une sortie motivée par une fusion interne placée sous le régime de faveur (art. 210 A du CGI) • Déneutralisation sur l'état n° 2058 ES.

E. Les dispositifs « anti-abus » dans les groupes

Nature de l'opération	Modalités d'application du dispositif « anti-abus »
Cession ou échange entre sociétés liées de titres de participation détenus depuis moins de 2 ans (Art. 219-1-a septies du CGI)	• Non déductibilité de la MVCT (à l'issue des 2 ans, si situation inchangée, MVCT devient MVLT) : mesure anti-abus visant à éviter le cumul de l'exonération des dividendes au sein du groupe fiscal avec la déduction d'une perte à court terme sur titres (ou la minoration abusive de la plus-value à court terme).
Absorption d'une filiale par une société tierce moins de 2 ans après son acquisition (Art. 145-1-c al. 3 du CGI)	• Remise en cause de l'exonération des dividendes (mère-fille) si la MV d'échange des titres est déduite immédiatement.
Absorption par la société mère d'une filiale acquise depuis moins de 2 ans (régime de faveur) (Art. 210 A-1)	• Non déductibilité de la MVCT d'annulation des titres (vrai mali) à concurrence des dividendes reçus de la filiale.
Souscription au capital d'une société en difficulté puis cession des titres dans les 2 ans de leur souscription (art. 39 quaterdecies - 2 bis du CGI)	• Non déductibilité de la MVCT de cession des titres à hauteur de l'écart d'origine (*Par ex, titres inscrits en comptabilité pour 1 000 alors que leur valeur vénale est de 0*).

MÉMO 25 Autres modes de coopération interentreprises

La réglementation applicable est inscrite essentiellement dans le Code de commerce.
On distingue :

Structures juridiques	Contrats d'intérêt commun
• **Groupement d'Intérêt Économique (GIE)** • **Groupement Européen d'Intérêt Économique (GEIE)**	• **Groupements contractuels** • **Accords de coopération** • **Accords (ou contrats) de sous-traitance** • **Contrat de location-gérance**

1 Les structures juridiques

Critères	GIE	GEIE
Caractéristiques fondamentales		
Contrat	• Conclusion d'un contrat constitutif. • Est composé de membres.	• Chaque État membre aménage les conditions de la reconnaissance de la personnalité morale.
Immatriculation	• Au RCS.	
Objet	• Objet civil ou commercial. • But : n'est pas de réaliser des bénéfices pour lui-même, mais de « développer l'activité économique de ses membres ». Le GIE doit avoir un caractère économique ; son objet doit se rattacher à l'activité de ses membres et avoir un caractère auxiliaire par rapport à celle-ci.	• *Cf.* GIE ; favoriser la coopération interentreprises dans l'Union européenne.
Capital	• Peut être constitué AVEC ou SANS capital. • Pas d'offre au public de droits des membres, en principe. • Peut émettre des obligations si ses membres peuvent en émettre.	• *Cf.* GIE.
Responsabilité des membres	• Les membres sont indéfiniment et solidairement responsables du passif.	

Critères	GIE	GEIE
Constitution		
Conditions de fond	• Pas de capital minimal exigé par la loi. • Le capital peut être variable. • Il faut deux membres (personnes physiques ou morales) au minimum. • Durée est déterminée. • Tous types d'apports sont possibles.	• Deux membres (personnes physiques exerçant une activité économique, sociétés et autres entités juridiques de droit privé ou public) au minimum relevant de deux États membres. • Peut être à durée indéterminée. • Siège est situé dans un pays de l'UE où est l'un des membres (le pays détermine la loi applicable au GEIE).
Conditions de forme et publicité	• Le contrat constitutif est un acte écrit. • Publicité légale : avis au JAL, immatriculation au RCS, avis au BODACC.	• Le contrat constitutif est un acte écrit. • Publicité légale : avis au JAL, immatriculation au RCS, avis au BODACC, publication au JOUE.
Sanction	• **Nullité** en cas de non-respect des conditions impératives relatives aux conditions de constitution d'un GIE.	• Nullité en cas de non-respect des conditions impératives relatives aux conditions de constitution d'un GEIE.
Fonctionnement		
Membres	• **Sur le plan individuel :** – obligations : définies par le contrat constitutif. Chaque membre a une **responsabilité indéfinie et solidaire**. NB : En cas de cessation des paiements : tous les membres peuvent être mis personnellement en redressement judiciaire (en plus du GIE) ; – droits : profiter des services ou des résultats du GIE, droit d'information (*cf.* SNC), droit de retrait (*cf.* le contrat constitutif), droit de cession des droits (à l'unanimité des membres).	• **Sur le plan individuel** : obligations et droits : *cf.* GIE ; • **Décisions collectives** : – en principe, les décisions sont prises en assemblée (le contrat constitutif peut prévoir un vote par écrit ou par correspondance) ; – le contrat constitutif fixe les conditions de quorum et de majorité (principe : un membre = une voix).

Critères	GIE	GEIE
Membres *(suite)*	• **Décisions collectives :** – si le contrat constitutif ne prévoit rien : décisions sont prises à l'unanimité, chaque membre dispose d'une voix ; – l'assemblée est habilitée à prendre toute décision.	
Dirigeants	• Ce sont un ou plusieurs **administrateurs** (membres ou non du GIE), personnes physiques ou morales. • Ils engagent le GIE dans les relations avec les tiers, par tout acte entrant dans l'objet de celui-ci. • Les **limitations de leurs pouvoirs** sont inopposables aux tiers. • Leur **statut** est défini par le contrat constitutif.	• Un ou plusieurs **gérants**, personnes physiques ou morales. • Engagent le GEIE dans les relations avec les tiers, par tout acte entrant dans l'objet de celui-ci. • Principe : les limitations de leurs pouvoirs sont inopposables aux tiers.
Organes de contrôle	• Un ou plusieurs (personnes physiques) **contrôleurs de la gestion** doivent être nommés ; leur statut est défini dans le contrat constitutif. • Un **commissaire aux comptes** : doit être désigné si le GIE émet des obligations ou s'il emploie au moins 100 salariés.	• Un **commissaire aux comptes** doit être désigné si le GEIE emploie au moins 100 salariés. Il ne peut employer plus de 500 salariés.
Transformation		
	• Le GIE peut se transformer **en SNC** sans entraîner la création d'une personne morale nouvelle. • Toute société ou association peut se transformer en GIE sans entraîner la création d'une personne morale nouvelle.	• Toute société, association ou GIE français peut se transformer en GEIE sans création d'une personne morale nouvelle. • Un GEIE peut être transformé en SNC, GIE français sans création d'une personne morale nouvelle.
Dissolution		
	• **Causes**, notamment : réalisation ou extinction de l'objet, décision des membres. • **Effet** : liquidation du GIE.	• **Causes**, notamment : arrivée du terme, réalisation de l'objet. • **Effet** : liquidation du GIE.

2 Les contrats d'intérêt commun

A. Les groupements contractuels

Contrats	• Sont conclus entre deux ou plusieurs entreprises (entrepreneurs individuels ou groupements). • Application du principe de la **liberté contractuelle**. • Limite : respect de l'ordre public. • Chaque entrepreneur conserve son indépendance juridique dans le groupement.
Types de groupements	• **Groupements permanents**, *ex.* : les sociétés commerciales ou civiles, les GIE ou GEIE, les associations. Ils ont la personnalité morale. • **Groupements momentanés**, où les personnes sont juxtaposées. Ils n'ont pas la personnalité morale ; peuvent être conjoints ou solidaires.
Fonctionnement	• Les **marchés** conclus par les groupements sont de droit public ou de droit privé. • Dans tous les cas, un **mandataire commun** représentant unique de tous les entrepreneurs est désigné. • Les prestations effectuées par les entrepreneurs du groupement sont payées directement à chacun de ces entrepreneurs.

B. Les accords de coopération

Conclusion	• Sont des **contrats innommés**. • Application du principe de la **liberté contractuelle**.
Fonctionnement	• Les entreprises mettent en commun des moyens divers de recherche ou étudient des prototypes ou passent des accords de distribution. • Un **comité de coordination** est désigné pour assurer la direction commune et une coordination des opérations.

C. Les accords (ou contrats) de sous-traitance

1. Définition et conclusion

L'article 1er alinéa 1 de la loi du 31 décembre 1975 relative à la **sous-traitance** dispose : « la sous-traitance est l'opération par laquelle un **entrepreneur** confie par un sous-traité, et sous sa responsabilité, à une autre personne appelée **sous-traitant** tout ou partie de l'exécution du contrat d'entreprise ou du marché public conclu avec le **maître de l'ouvrage**. »

Par conséquent, deux contrats sont conclus successivement pour satisfaire la commande du maître de l'ouvrage :

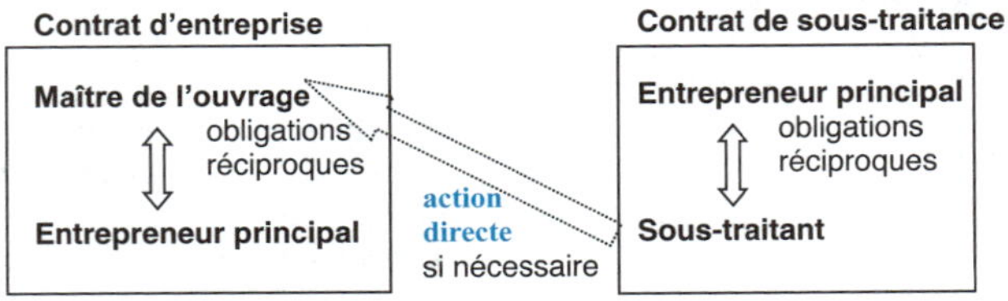

2. Statut du sous-traitant

Protection
• **Motif** : il n'est pas en relation contractuelle directe avec le maître de l'ouvrage ; il court donc le risque de ne pas être payé par l'entrepreneur principal si celui-ci a des difficultés financières. • **Conditions :** – le sous-traitant doit être agréé par le maître de l'ouvrage ; – si le sous-traitant n'est pas payé par l'entrepreneur principal conformément au contrat de sous-traitance, il peut alors exercer une action directe contre le maître de l'ouvrage (pour lui réclamer directement le paiement de sa prestation).
Responsabilité encourue
• **Contractuelle**, vis-à-vis de l'entrepreneur principal : l'entrepreneur principal, poursuivi en justice par le maître de l'ouvrage, fait un appel en garantie ; par cet acte, il engage la responsabilité contractuelle du sous-traitant. • **Extracontractuelle**, vis-à-vis du maître de l'ouvrage, auquel il n'est pas lié par un contrat.

3. Obligations du maître de l'ouvrage

- Obligation de **payer le prix** fixé par le contrat ou par le juge (révision judiciaire) ; **garanties du paiement** (exception d'inexécution, droit de rétention, sûretés conventionnelles).
- Obligation de **coopérer de bonne foi** à l'exécution du contrat.
- Obligation de **réceptionner l'ouvrage** (avec paiement du prix ou solde…).

D. Le contrat de location-gérance

Définition : La location-gérance (ou gérance libre du fonds de commerce) est un contrat qui permet au **propriétaire** d'un fonds de commerce, artisanal ou industriel de céder à une personne, physique ou morale, le **locataire-gérant**, le droit d'exploiter librement ce fonds à ses risques et périls moyennant le paiement d'une redevance.
Conclusion du contrat
Conditions relatives au propriétaire du fonds (ou loueur)
• En principe, il doit avoir exploité le fonds pendant deux ans au moins au jour de la mise en location-gérance ; à défaut, le contrat est nul. • Le contrat doit être écrit, publié (au greffe) et enregistré (fisc).

Conditions relatives au locataire-gérant
• Est une personne physique ou morale, qui doit avoir la capacité commerciale. • Devient commerçant s'il ne l'était pas avant, car ce contrat est un acte de commerce. • Doit s'immatriculer au RCS. • S'engage à exploiter le fonds selon sa destination.
Conditions de la conclusion du contrat
• Publicité au JAL. • Les contrats de travail attachés au fonds sont transmis avec le fonds. • La redevance est fixée librement (fixe, proportionnelle au chiffre d'affaires ou au bénéfice) dans le contrat. Pour le loueur : elle fait partie des BIC ; pour le locataire, elle est déductible du bénéfice. • Un dépôt de garantie est versé lors de la signature du contrat et restitué en fin de contrat.
Effets du contrat
Obligations du loueur
• Délivrer le fonds (avec tous ses éléments : notamment : droit au bail). • Garantir la jouissance paisible du fonds. • Rester propriétaire du fonds. • Jusqu'à la publication du contrat de location-gérance, il est **solidairement responsable** des dettes contractées par le locataire-gérant à l'occasion de l'exploitation du fonds.
Obligations du locataire-gérant
• Exploiter lui-même le fonds (*cf.* bonne foi et loyauté dans la gestion…). • Respecter la destination du fonds. • Payer la redevance convenue. • Ne pas céder ni sous-louer son droit d'exploitation du fonds, sauf avec l'autorisation du propriétaire ou si cela est prévu par le contrat.
Effets à l'égard des tiers
• Les créanciers du propriétaire ne deviennent pas ceux du locataire-gérant. Dans les 3 mois à compter de la publication du contrat, ils peuvent demander au juge l'exigibilité immédiate de leurs créances à terme. • Le juge apprécie si la location-gérance est susceptible d'entraîner une dépréciation du fonds de commerce.
Fin du contrat
Causes : • Terme (si durée déterminée du contrat). • Résiliation par l'une des parties (si durée indéterminée). • Inexécution contractuelle. • Disparition du fonds.
Effets : • Publicité de la fin du contrat : avis au JAL dans les 15 J et radiation du locataire-gérant au RCS. • Le fonds de commerce est restitué au propriétaire. • Les dettes contractées par le locataire-gérant sont exigibles. • Application de la clause de non-concurrence insérée dans le contrat.

MÉMO 26 Prévention des difficultés

Les règles applicables sont inscrites dans le Code de commerce.

1 Prévention par l'information

Domaines
Diffusion d'informations relatives au passé
Modalités
• **Dépôt au greffe des comptes annuels** par les sociétés de capitaux, les sociétés à responsabilité limitée (SARL), les sociétés en nom collectif (dont tous les associés sont des SARL ou des sociétés de capitaux) avec, le cas échéant, le **rapport général du commissaire aux comptes** et des annexes (état des cautionnements, avals et garanties donnés par l'entreprise…). • Dépôt au greffe des **comptes consolidés annuels** par les sociétés commerciales qui en établissent. • **Inventaire des valeurs mobilières** détenues par les sociétés offrant leurs titres au public et tableau de répartition et d'affectation des sommes distribuables dans ces mêmes sociétés. • **Publicité des créances** fiscales, sociales et douanières impayées.
Domaines
Obligations comptables prévisionnelles
Modalités
• Obligation d'établir des **comptes prévisionnels** : situation de l'actif réalisable et disponible et du passif exigible, tableau de financement, compte de résultat et plan de financement prévisionnels, pour les groupements qui emploient au moins 300 salariés et qui réalisent un CA HT au moins égal à 18 M €.
Domaines
Intervention des groupements de prévention agréés (GPA)
Modalités
• Missions : - assister le dirigeant d'entreprise adhérent dans l'analyse de sa comptabilité, dans sa gestion et fournir une analyse économique de l'entreprise ; - informer le dirigeant des **indices de difficulté** relevés.

2 Prévention par l'alerte

Origine de l'alerte	Auteur de l'alerte	Modalités de l'alerte
INTERNE		
	Commissaire aux comptes (CAC)	Alerte **obligatoire** quand le CAC relève des faits de nature à compromettre la continuité de l'exploitation. À noter : lorsqu'il lui apparaît que l'**urgence** commande l'adoption de mesures immédiates et que le dirigeant s'y refuse ou fait savoir qu'il envisage des mesures que le CAC estime insuffisantes, ce dernier peut en informer le président du tribunal dès la 1ère information faite.
	Comité social et économique (CSE)	Alerte **facultative** quand le CE a connaissance de faits de nature à affecter de manière préoccupante la situation économique de l'entreprise.
	Associés (SARL, SA)	Alerte **facultative** par les associés des SARL et les actionnaires des SA (qui représentent au moins 1/20e du capital social) : ils peuvent, deux fois par exercice, poser par écrit des questions aux dirigeants sur tout fait de nature à compromettre la continuité de l'exploitation.
EXTERNE		
	Président du tribunal (de commerce...)	Alerte **facultative** quand il résulte de tout acte, document ou procédure qu'une entreprise connaît des difficultés de nature à compromettre la continuité de l'exploitation.
	Groupement de prévention agréé (GPA)	Alerte est **obligatoire** quand le GPA relève des indices de difficulté.

3 Prévention par le mandat ad hoc et la procédure de conciliation

A. Recours au mandat ad hoc et à la conciliation

Conditions	Fond	• L'entreprise doit : – être une entreprise commerciale ou artisanale, une personne morale de droit privé (qu'elle ait ou non une activité économique). La procédure de conciliation s'applique aux personnes physiques ayant une activité professionnelle indépendante (profession libérale) ; – éprouver une ***difficulté juridique, économique ou financière avérée ou prévisible.*** • Le cas échéant, l'entreprise ne doit pas être en cessation des paiements depuis plus de 45 jours pour demander à bénéficier de la procédure de conciliation.
	Forme	Demande émanant exclusivement du débiteur qui peut proposer un mandataire ad hoc ou un conciliateur.
Mise en place	• Nomination d'un **mandataire ad hoc** ou d'un **conciliateur** par le président du tribunal. • Mission du mandataire ad hoc : relatée dans un **rapport** remis en fin de mission (*ex.* : audit de l'entreprise). • Mission du conciliateur : déterminée par le président du tribunal (notamment : favoriser la conclusion entre le débiteur et ses principaux créanciers ainsi que, le cas échéant, ses cocontractants habituels, d'un accord amiable destiné à mettre fin aux difficultés de l'entreprise ; le conciliateur peut également présenter toute proposition se rapportant à la sauvegarde de l'entreprise, à la poursuite de l'activité économique et au maintien de l'emploi).	

B. Portée de l'accord de conciliation

1. **Constatation** de l'**accord de conciliation** par le président du tribunal.
   Fin de la cessation des paiements, le cas échéant.
2. **Homologation** de l'accord de conciliation par le tribunal sur demande du débiteur.
   Effets :
   - fin de la procédure de conciliation ;
   - suspension de toute action en justice et de toute poursuite individuelle.
3. **Conséquences de l'inexécution** de l'accord de conciliation.
   - Le tribunal :
     - prononce la **résolution** de l'accord et la déchéance des délais de paiements ;
     - ouvre une **procédure collective** : de sauvegarde, de redressement judiciaire ou de liquidation judiciaire.
   - **Privilège de conciliation** : les personnes qui avaient consenti, dans le cadre de l'accord, un nouvel apport en trésorerie au débiteur, sont payées en priorité.

Le traitement des difficultés de l'entreprise

1 Droit national

Le traitement des difficultés consiste à appliquer à l'entreprise une procédure collective ou, le cas échéant, une procédure de rétablissement personnel.
Les règles applicables sont inscrites essentiellement dans le Code de commerce.

A. Procédures collectives

Innovations de l'ordonnance 2021-1193 du 15/09/2021

1. Mise en place de **classes de parties affectées** (*cf.* art. L. 629-29 et suivants du Code de commerce) dans les *procédures de sauvegarde, de sauvegarde accélérée et de redressement judiciaire*.

Ces classes sont constituées :
a. dans les entreprises qui atteignent les seuils suivants à la demande d'ouverture de la procédure : 250 salariés et 20 millions d'euros de chiffre d'affaires net OU 40 millions d'euros de chiffre d'affaires net ;
b. dans les sociétés qui détiennent ou contrôlent une autre société dès lors que l'ensemble des sociétés concernées atteignent les seuils énoncés au a. ;
c. en cas d'ouverture d'une procédure de sauvegarde accélérée après une procédure de conciliation, quelle que soit la taille de l'entreprise.
Si les seuils ne sont pas atteints dans les cas a. et b., le juge-commissaire peut, à la demande du débiteur, autoriser la mise en place de ces classes.
La **composition** des classes de parties affectées est déterminée au vu des créances et droits nés antérieurement à la date du jugement d'ouverture de la procédure.
L'administrateur judiciaire (AJ) répartit, sur la base de critères objectifs vérifiables, les parties affectées en ***classes représentatives d'une communauté d'intérêt économique suffisante***.
Les créanciers doivent être répartis dans **trois classes** au minimum : ***les créanciers titulaires de sûretés réelles sur les biens du débiteur***, les ***détenteurs de capital*** (actionnaires, associés, obligataires) qui forment une ou plusieurs classes et les ***autres créanciers***.
NB : cette répartition concerne seulement les créanciers qui peuvent être affectés par un plan de sauvegarde ou de redressement judiciaire ; les droits de certains créanciers ne peuvent être modifiés (*ex.* : salariés).
L'AJ soumet à chaque partie affectée les modalités de répartition en classes et de calcul des voix correspondant aux créances ou aux droits affectés leur permettant d'exprimer un vote. Ce **droit de vote est un accessoire de la créance** ; il permet aux parties de **voter le projet de plan de sauvegarde ou de redressement judiciaire**.
Remarque : les classes de parties affectées remplacent les comités de créanciers.

2. **Fusion des procédures de sauvegarde accélérée et de sauvegarde financière accélérée dans une seule procédure de sauvegarde accélérée**. Le cas échéant, la procédure peut être limitée aux créanciers financiers.

UE 2

27 Le traitement des difficultés de l'entreprise

1. Sauvegarde et redressement judiciaire

Éléments de la procédure	Procédure de sauvegarde	Procédure de redressement judiciaire
Conditions d'ouverture de la procédure		
Personnes concernées	• **Toute personne exerçant une activité commerciale, artisanale ou agricole**, toute personne physique qui exerce une **activité indépendante**, y compris une **profession libérale** (soumise à un statut législatif ou réglementaire ou dont le titre est protégé). • **Toute personne morale de droit privé**, qu'elle ait ou non une activité économique.	
Situation économique	• **Le débiteur justifie de « difficultés qu'il n'est pas en mesure de surmonter ».** **Il N'EST PAS EN CESSATION DES PAIEMENTS.** • NB : si le débiteur rencontre des difficultés qu'il peut surmonter, le tribunal doit l'inviter à demander l'ouverture d'une **conciliation** au président du tribunal.	• Le débiteur **EST EN CESSATION DES PAIEMENTS**, c'est-à-dire qu'il est « dans l'impossibilité de faire face au passif exigible avec son actif disponible ». • Le débiteur qui établit que les réserves de crédit ou les moratoires dont il bénéficie de la part de ses créanciers lui permettent de faire face au passif exigible avec son actif disponible n'est pas en cessation des paiements. • **Passif exigible** = passif échu, où les dettes sont liquides, exigibles et certaines.
But de la procédure	Faciliter la réorganisation de l'entreprise afin de permettre la poursuite de l'activité économique, le maintien de l'emploi et l'apurement du passif.	Permettre la poursuite de l'activité de l'entreprise, le maintien de l'emploi et l'apurement du passif.
Dimension de l'entreprise	Quand le débiteur emploie un nombre de salariés inférieur ou égal à 20 (lors de la demande d'ouverture de la procédure) et réalise un chiffre d'affaires hors taxes inférieur à 3 000 000 € (dernier exercice comptable) : la désignation d'un administrateur judiciaire est facultative.	
Ouverture de la procédure		
Saisine du tribunal	**Seulement par le débiteur.** Il peut proposer au tribunal la désignation d'un administrateur judiciaire de son choix.	• Le **débiteur** doit demander l'ouverture **au plus tard dans les 45 jours qui suivent la cessation des paiements** (s'il n'a pas demandé l'ouverture d'une procédure de conciliation). • Un **créancier** peut assigner le débiteur. • Le **ministère public** peut saisir le tribunal.

Éléments de la procédure	Procédure de sauvegarde	Procédure de redressement judiciaire
Tribunal compétent	Le **tribunal de commerce** est compétent si le débiteur exerce une activité commerciale ou artisanale ; dans les autres cas (*ex.* : profession libérale), c'est le **tribunal judiciaire**. Le tribunal **territorialement** compétent pour les procédures collectives est celui dans le ressort duquel est situé le siège social ou l'adresse de l'entreprise ou de l'activité.	
Auditions	Avant de statuer, le tribunal ***doit*** entendre **en chambre du conseil** : le débiteur, les représentants du CSE, l'ordre professionnel concerné, le ministère public (quand le débiteur a bénéficié d'un mandat ad hoc ou d'une procédure de conciliation dans les 18 mois précédents).	
Nomination *facultative* d'un juge enquêteur	Avant de prendre sa décision, le tribunal **peut** nommer ce juge ; il recueillera tous les renseignements utiles sur la situation financière, économique et sociale de l'entreprise (auprès du CAC, des membres et représentants du personnel...).	
Contenu du jugement d'ouverture de la procédure collective	Mise en place des **organes** de la procédure.	Le tribunal fixe la **date de cessation des paiements** (qui ne peut être antérieure de plus de 18 mois à la date du jugement d'ouverture de la procédure) et met en place les **organes** de la procédure.
Effets du jugement d'ouverture de la procédure : le déroulement de la période d'observation		
Durée de la période d'observation (PO)	En sauvegarde : • **6 mois maximum ; peut être renouvelée une fois, pour une durée maximale de six mois**, par décision spécialement motivée à la demande de l'administrateur, du débiteur ou du ministère public.	En redressement judiciaire : **6 mois maximum ; peut être renouvelée une fois, six mois maximum**, par décision spécialement motivée à la demande de l'administrateur, du débiteur ou du ministère public. **DE PLUS, cette durée peut être exceptionnellement prolongée** à la demande du procureur de la République par décision spécialement motivée du tribunal **pour une période de 6 mois**.

<table>
<tr><th>Éléments de la procédure</th><th>Procédure de sauvegarde</th><th>Procédure de redressement judiciaire</th></tr>
<tr><td>Mission des organes de la procédure</td><td colspan="2">Pour prendre des décisions :
• Le juge-commissaire est « chargé de veiller au déroulement rapide de la procédure et à la protection des intérêts en présence » ; il désigne les contrôleurs.
• L'administrateur judiciaire (AJ) a une mission déterminée par le tribunal, qui peut la modifier à tout moment.
NB : dans sa mission d'assistance ou de remplacement du débiteur, l'AJ est tenu au respect de toutes les obligations légales ou conventionnelles qui incombent habituellement au chef d'entreprise.
• Le mandataire judiciaire a seul qualité pour agir au nom et dans l'intérêt collectif des créanciers.
Pour contrôler :
• Les créanciers contrôleurs (1 à 5 personnes, qui sont désignées à l'initiative du juge-commissaire) qui assistent le mandataire judiciaire et le juge-commissaire dans sa mission de surveillance de l'administration de l'entreprise.
• Le représentant des salariés est désigné par le comité social et économique (ou à défaut par les salariés) qui veille à la protection des droits des salariés.
• Le ministère public, qui est obligatoirement présent quand le tribunal examine l'ouverture d'une procédure de sauvegarde à l'égard d'un débiteur qui avait obtenu la nomination d'un mandataire ad hoc ou fait l'objet d'une procédure de conciliation.
• De plus, le tribunal désigne : soit un commissaire-priseur judiciaire, soit un huissier, soit un notaire, soit un courtier en marchandises assermenté pour réaliser l'inventaire et la prisée du patrimoine du débiteur.
Pour informer :
Le tribunal peut nommer un ou plusieurs experts pour une mission qu'il détermine lui-même.</td></tr>
<tr><td>Régime de la procédure simplifiée</td><td colspan="2">S'il n'y a pas d'administrateur judiciaire : le débiteur exerce seul la faculté de poursuivre le contrat en cours ; en cas de désaccord, le juge-commissaire tranche le litige.
Le débiteur établi un projet de plan avec l'assistance éventuelle d'un expert qui peut être nommé par le tribunal.
Ce projet est déposé au greffe du tribunal ; ce dernier prend sa décision au vu d'un rapport du juge-commissaire.</td></tr>
</table>

<table>
<tr><th>Éléments de la procédure</th><th>Procédure de sauvegarde</th><th>Procédure de redressement judiciaire</th></tr>
<tr><td>Préparation du plan</td><td colspan="2">• L'AJ :
– élabore le bilan économique social et environnemental (quand l'entreprise exploite une ou des installations classées dans les catégories dangereuses) ;
– peut se faire assister par un ou plusieurs experts ; il travaille en collaboration avec le débiteur et entend toute personne dont l'audition lui paraît utile.
• Le juge-commissaire dispose d'un large pouvoir d'investigation pour fournir des informations à l'AJ.
Ce bilan a un caractère global. Il précise l'origine, l'importance et la nature des difficultés de l'entreprise. Il contient des informations économiques (situation comptable et financière), sociales (effectifs, climat social…), juridiques (contrats en cours…).</td></tr>
<tr><td>Projet de plan de sauvegarde ou de redressement judiciaire</td><td colspan="2">Le projet de plan de sauvegarde est établi par le débiteur.
Le projet de plan de redressement judiciaire est établi par l'AJ.
Contenu :
• perspectives de redressement en fonction des possibilités de l'entreprise ;
• modalités de poursuite des activités ;
• état du marché ;
• moyens de financement possibles ;
• modalités de règlement du passif et éventuelles garanties que le chef d'entreprise doit souscrire pour en assurer l'exécution ;
• présente et analyse les offres d'acquisition présentées par des tiers, portant sur une ou plusieurs activités ;
• pour toutes les modifications statutaires (modification du capital…), l'assemblée des associés doit voter avant que le plan soit arrêté par le tribunal.
L'AJ propose des délais et remises aux créanciers ayant déclaré leurs créances.
Les administrations financières, les organismes sociaux peuvent accepter de remettre tout ou partie des dettes du débiteur.</td></tr>
<tr><td>Projet de plan de redressement : éléments spécifiques</td><td></td><td>Dès l'ouverture de la procédure, les tiers peuvent soumettre à l'administrateur des offres tendant au maintien de l'activité de l'entreprise sous la forme de cession totale ou partielle, dans les conditions légales relatives à la liquidation judiciaire.</td></tr>
</table>

Éléments de la procédure	Procédure de sauvegarde	Procédure de redressement judiciaire
Situation de l'entreprise pendant la période d'observation (PO)	**Le débiteur n'est jamais dessaisi de la gestion** de son entreprise. À tout moment de la PO, il peut demander la conversion de la procédure en RJ si l'adoption d'un plan de sauvegarde est manifestement impossible et si la clôture de la procédure conduirait de manière certaine et à bref délai à la cessation des paiements. L'AJ a *notamment* une mission d'**assistance ou de surveillance** pour tout ou partie des actes de gestion du débiteur. Quand l'AJ est nommé, c'est lui qui peut seul décider la **poursuite ou non des contrats en cours**.	**Le tribunal fixe la mission du ou des administrateurs judiciaires (AJ)**. L'AJ : - peut **assister** le débiteur pour tous les actes relatifs à la gestion ou certains d'entre eux ; **OU** - **assurer seul, entièrement ou en partie, l'administration** de l'entreprise. Quand l'AJ est nommé, il peut seul décider la **poursuite ou non des contrats en cours**. *À tout moment de la période d'observation*, le tribunal peut ordonner la cessation partielle de l'activité ou prononcer la liquidation judiciaire. Dès l'ouverture de la procédure, le dirigeant ne peut céder les **droits sociaux** qu'il détient directement dans l'entreprise ; ils sont virés sur un compte bloqué.
Situation des **créanciers**	**Les créanciers qui financent la période d'observation :** • détiennent des **créances**, postérieures au jugement d'ouverture de la procédure qui sont **payées à l'échéance** ; • disposent d'un **privilège** pour le paiement de leurs créances, qui est primé par le superprivilège des salariés, le privilège des frais de justice et le privilège des créanciers ayant fourni un nouvel apport en trésorerie dans le cadre d'une conciliation débouchant sur un accord homologué.	
Situation des **salariés**	• Les **créances salariales dues avant le jugement** d'ouverture sont super-privilégiées pour les 60 derniers jours de travail. Un relevé en est fait dans les 10 jours du jugement d'ouverture. • Pour les autres créances : relevé dans les 3 mois. • Les créances salariales **liées à la poursuite de l'activité** sont payées normalement. • **Les licenciements pour motif économique** sont décidés par le juge-commissaire ; ils doivent présenter un *caractère urgent, inévitable et indispensable.*	

Éléments de la procédure	Procédure de sauvegarde	Procédure de redressement judiciaire
Évaluation de l'actif de l'entreprise	• Le jugement d'ouverture de la procédure emporte en principe **l'interdiction de payer toute créance née antérieurement au jugement d'ouverture**. • À compter du jugement d'ouverture, il est interdit au débiteur de payer certaines créances nées après le jugement d'ouverture, de consentir une **hypothèque** ou un **nantissement** (*sauf* sur autorisation du juge-commissaire). • L'administrateur demande au débiteur d'effectuer tous les actes nécessaires à la **conservation des droits de l'entreprise contre les débiteurs** de celle-ci et à la préservation des capacités de production. • Il est dressé un **inventaire** et une prisée du patrimoine du débiteur et des garanties qui grèvent ce patrimoine. • Les créanciers peuvent, dans certains cas, exercer un droit de revendication, *notamment* quand ils bénéficient d'une clause de réserve de propriété ou un droit de rétention.	
	Seul le débiteur peut être autorisé par le juge-commissaire à passer des **actes de disposition étrangers à la gestion courante**, à compromettre ou transiger.	Le débiteur ne peut effectuer d'acte de disposition étranger à la gestion courante de l'entreprise.
Reconstitution de l'actif par les nullités de la période suspecte		La loi prévoit que **certains actes** effectués par le débiteur au cours de la **période suspecte** (entre la date de la cessation des paiements et le jugement d'ouverture de la procédure) sont : • nuls de plein droit (*ex.* : actes sans contrepartie ou paiements anormaux, garanties suspectes, tout transfert de biens ou de droits dans un patrimoine fiduciaire) : **nullités obligatoires** ; **OU** • nuls facultativement (*ex.* : actes à titre gratuit faits dans les 6 mois qui précèdent la période suspecte) : **nullités facultatives**. → Ces **nullités** visent à reconstituer le patrimoine du débiteur au profit des créanciers ; elles sont rétroactives.

Éléments de la procédure	Procédure de sauvegarde	Procédure de redressement judiciaire
Évaluation du passif de l'entreprise	• Le jugement d'ouverture de la procédure interrompt ou interdit les **actions en justice individuelles** qui visent notamment à la condamnation du débiteur au paiement d'une somme d'argent. • Par ailleurs, le **cours des intérêts** est arrêté (sauf pour les contrats de prêt conclus pour une durée supérieure ou égale à 1 an ou des contrats assortis d'un paiement différé de 1 an ou plus). • Les **hypothèques**, **nantissements** et **privilèges** ne peuvent plus être inscrits postérieurement au jugement d'ouverture. • Tous les créanciers antérieurs au jugement d'ouverture (à l'exception des salariés) doivent **déclarer leur créance** (montant principal et intérêts échus) auprès du mandataire judiciaire dans le délai de 2 mois à compter de la publication du jugement d'ouverture au BODACC. En cas de déclaration hors délai, le créancier est forclos. Le mandataire vérifie les créances, en établit la *liste* avec les propositions d'admission, de rejet ou de renvoi devant le tribunal ; le juge-commissaire admet ou rejette ensuite les créances. Les créanciers peuvent contester dans un délai de 30 jours devant le juge-commissaire. • Le **conjoint du débiteur** établit la *liste de ses biens personnels* (*cf.* le régime matrimonial choisi). *En sauvegarde :* lorsque les engagements pour le règlement du passif peuvent être établis sur la base d'une attestation de l'expert-comptable ou du commissaire aux comptes, ils portent sur les créances déclarées admises ou non contestées, ainsi que sur les créances identifiables, notamment celles dont le délai de déclaration n'est pas expiré.	
Dénouement de la procédure		
Cas de la cession totale ou partielle de l'entreprise	Remarque : *à tout moment de la PO* : le tribunal peut décider : • la **cessation partielle** de l'activité ; • le cas échéant, la **transformation de la procédure** de sauvegarde en procédure de RJ ou de LJ.	Le tribunal la décide **lorsque le débiteur « est dans l'impossibilité d'assurer lui-même le redressement de son entreprise »**.
Présentation des offres de reprise	Le tribunal autorise la poursuite de l'activité et fixe le délai dans lequel les **offres de reprise** doivent parvenir à l'AJ. Toute offre est **écrite** et son contenu est fixé par la loi, *notamment* : • désignation des biens, droits et contrats ; • prévisions d'activité et de financement ; • prix offert, modalités de paiement ; • niveau et perspective d'emplois ; • garanties souscrites pour assurer l'exécution de l'offre ; • les prévisions de cessions d'actifs au cours des 2 années suivant la cession. Les offres, qui doivent présenter des **garanties de moralité**, sont déposées au greffe.	

<table>
<tr><th>Éléments de la procédure</th><th>Procédure de sauvegarde</th><th>Procédure de redressement judiciaire</th></tr>
<tr><td>Contenu du jugement qui décide le plan de sauvegarde ou de redressement judiciaire</td><td>Lorsqu'il existe une sérieuse possibilité pour l'entreprise d'être sauvegardée, le tribunal arrête un plan de sauvegarde et met fin à la période d'observation.
Ce plan peut comporter l'arrêt, l'adjonction ou la cession d'une ou plusieurs activités.
NB : les cautions personnes physiques ou ayant consenti une garantie autonome peuvent se prévaloir du plan de sauvegarde.
Le tribunal prend sa décision après avoir procédé à diverses auditions (débiteur, AJ...).
Il nomme, pour la durée du plan, l'administrateur judiciaire ou le mandataire judiciaire en qualité de commissaire à l'exécution du plan.</td><td>Sort de l'entreprise :
• plan de redressement ;
OU
• cession totale ou partielle de l'entreprise quand le débiteur « est dans l'impossibilité d'assurer lui-même le redressement de son entreprise ».
Le plan précise, le cas échéant, les licenciements qui doivent intervenir dans le délai d'un mois après le jugement.
Le tribunal peut subordonner l'adoption du plan de RJ à l'incessibilité ou à la cession forcée des titres détenus par le dirigeant ou au remplacement de celui-ci.</td></tr>
<tr><td>Engagements dans le plan de sauvegarde ou le plan de redressement judiciaire</td><td colspan="2">Ils portent sur :
• l'avenir de l'activité ;
• les modalités du maintien de l'entreprise ;
• les modalités de son financement ;
• les modalités du règlement du passif né avant le jugement d'ouverture ; le tribunal donne acte des délais et remises acceptés par les créanciers ;
• les éventuelles garanties fournies pour en assurer l'exécution.
De plus, le plan :
• expose et justifie le niveau et les perspectives de l'emploi et les conditions sociales envisagées pour la poursuite de l'activité ;
• mentionne les éventuelles modifications des statuts nécessaires à la réorganisation de l'entreprise.</td></tr>
<tr><td>Durée du plan</td><td colspan="2">10 ans maximum.</td></tr>
</table>

<table>
<tr><th>Éléments de la procédure</th><th>Procédure de sauvegarde</th><th>Procédure de redressement judiciaire</th></tr>
<tr><td>Effets du plan</td><td colspan="2">Notamment :
• levée de l'interdiction d'émettre des chèques ;
• inaliénabilité de certains biens ;
• modification des statuts (augmentation du capital…) ;
• les délais de paiement accordés au débiteur ne peuvent excéder la durée du plan et le 1er paiement ne peut intervenir au-delà du délai d'un an. Au-delà de la 2e année, le montant de chacune des annuités prévues par le plan ne peut être inférieur à 5 % du passif admis.
NB : le tribunal impose des délais uniformes de paiement aux créanciers qui n'ont accordé aucun délai ou aucune remise.
• Certains créanciers peuvent obtenir des délais plus brefs s'ils acceptent une réduction proportionnelle du montant de leur créance.
• Certaines créances ne font l'objet ni de remise, ni de délai de paiement : créances salariales superprivilégiées, créances les plus faibles (dans la limite de 5 % du passif estimé).
• Lors de la vente d'un bien grevé d'un privilège spécial, d'un nantissement ou d'une hypothèque, la quote-part du prix est versée en compte de dépôt à la Caisse des Dépôts et Consignations ; les créanciers sont payés sur le prix après le paiement des créances salariales superprivilégiées.
NB : le plan peut faire l'objet d'une modification substantielle.</td></tr>
<tr><td>Résolution du plan</td><td colspan="2">Le tribunal peut la décider si le débiteur n'exécute pas ses engagements dans les délais fixés par le plan.
Si la cessation des paiements intervient lors de l'exécution du plan de sauvegarde : le tribunal décide, après avis du ministère public, sa résolution ; il peut prononcer le redressement judiciaire ou la liquidation judiciaire.
Si la cessation des paiements intervient lors de l'exécution du plan de redressement judiciaire : le tribunal prononce la liquidation judiciaire.</td></tr>
</table>

2. La sauvegarde accélérée

▸ Conditions d'ouverture de la procédure

L'ouverture est demandée par le **débiteur engagé dans une procédure de conciliation** et qui justifie avoir élaboré un **projet de plan** tendant à assurer la pérennité de l'entreprise. Ce projet doit être susceptible de recueillir, de la part des parties affectées à l'égard desquelles l'ouverture de la procédure produira effet, un soutien suffisamment large pour rendre vraisemblable son adoption par le tribunal.
Les **comptes** du débiteur ont été certifiés par un commissaire aux comptes ou établis par un expert-comptable.
En cas de **cessation des paiements**, celle-ci **ne doit pas dater de plus de 45 jours.**

Ouverture de la procédure

Le tribunal statue sur l'ouverture de la procédure après un **rapport du conciliateur** sur le déroulement de la conciliation et les perspectives d'adoption du projet de plan par les parties affectées concernées.
Le tribunal désigne un ou plusieurs **administrateurs judiciaires**.
Lorsque le débiteur n'est pas soumis à l'obligation de **constituer des classes de parties affectées**, l'ouverture de la procédure de sauvegarde accélérée est subordonnée à cette constitution. À cette fin, le tribunal ordonne leur constitution dans le jugement d'ouverture.

Effets de l'ouverture de la procédure

Le **débiteur établit la liste des créances de chaque partie affectée** ayant participé à la conciliation et qui doivent être déclarées et, le cas échéant, les **accords de subordination** portés à la connaissance du débiteur par les créanciers avant l'ouverture de la procédure. Elle est certifiée par le commissaire aux comptes ou, à défaut, fait l'objet d'une attestation de l'expert-comptable.
Le **dépôt de la liste au greffe du tribunal** vaut déclaration au nom des parties affectées si celles-ci n'adressent pas la déclaration de leurs créances.
Le **tribunal arrête le plan** dans un délai de deux mois à compter du jugement d'ouverture. À la demande du débiteur et de l'administrateur judiciaire, le tribunal peut proroger ce délai sans que la durée totale de la procédure ne puisse excéder quatre mois. À défaut d'arrêté de plan dans ce délai, le tribunal met fin à la procédure.

3. La liquidation judiciaire

Eléments de la procédure	Procédure de liquidation judiciaire
Conditions d'ouverture de la procédure	
Personnes concernées	⟹ *Cf.* sauvegarde et redressement judiciaire.
Situation économique	Le débiteur **est en cessation des paiements et son redressement est manifestement impossible**.
But de la procédure	Principe : réaliser les actifs de l'entreprise en vue de l'apurement du passif.
Dimension de l'entreprise	La loi prévoit une procédure de liquidation judiciaire simplifiée OBLIGATOIRE pour les entreprises qui remplissent les conditions suivantes : • l'actif ne comprend pas de biens immobiliers ; • le nombre de salariés au cours des 6 mois précédant l'ouverture de la procédure collective est au plus égal à 5 et l'entreprise réalise un chiffre d'affaires HT inférieur ou égal à 750 000 €. NB : à tout moment, le tribunal peut décider de revenir à la procédure de liquidation judiciaire de droit commun.

Eléments de la procédure	Procédure de liquidation judiciaire
Ouverture de la procédure	
Saisine du tribunal	⟹ *Cf.* redressement judiciaire.
Tribunal compétent	⟹ *Cf.* sauvegarde et redressement judiciaire.
Auditions	⟹ *Cf.* sauvegarde et redressement judiciaire.
Contenu du jugement	⟹ *Cf.* redressement judiciaire.
Effets du jugement d'ouverture de la procédure : le déroulement de la période d'observation	
Durée de la période d'observation (PO)	Remarque : la LJ peut avoir lieu pendant la PO.
Mission des organes de la procédure	• **Le juge-commissaire** est « chargé de veiller au déroulement rapide de la procédure et à la protection des intérêts en présence ». • **Le mandataire judiciaire** est nommé en qualité de **liquidateur**. • **Les créanciers contrôleurs** (qui sont désignés à l'initiative du juge-commissaire). • **Le représentant des salariés**, qui veille à la protection des droits des salariés. • **Le ministère public**. • Des **experts**, qui vont dresser un inventaire et une prisée du patrimoine du débiteur et des garanties qui grèvent ce patrimoine. • *À noter* : le tribunal doit aussi nommer notamment un commissaire-priseur judiciaire, un huissier, un notaire. **MISSION DU LIQUIDATEUR** : • établir dans le mois de sa désignation, un **rapport** sur la situation du débiteur ; • réaliser l'**inventaire** s'il y a lieu ; • demander au débiteur d'effectuer les **actes conservatoires...** ; • administrer l'entreprise ; il peut notamment exiger la poursuite des **contrats en cours** ; • agir au nom et dans l'intérêt collectif des créanciers ; • agréer les demandes de **revendication** avec l'accord du débiteur.

Eléments de la procédure	Procédure de liquidation judiciaire
Régime de la procédure simplifiée	Le tribunal détermine les biens du débiteur qui peuvent faire l'objet d'une **vente de gré à gré** ; le liquidateur procède à leur vente dans les 4 mois de la publication du jugement. Puis, il sera procédé à une **vente aux enchères publiques** des biens qui subsisteraient. À la fin de la procédure de vérification et d'admission des créances, le liquidateur établit un **projet de répartition** de ces créances. Au plus tard 6 mois (en principe) après l'ouverture de la procédure, le tribunal prononce la clôture de la liquidation judiciaire.
Situation de l'entreprise	**Le maintien de l'activité de l'entreprise** peut être autorisé par le tribunal pour une durée maximale de 3 mois ou jusqu'à l'arrêté d'un plan de cession totale de l'entreprise, notamment **si** la cession totale ou partielle de l'entreprise est envisageable ou si l'intérêt public l'exige. **Le débiteur est dessaisi de plein droit de l'administration de l'entreprise** et de la disposition de ses biens, jusqu'à la clôture de la liquidation. *Quand le débiteur est une personne morale*, le *siège social* est fixé au domicile du représentant légal ou du mandataire désigné par le tribunal.
Situation des créanciers	• **Les créances nées après le jugement de liquidation** sont payées **à échéance**. • *À défaut*, elles sont payées par privilège avant toutes les autres créances sauf notamment celles qui sont garanties par le superprivilège des salariés, le privilège des frais de justice, et celles qui sont garanties par des sûretés immobilières ou des sûretés mobilières spéciales.
Situation des salariés	• Les créances salariales **dues avant le jugement** d'ouverture sont : - superprivilégiées pour les 60 derniers jours de travail ; - privilégiées pour les six derniers mois de travail. Les créances salariales **liées à la poursuite de l'activité** sont payées normalement.

Eléments de la procédure	Procédure de liquidation judiciaire
Évaluation de l'actif de l'entreprise	• Le jugement emporte : - **l'interdiction** (en principe) **de payer toute créance née antérieurement au jugement d'ouverture** ; - **l'interdiction** (en principe) **de payer toute créance née après le jugement.** • La LJ n'entraîne pas automatiquement la résiliation du **bail d'immeuble**. • Il est dressé un **inventaire** et une **prisée** du patrimoine du débiteur et des garanties qui grèvent ce patrimoine. • Les créanciers peuvent exercer leur **droit de revendication**, notamment quand ils bénéficient d'une clause de réserve de propriété.
La reconstitution de l'actif par les nullités de la période suspecte	⟹ *Cf.* redressement judiciaire
Évaluation du passif de l'entreprise	⟹ *Cf.* sauvegarde et redressement judiciaire
Dénouement de la procédure	
Cas de la cession totale ou partielle de l'entreprise	La cession peut être **totale ou partielle**. *Si elle est partielle*, elle porte sur « un ensemble d'éléments d'exploitation qui forment une ou plusieurs branches d'activité complètes et autonomes ».
Présentation des offres de reprise	⟹ *Cf.* sauvegarde et redressement judiciaire
Contenu du jugement qui décide la LJ	**En cas de cession totale ou partielle de l'entreprise**, *le tribunal* : • retient l'offre qui permet d'assurer dans les meilleures conditions l'**emploi**, le **paiement des créanciers** et qui présente les meilleures **garanties d'exécution** ; • détermine les **contrats cédés** ; • à propos des **licenciements pour motif économique** qui doivent intervenir dans le mois du jugement qui arrête le plan de cession : consulter le comité d'entreprise (ou, à défaut, les délégués du personnel) et informer la DREETS (Direction régionale de l'économie, de l'emploi, du travail et des solidarités). NB : quand le plan de cession est arrêté par le tribunal, il peut être modifié, sauf sur le prix de cession.

Eléments de la procédure	Procédure de liquidation judiciaire
Réalisation de l'actif	• Le liquidateur procède aux opérations de **liquidation** en même temps qu'il effectue la **vérification des créances**. • En dehors de la **cession d'éléments de l'entreprise**, les **actifs** (immeubles…) **du débiteur** pris individuellement vont être cédés. Les **biens gagés** qui ne sont pas retirés par le liquidateur sont réalisés par le liquidateur. • Toutes les cessions doivent faire l'objet de **publicité**. Le montant de l'actif distribuable est réparti dans l'ordre prévu par la loi (*cf.* art. L. 643-8 du Code de commerce).
Clôture des opérations	• Le tribunal prononce la **clôture de la liquidation** *quand* le passif exigible n'existe plus *ou* que le liquidateur dispose de sommes suffisantes pour désintéresser les créanciers *ou* que la poursuite des opérations de liquidation est devenue impossible en raison de « l'insuffisance d'actif ». • Le liquidateur **rend les comptes de liquidation**. • En principe, les créanciers **ne recouvrent pas leur droit de poursuite individuelle**.

B. Sort des dirigeants dans les procédures collectives

La loi prévoit

Personnes visées

- **Dirigeants** d'une personne morale de droit privé soumise à une procédure collective.
- Personnes physiques représentants permanents de ces dirigeants personnes morales, entrepreneurs individuels.

3 types de **sanctions**

- Responsabilité pour insuffisance d'actif.
- Sanctions professionnelles personnelles.
- Sanctions pénales.

Procédure

Juridictions compétentes :

- pour la responsabilité pour l'insuffisance d'actif et les sanctions professionnelles personnelles : le tribunal (de commerce) qui a été saisi de la procédure collective ;
- pour les sanctions pénales : le tribunal correctionnel.

Saisine de la juridiction par le mandataire judiciaire, le liquidateur ou le ministère

La responsabilité des dirigeants PEUT être engagée dans les cas suivants.

1. Responsabilité pour insuffisance d'actif

▸ Personnes visées par la loi

Dirigeants d'une personne morale de droit privé soumise à une procédure collective, personnes physiques représentants permanents de ces dirigeants personnes morales, entrepreneurs individuels.

▸ Situation

Lorsque la **liquidation judiciaire d'une personne morale** fait apparaître une insuffisance d'actif, le tribunal peut, *en cas de faute de gestion ayant contribué à cette insuffisance d'actif*, décider que le montant de cette insuffisance d'actif sera supporté, en tout ou en partie, par tous les *dirigeants de droit ou de fait*, ou par certains d'entre eux, ayant contribué à la faute de gestion.

En cas de pluralité de dirigeants, le tribunal peut, par décision motivée, les déclarer solidairement responsables.

À noter : en cas de simple négligence du dirigeant de droit ou de fait dans la gestion de la personne morale, sa responsabilité au titre de l'insuffisance d'actif ne peut être engagée.

▸ L'action en justice

Elle se prescrit par trois ans à compter de la date à laquelle la décision condamnant le dirigeant à supporter l'insuffisance d'actif acquiert force de chose jugée.

Les sommes versées par les dirigeants entrent dans le patrimoine du débiteur. Elles sont réparties au marc le franc entre tous les créanciers.

2. Sanctions professionnelles personnelles

▸ Effets

Elles concernent l'aptitude à agir du dirigeant.

▸ Durée

Elles ne peuvent être supérieures à 15 ans ; elles peuvent être levées si le débiteur a apporté une contribution suffisante au paiement du passif.

▸ L'action en justice

Se prescrit par trois ans à compter du jugement qui prononce l'ouverture de la procédure.

▸ Situation

Une **procédure de redressement judiciaire ou de liquidation judiciaire** est ouverte à l'encontre d'une personne physique ou d'une personne morale.

▸ Deux sanctions

Faillite personnelle

- Effet : elle emporte **interdiction de diriger, gérer, administrer ou contrôler**, directement ou indirectement, toute entreprise commerciale ou artisanale, toute exploitation agricole ou toute entreprise ayant toute autre activité indépendante et toute personne morale.

- Le tribunal **peut** prononcer la faillite personnelle de :

toute personne	qui a notamment : • en s'abstenant volontairement de coopérer avec les organes de la procédure, fait obstacle à son bon déroulement ; • fait disparaître des documents comptables ou a tenu une comptabilité fictive, manifestement incomplète ou irrégulière au regard des dispositions applicables.
tout dirigeant, de droit ou de fait, d'une personne morale	qui a : • disposé des biens de la personne morale comme des siens propres ; • sous le couvert de la personne morale masquant ses agissements, fait des actes de commerce dans un **intérêt personnel** ; • **fait des biens ou du crédit de la personne morale un usage contraire à l'intérêt de celle-ci à des fins personnelles** ou pour favoriser une autre personne morale ou entreprise dans laquelle il était intéressé directement ou indirectement ; • poursuivi abusivement, dans un intérêt personnel, une exploitation déficitaire qui ne pouvait conduire qu'à la cessation des paiements de la personne morale ; • **détourné ou dissimulé tout ou partie de l'actif ou frauduleusement augmenté le passif** de la personne morale.
tout dirigeant de personne morale	Qui n'a pas acquitté les dettes de celle-ci mises à sa charge.

Interdiction de diriger ou contrôler une entreprise commerciale ou une personne morale

- **Cas** : le tribunal peut prononcer, **à la place de la faillite personnelle**, l'interdiction de diriger, gérer, administrer ou contrôler, directement ou indirectement, soit toute entreprise commerciale ou artisanale, toute exploitation agricole et toute personne morale, soit une ou plusieurs de celles-ci.
- Cette interdiction peut être prononcée à l'encontre de la personne qui a *omis de demander l'ouverture d'une procédure de redressement ou de liquidation judiciaire dans le délai de quarante-cinq jours à compter de la cessation des paiements*, sans avoir, par ailleurs, demandé l'ouverture d'une procédure de conciliation.

3. Sanctions pénales

Le délit de banqueroute

(puni de 5 ans d'emprisonnement et de 75 000 € d'amende, et facultativement de la faillite personnelle ou de l'interdiction de gérer).

- **Cas** : ouverture d'une **procédure de redressement judiciaire ou de liquidation judiciaire**.

• **Sont punissables les personnes** qui ont commis l'un des faits suivants :
- ont, dans l'intention d'éviter ou de retarder l'ouverture de la procédure de redressement judiciaire ou de liquidation judiciaire, soit fait des achats en vue d'une revente au-dessous du cours, soit employé des moyens ruineux pour se procurer des fonds ;
- ont détourné ou dissimulé tout ou partie de l'actif du débiteur ;
- ont frauduleusement augmenté le passif du débiteur ;
- ont tenu une comptabilité fictive ou fait disparaître des documents comptables de l'entreprise ou de la personne morale ou se sont abstenues de tenir toute comptabilité lorsque les textes applicables en font obligation ;
- ont tenu une comptabilité manifestement incomplète ou irrégulière au regard des dispositions légales.

C. Procédure de rétablissement professionnel

1. Objectif

Effacer les dettes professionnelles sans liquidation.

2. Débiteur concerné

Tout débiteur, **personne physique**, exerçant une activité commerciale, artisanale ou professionnelle indépendante (notamment une profession libérale), tout agriculteur qui doit remplir les **conditions** suivantes :
- est en **cessation des paiements** et le **redressement judiciaire est manifestement impossible** ;
- ne fait pas l'objet d'une **procédure collective** en cours ;
- n'a pas cessé son activité depuis plus d'un an ;
- n'a employé aucun salarié au cours des six derniers mois et ne pas être dans une instance prud'homale ;
- dispose d'un **actif déclaré d'une valeur inférieure à 15 000 €** ;
- n'a pas affecté à l'activité professionnelle en difficulté un **patrimoine séparé de son patrimoine personnel** ;
- n'a pas fait l'objet, depuis moins de cinq ans, au titre de l'un quelconque de ses patrimoines, d'une **procédure de liquidation judiciaire clôturée pour insuffisance d'actif ou d'une décision de clôture d'une procédure de rétablissement professionnel**.

3. Déroulement de la procédure

▸ Ouverture de la procédure

Le **débiteur** qui demande l'ouverture d'une procédure de liquidation judiciaire peut, **par le même acte**, solliciter l'ouverture de la procédure de rétablissement professionnel.

• Le **tribunal** n'ouvre la procédure de rétablissement professionnel qu'après s'être assuré que les conditions légales (*cf.* ci-dessus) en sont remplies.

• L'avis du **ministère public** est requis **préalablement à l'ouverture de la procédure**.

Contenu du jugement d'ouverture de la procédure

- Le tribunal qui ouvre une procédure de rétablissement professionnel :
  - désigne un **juge** commis chargé de recueillir tous renseignements sur la **situation patrimoniale du débiteur**, notamment le montant de son passif et la valeur de ses actifs ;
  - nomme, pour assister le juge commis, un **mandataire judiciaire**.
- La **procédure** est ouverte pour une période de **quatre mois**.

Actions contre le débiteur en cours de procédure

Si le débiteur est mis en demeure ou poursuivi par un créancier au cours de la procédure, le juge commis peut, à la demande du débiteur, **reporter le paiement** des sommes dues dans la limite de quatre mois et ordonner, pour cette même durée, la suspension des procédures d'exécution qui auraient été engagées par le créancier.

Déclaration des créances

Le **mandataire judiciaire** informe sans délai les créanciers connus de l'ouverture de la procédure et les invite à lui communiquer, dans un **délai de deux mois** à compter de la réception de cet avis, notamment le montant de leur créance avec indication des sommes à échoir et de la date des échéances.

Cas de mise en liquidation judiciaire du débiteur

- **À tout moment de la procédure** de rétablissement professionnel, le tribunal **peut** ouvrir la procédure de liquidation judiciaire demandée simultanément à celle-ci :
  - **sur rapport du juge commis**, s'il est établi que le débiteur qui en a sollicité le bénéfice n'est pas de bonne foi ou si l'instruction a fait apparaître l'existence d'éléments susceptibles de donner lieu aux sanctions légales prévues pour les dirigeants *(cf. le sort des dirigeants dans les procédures collectives)* ;
  - s'il apparaît que les conditions d'ouverture de la procédure de rétablissement professionnel n'étaient pas réunies à la date à laquelle le tribunal a statué sur son ouverture ou ne le sont plus depuis.
- Le tribunal peut également être saisi en ouverture de la procédure de liquidation judiciaire notamment sur **requête du ministère public** ou par **assignation d'un créancier**.

4. Issue de la procédure : la décision du tribunal

Après avoir recueilli l'avis du ministère public et sur le rapport du mandataire judiciaire, le juge commis renvoie l'affaire devant le **tribunal** en vue :

- **soit de la clôture de la procédure de rétablissement professionnel sans liquidation** ;
- **soit de l'ouverture d'une liquidation judiciaire.**

La clôture de la procédure de rétablissement entraîne l'**effacement des dettes sans liquidation à l'égard des créanciers dont la créance est née AVANT le jugement ouvrant la procédure et a été portée à la connaissance du juge**.

5. Remise en cause de l'effacement des dettes

- Lorsqu'après le prononcé de la clôture de la procédure de rétablissement professionnel, il apparaît que le débiteur a obtenu le bénéfice de cette procédure par une **description incomplète de son actif ou de son passif**, le tribunal, s'il est saisi aux fins d'ouverture d'une procédure de liquidation judiciaire, peut fixer, dans son jugement, la date de **cessation des paiements** à la date d'ouverture de la procédure de rétablissement professionnel sans qu'elle puisse être antérieure de plus de dix-huit mois à la date de ce jugement.
- La décision du tribunal fait recouvrer leurs droits aux créanciers dont les créances avaient fait l'objet de l'effacement ; ils sont dispensés de déclarer ces créances à la procédure de liquidation judiciaire.

2 Droit européen

- **Objet** : mise en œuvre des **procédures d'insolvabilité**.
- **Objectif** : lutter contre le *forum shopping*, c'est-à-dire éviter que le débiteur et ses créanciers ne soient incités à déplacer leurs biens ou des procédures judiciaires d'un État membre à un autre pour bénéficier d'un traitement plus favorable.

Règles applicables

Le **règlement 1346/2000 du 29 mai 2000** a déterminé les **règles d'insolvabilité** ; il a été révisé par le **règlement UE 2015/848 du 20 mai 2015**, applicable aux procédures d'insolvabilité ouvertes après le 26 juin 2017 dans l'ensemble des États de l'Union, à l'exception du Danemark.
En France, l'**ordonnance 2017-1519 du 2 novembre 2017** apporte des explications sur l'application en droit interne du règlement de 2015 sur les procédures d'insolvabilité ; elle est entrée en vigueur le 4 novembre 2017.

Ordonnance 2017-1519

Elle vise à faciliter la mise en œuvre des procédures d'insolvabilité. Par exemple :
- Le mandataire de justice désigné dans la procédure d'insolvabilité ouverte sur le territoire français peut proposer un engagement aux créanciers de l'établissement débiteur situé dans un autre État ; cet engagement permet d'éviter le recours à une procédure d'insolvabilité secondaire tout en garantissant aux créanciers de l'établissement une protection élevée de leurs droits ;
- Les règles de procédure françaises sont adaptées aux obligations de coopération et de communication entre les acteurs de ces procédures d'insolvabilité ;
- Le traitement de l'insolvabilité des groupes de sociétés établies dans plusieurs États membres de l'Union européenne est facilité par l'instauration d'une nouvelle procédure de coordination collective.

A. Champ d'application

- Les textes s'appliquent aux procédures collectives fondées sur l'insolvabilité du débiteur qui entraînent le dessaisissement partiel ou total de ce débiteur ainsi que la désignation d'un syndic.
- **Sont des procédures collectives,** les procédures auxquelles participe la totalité ou une partie importante des créanciers d'un débiteur, pour autant que, dans ce dernier cas, les procédures ne portent pas atteinte aux créances des créanciers qui ne sont pas parties à ces procédures.
  Sont concernées les « procédures qui favorisent le redressement d'entreprises économiquement viables mais en difficulté, et qui donnent une seconde chance aux entrepreneurs ».

Pour la France, il s'agit des **procédures de sauvegarde, de sauvegarde accélérée, de redressement judiciaire et de liquidation judiciaire**.

B. Différentes procédures

1. La procédure principale

- **Les juridictions de l'État membre sur le territoire duquel est situé le centre des intérêts principaux du débiteur sont compétentes pour ouvrir la procédure d'insolvabilité**, qui est alors qualifiée de principale.
- **Pour les sociétés et les personnes morales, le centre des intérêts principaux est présumé, jusqu'à preuve du contraire, être le lieu du siège statutaire**. Pour les personnes morales : cette présomption ne s'applique que si le siège statutaire n'a pas été transféré dans un autre État membre au cours des trois mois précédant la demande d'ouverture d'une procédure d'insolvabilité.

2. La procédure secondaire

- Lorsqu'une procédure principale a été ouverte dans un État membre, le débiteur peut être soumis à une procédure secondaire dans le ou les autres États membres où il dispose d'un **établissement**.
- Cette procédure secondaire a un **effet territorial**, car ses effets sont limités aux biens du débiteur qui se trouvent sur le territoire de cet ou de ces autres États ; elle permet de **préserver les intérêts des créanciers localisés dans l'État membre où cette procédure peut être ouverte.**

C. Vérification de la compétence du juge

La **juridiction saisie d'une demande d'ouverture d'une procédure d'insolvabilité doit :**

- **examiner d'office si elle est compétente** ;
- indiquer dans sa décision d'ouverture les fondements de sa compétence ;
- préciser notamment si sa compétence est fondée sur la localisation du centre des intérêts principaux ou sur celle d'un établissement du débiteur.

D. Loi applicable

La loi applicable à la procédure d'insolvabilité et à ses effets est celle de l'État membre sur le territoire duquel cette procédure est ouverte.
À noter pour les **contrats de travail** : les juridictions de l'État membre dans lequel une procédure d'insolvabilité secondaire peut être ouverte restent compétentes pour approuver la résiliation ou la modification des contrats.

E. Situation des créanciers

Il **appartient à la juridiction qui ouvre une procédure d'informer sans délai les créanciers étrangers connus et que tout créancier peut produire ses créances dans le cadre de la procédure d'insolvabilité**.
Les éléments d'information destinés aux créanciers sont communiqués au moyen d'un formulaire uniformisé, qui est diffusé sur le portail européen e-Justice.

F. Publicité

Notamment :
- le syndic peut demander que le contenu essentiel de la décision ouvrant la procédure d'insolvabilité soit publié dans tout autre État membre ;
- les décisions ouvrant une procédure principale soient inscrites au livre foncier, au registre du commerce et à tout autre registre public tenu dans les autres États membres ;
- les États membres doivent créer et tenir, sur leur territoire un ou plusieurs **registres d'insolvabilité** dans lesquels seront publiées des informations concernant les procédures d'insolvabilité. Ces registres nationaux doivent faire l'objet d'une interconnexion.

G. Coordination des procédures

On distingue différents mécanismes de coordination.
- ***Coopération et communication entre praticiens de l'insolvabilité*** : le **praticien de l'insolvabilité** de la procédure d'insolvabilité principale et le ou les praticiens de l'insolvabilité des procédures secondaires concernant le même débiteur doivent en particulier se communiquer dès que possible toute information qui peut être utile aux autres procédures, coordonner la gestion de la réalisation ou de l'utilisation des actifs et **coopérer.**

> **NB.** En France, sont des **praticiens de l'insolvabilité** : mandataire judiciaire, liquidateur, administrateur judiciaire, commissaire à l'exécution du plan.

- ***Coopération et communication entre juridictions, coopération et communication entre praticiens et juridictions*** : le but est de faciliter la **coordination des différentes procédures d'insolvabilité** concernant le même débiteur.

H. Dispositions spécifiques aux groupes de sociétés

- **Définitions** :
- un **groupe de sociétés** est constitué d'une entreprise mère et de l'ensemble de ses filiales ;
- **l'entreprise mère** est une entreprise qui contrôle, soit directement, soit indirectement, une ou plusieurs filiales, une entreprise qui prépare des états financiers consolidés conformément à la directive 2013/34/UE étant réputée être une entreprise mère ;
- Possibilité d'une **coopération** à plusieurs niveaux, lorsque des procédures d'insolvabilité concernent deux membres ou plus d'un groupe de sociétés, par exemple :
- coopération entre les praticiens de l'insolvabilité désignés dans les différentes sociétés d'un groupe ;
- coopération entre les juridictions concernées par les différentes procédures.
- Création de la **procédure de coordination collective** pour faciliter la gestion des procédures ouvertes à l'encontre des membres du groupe et d'obtenir une incidence globalement positive sur la situation des créanciers.

MÉMO 28 La transmission de l'entreprise

Les règles applicables sont inscrites dans le Code de commerce, le Code civil et le droit fiscal.

Transmission à titre onéreux	Transmission à titre gratuit
Transmission de l'**entreprise individuelle** = vente du fonds de commerce.	Formes de la transmission : - sans testament (*ab intestat*) ; - avec testament.
Transmission de la **société** = cession des titres.	Les conséquences du décès varient selon la forme juridique de l'entreprise : - décès de l'entrepreneur individuel ; - décès du dirigeant de société.
Autres modes de transmission : - assurance-vie ; - société holding ; - SCOP ; - location-gérance ; - SCI.	**La transmission peut être effectuée sous la forme d'une DONATION :** - donation de l'entreprise ou des droits sociaux ; - donation-partage.

▲ Les 2 modes de transmission de l'entreprise

1 Transmission à titre onéreux

A. Transmission de l'entreprise individuelle

1. Vente du fonds de commerce

- **Éléments corporels et incorporels cédés**, notamment :
- cession de contrats de bail, de travail, d'assurances notamment (sauf contrats *intuitu personae*) ;
- cession d'immeubles par nature, par destination.
  NB : pas de cession de créances, ni de dettes.
- **Forme de la vente :**
- le cas échéant : promesse de vente unilatérale ou synallagmatique (compromis) ;
- contrat de vente du fonds de commerce.
- **Enregistrement.**
- **Publicité légale** (JAL, RCS, BODACC).

- Le cas échéant : **opposition des créanciers** du vendeur au paiement du prix dans les 10 jours de la publicité au BODACC ⟹ le tribunal de commerce statue sur l'opposition (rejet, ordonne paiement des créanciers ou constitution de garanties).
- **Paiement du prix** et versement au vendeur.

2. Protection de l'acheteur et du vendeur du fonds de commerce

Garanties	Contenu des garanties	Mise en œuvre des garanties	
		Action en justice devant le tribunal de commerce	*Réparation - effet(s)*
Protection de l'acheteur			
Contenu du contrat	Exactitude des énonciations obligatoires.	Dans délai d'un an à compter de la prise de possession du fonds.	Annulation de la vente ou réduction du prix ou dommages-intérêts (DI) si vices cachés.
Consentement	Nullité pour dol ou erreur sur les qualités substantielles de la chose (sauf sur valeur du fonds).	Dans délai de 5 ans à compter de la découverte du vice.	DI
Garantie des vices cachés	Vices qui rendent la chose impropre à l'usage prévu. Les vices sont antérieurs à la vente.	Dans délai de 2 ans à compter de la découverte du vice.	L'acheteur a le choix entre : - rendre le fonds et se faire restituer le prix ; - garder le fonds et se faire rendre une partie du prix ; + DI si vendeur connaissait le vice.
Garantie de possession paisible	Par rapport aux éléments du fonds de commerce qui ont été transmis.	Dans délai de 5 ans à compter de la découverte du préjudice.	DI

Garanties	Contenu des garanties	Mise en œuvre des garanties	
		Action en justice devant le tribunal de commerce	*Réparation – effet(s)*
Garantie d'éviction	Pour tout ou partie du fonds. Le vendeur : – a une obligation de non-rétablissement et ne doit pas détourner la clientèle ; – doit informer l'acheteur des clauses restrictives inscrites dans le contrat de bail.	Dans délai de 5 ans à compter de la découverte du préjudice.	L'acheteur évincé peut demander : notamment : – restitution du prix ; – restitution des fruits qu'il doit rendre lors de l'éviction ; – DI.
Le cas échéant : **clause de non-concurrence ou de non-rétablissement**	But : renforcer la garantie d'éviction légale. Elle doit être limitée dans le temps **ou** dans l'espace.	Dans délai de 5 ans à compter de la découverte du préjudice.	DI
Purge des inscriptions	= levée des privilèges ou des nantissements inscrits par les créanciers du vendeur du fonds.	L'acheteur offre de payer les créances jusqu'à concurrence du prix de vente du fonds.	Notification du projet aux créanciers inscrits.
Protection du vendeur			
Privilège du vendeur de fonds de commerce	But : garantir le paiement à crédit du prix du fonds. Porte sur les éléments inscrits dans le privilège (à défaut, porte sur enseigne, nom commercial, droit au bail, clientèle et achalandage).	Le vendeur doit le faire inscrire sur un registre public tenu au greffe du TC dans les 30 jours de la date de la vente, sous peine de nullité.	• Garantie pendant 10 ans : créance en principal + 2 ans d'intérêts. • Droit de préférence + droit de suite.

Garanties	Contenu des garanties	Mise en œuvre des garanties	
		Action en justice devant le tribunal de commerce	*Réparation - effet(s)*
Nantissement du fonds de commerce	Un bien ou un ensemble de biens meubles ou immeubles corporels ou incorporels sont affectés en garantie de l'exécution d'une obligation.	Doit être inscrit dans les 30 jours de sa date sur un registre tenu au greffe du TC.	Droit de suite.
Action résolutoire	En cas d'inexécution de ses obligations par l'acheteur, car le contrat est synallagmatique, *ex.* : non-paiement du prix.	Action dans délai de 5 ans. Elle est limitée aux éléments vendus.	Le vendeur reprend les éléments du fonds mais restitue le prix des marchandises et des matériels.

B. Transmission de la société

= Cession des titres

1. Règles communes à toutes les cessions de titres

La cession est commerciale	Car il y a un contrat de cession entre deux sociétés commerciales OU la cession permet aux acheteurs d'avoir le contrôle de la société.
Conditions relatives au contrat de cession des titres :	
• **consentement non vicié** par : - dol - erreur	*Ex.* : dissimulation d'une partie du passif. *Ex.* : quant à la rentabilité de la société.
• détermination du **prix**	Il est déterminé ou déterminable.
• **garantie des vices cachés**	Il y a vice caché quand il interdit à la société (dont les titres sont acquis) d'exercer l'activité correspondant à son objet social.

• *le cas échéant* : intervention du conjoint du cédant et du conjoint de l'acquéreur	• À défaut d'intervention du conjoint du cédant commun en bien : l'acte de cession n'a aucun effet (même si l'acquéreur est de bonne foi). • Le conjoint du cédant de parts sociales doit être informé (et il doit être justifié de cette information dans l'acte de cession).
• **clause de garantie**	Porte notamment sur : • les renseignements fournis sur la société (*ex.* : son patrimoine) ; • exactitude du bilan ; • le passif : « clause de garantie de passif » / dettes qui seraient révélées après la cession.
• **clauses limitant la cession** : sont dans les statuts ou dans les pactes d'actionnaires (conclus entre certains actionnaires)	*Ex.* : • clause d'agrément ; • clause de préemption ; • clause d'inaliénabilité (10 ans maxi dans SAS) ; • clause de sortie conjointe.

2. Règles spécifiques aux différentes sociétés

Sociétés	Forme	Procédure, publicité de la cession	Agrément de la cession
SNC **SCS : idem en principe, sauf clause statutaire contraire**	Écrit	• **Opposabilité** : – à la société : par notification par l'associé cédant ou par acceptation de la société dans un acte authentique ; – aux tiers : par publication au RCS. • **Formalités de publicité** : JAL, insertion modificative au RCS, BODACC.	Unanimité des associés.

Sociétés	Forme	Procédure, publicité de la cession	Agrément de la cession
SARL	Écrit	• Le **projet de cession** est notifié : - à la société ; - à chaque associé. Le gérant doit réunir l'AG dans les 8 J de la notification à la société ou consultation écrite (*cf.* statuts). • L'**autorisation de cession** est : - expresse : *cf.* vote ; tacite : si pas de décision de la société dans les 3 mois de la dernière notification ; - par déchéance : associés ont refusé l'agrément ou n'ont pas racheté les parts dans le délai imparti ; l'associé cédant peut réaliser la cession prévue.	• Pour **cession à des tiers** : il faut majorité des associés représentant au moins la moitié des parts sociales. • Pour **cession entre associés, conjoints, descendants, ascendants** : principe : libre, *sauf* clause d'agrément dans statuts.
		• En cas de **refus d'agrément** : Si le cédant détient ses parts depuis 2 ans au moins : il peut obliger les autres associés à les acheter ou à les faire acheter par des tiers ou par la société elle-même. Les associés ont 3 mois pour faire l'opération.	• Si **achat par des tiers** : l'agrément est nécessaire. • Si **achat par la société** : il y aura une réduction du capital social.
Sociétés de capitaux	Voir si offre au public ou pas offre au public	• S'il n'y a pas offre au public des titres : pour actions **nominatives** : inscription en compte. • Principe : liberté de cession.	Exceptions : clause d'agrément.

2 Transmission à titre gratuit

A. Formes de la transmission

Transmission sans testament : il y a dévolution successorale légale	
• Cas 1 : pas de conjoint successible	Sont héritiers : descendants et leurs enfants, ascendants.
• Cas 2 : il y a un conjoint successible	*Cf.* notamment : si présence d'enfants ou de descendants.
• Option des héritiers	Ils peuvent accepter la succession (acceptation pure et simple) ou y renoncer ou l'accepter à concurrence de l'actif net.
Transmission avec testament = acte par lequel le testateur dispose à titre gratuit, pour après sa mort, de tout ou partie de ses biens, et qu'il peut révoquer.	
Forme du testament : écrit	Un testament peut être : olographe ; authentique ; mystique.
Contenu du testament : les legs **(dispositions testamentaires contenant transmission d'un ou plusieurs biens à titre gratuit à un bénéficiaire)**	Un legs peut être : • universel ; • à titre universel ; • particulier : porte sur un bien particulier. NB : la « **réserve héréditaire** » doit être respectée. Le reste est appelé la « **quotité disponible** ».

B. Conséquences du décès de l'entrepreneur individuel

1. Indivision

- Principe : **blocage des comptes** bancaires du mandant décédé.
- **Actes de surveillance ou d'administration**. *Ex.* : renouvellement du bail commercial.
- **Gestion de la succession** : par mandat à effet posthume ou par mandat judiciaire.
- **Inscription modificative au RCS** : est demandée dans le mois du décès de l'entrepreneur.
- **Situation d'indivision**

– Principe : les biens laissés par le défunt constituent une masse indivise entre les héritiers ; l'indivision dure jusqu'au partage.

- On distingue :

Indivision légale	Indivision conventionnelle
• *S'applique de plein droit lors du décès.* Elle comprend tous les biens existants au jour du décès ainsi que leurs fruits et revenus, ainsi que les biens donnés antérieurement s'ils sont soumis au rapport ou à réduction. • Les revenus de l'indivision s'ajoutent à l'indivision ; chaque indivisaire y a droit proportionnellement à sa part dans l'indivision.	• Résulte de conventions passées par écrit, et à l'unanimité, entre les indivisaires. • La convention concerne l'exercice des droits indivis ; elle peut désigner les biens et la quote-part de chacun et un gérant peut être nommé pour administrer l'indivision.

- L'indivision peut être maintenue pendant 2 ans au plus (par le tribunal) pour toute entreprise. *Ex.* : pour permettre à un mineur d'atteindre 18 ans.

2. Partage

- Il **peut toujours être provoqué**, à moins qu'il n'y ait été sursis par jugement ou convention.
- Il **met fin à l'indivision** et fixe le droit de chaque héritier sur un lot déterminé. *Les dettes sont exclues du partage.*
- Le versement de **soultes** peut être prévu afin d'éviter le partage d'unités économiques.
- Il est possible de prévoir l'**attribution préférentielle d'une entreprise** à un indivisaire déterminé. Le bien peut être l'entreprise ou une quote-part d'une entreprise (commerciale, industrielle, artisanale, libérale ou agricole).

C. Conséquences du décès du dirigeant de société

SNC	• Le décès de l'un des **associés** (*ex.* : gérant associé) entraîne la dissolution de la société, sauf clause statutaire contraire. • Les statuts contiennent souvent une **clause de continuation de la société** avec les associés survivants, avec tous les héritiers ou avec un bénéficiaire déterminé ou à déterminer. • Les droits sociaux peuvent faire l'objet d'une **attribution préférentielle**. • Formalités de **publicité** lors du décès d'un associé : insertion au JAL, inscription modificative au RCS.
SARL	• Le décès de l'un des **associés** (*ex.* : gérant associé) n'entraîne pas la dissolution de la société, sauf clause statutaire contraire. • Les parts sociales sont en principe librement transmissibles entre conjoints et entre descendants et ascendants. • En cas de pluralité d'héritiers pour l'associé d'une EURL : transformation en SARL. • En cas de décès du **gérant unique** : l'assemblée des associés vote son remplacement.

SA	• En cas de décès d'un **dirigeant** : on distingue : – décès du président du conseil d'administration (CA) ou du directeur général (DG) : le CA se réunit pour désigner un nouveau PCA ou DG ; – décès d'un membre du directoire : le conseil de surveillance (CS) se réunit pour le remplacer ; – décès d'un administrateur ou d'un membre du CS. *Cf.* cas de cooptation. • En cas de décès d'un **actionnaire**, la clause d'agrément ne joue pas. En cas de pluralité d'héritiers, ils sont propriétaires indivis jusqu'au partage.
SAS	• En cas de décès du **président**, il doit être remplacé dans les plus brefs délais. • En cas de décès d'un **actionnaire**. *Cf.* les statuts : clause d'agrément, le cas échéant.

D. Transmission par donation

1. Donation de l'entreprise ou des droits sociaux

▸ Caractéristiques de la donation

- La **donation entre vifs** est un acte par lequel le donateur se dépouille actuellement et **irrévocablement** de la chose donnée en faveur du donataire qui l'accepte.

▸ Modalités

- Principe : la donation est faite par **acte authentique**. Le donataire doit accepter la donation.
- Exception : un **don manuel** est possible (*ex.* : pour des valeurs mobilières) ; il n'y a alors pas d'acte authentique.
- Faculté : donation avec clause de réserve d'usufruit.
- **Deux époux** ne peuvent l'un sans l'autre faire donation de biens appartenant à la communauté.
- La donation peut faire l'objet d'un **rapport** ou d'une **réduction.**
- La **donation entre époux** porte sur les biens tels qu'ils sont au jour du décès ; elle est **révocable**.

2. Donation-partage

▸ Définition

Disposition par laquelle une personne donne de son vivant, actuellement et irrévocablement, **à tous ses descendants**, tout ou partie de ses biens présents et opère le partage entre eux.

▸ Modalités

- Le partage peut être inégalitaire.
- Évaluation des biens au jour de la donation-partage.
- Possibilité pour le donateur de stipuler une réserve d'usufruit à son profit.
- Par acte authentique ; la donation doit être acceptée par les donataires.

- Toute personne peut être bénéficiaire de la **donation-partage d'une entreprise**, à condition que des descendants participent au partage, si les biens partagés comprennent :
- une entreprise individuelle à caractère industriel, commercial, artisanal ou libéral ;
- **OU** les droits sociaux d'une entreprise dont le donateur est dirigeant.

3 Autres modes de transmission du patrimoine d'une entreprise

Assurance-vie	*Cf.* mémo 2.
Constitution d'une société holding	• Objet : répartir les titres entre les héritiers, par *ex.* en donnant la majorité à l'un des héritiers qui a des compétences de gestion.
Constitution d'une Société Coopérative et Participative (SCOP)	• Origine : souvent un RES (Rachat de l'Entreprise par les Salariés). • Composition : personnes physiques et morales ; majoritairement des travailleurs qui s'associent. • Gestion : par un salarié.
Contrat de location-gérance	*Cf.* mémo 2.
Constitution d'une société civile immobilière (SCI)	• But : transmettre le patrimoine immobilier. • Objet : gestion et location d'immeuble(s) avec mise à disposition d'éléments d'actif immobilier au profit de la société commerciale. • Avantage : la transmission du patrimoine immobilier se fait sous forme de parts sociales.

UE 2

MÉMO

29 La cessation d'activité

Elle est réglementée par le Code de commerce, le Code civil et le droit fiscal.

Forme juridique	Causes de cessation	Modalités de la cessation
Entreprise individuelle	• **Décision de l'exploitant** ⟹ radiation de l'entreprise au RCS. • **Décès de l'exploitant**, les héritiers ne voulant pas continuer l'exploitation : il y a **indivision** (2 ans maxi) qui se termine : - soit par radiation ⟹ partage ; - soit par la vente du fonds de commerce. • Dans les 2 cas : **publicité légale.**	• **Déclaration de cessation d'activité** au CFE ; effet : radiation de l'entreprise au RCS ou RM. • L'exploitant peut aussi faire **apport du fonds** (de commerce ou artisanal) au capital d'une société (apport en nature).
Société	• **Dissolution** : causes **communes** à toutes les sociétés : - terme, sauf prorogation ; - réalisation ou extinction de l'objet ; - annulation du contrat de société ; - clause statutaire ; - réunion de toutes les parts dans les mains d'un seul associé (EURL, SASU) ; - dissolution conventionnelle = décision de dissolution anticipée prise en AGE ; - dissolution judiciaire (pour juste motif) : *ex.* : mésentente grave entre associés ; - liquidation judiciaire.	**Trois étapes :** 1. **Dissolution** = fin de l'existence de la société ⟹ publicité légale de la dissolution : JAL, mention au RCS, BODACC. 2. **Liquidation** par un liquidateur : • clôture de la liquidation ⟹ disparition de la personnalité morale (dans le délai de 3 ans à compter de la liquidation) ; • publicité légale de la clôture de la liquidation aux fins de radiation au RCS ; • disparition de la personne morale avec la radiation. 3. **Partage du boni de liquidation ou contribution aux pertes** (*cf.* forme juridique pour l'étendue de la responsabilité).

Forme juridique	Causes de cessation	Modalités de la cessation
Société	• **Dissolution** : causes **spécifiques** à chaque société *Ex.* : SCS : < 1 commandité, < 1 commanditaire SCA : < 1 commandité, < 3 commanditaires	*Ex.* : - SNC - SCS - SARL - EURL - SA - SCA - SAS - SASU (SARL à SASU) *Cf.* notamment cas où : pertes ont pour effet : capitaux propres inférieurs à 1/2 du capital social
		NB : dans EURL et SASU : - si associé unique = personne physique : dissolution ⟹ liquidation ; - si associé unique = personne morale : dissolution ⟹ TUP (transmission universelle du patrimoine : actif + dettes).

Mise en sommeil d'une société = cessation temporaire d'activité
- **Effets : ni dissolution, ni radiation au RCS.**
- **Obligations : modification du RCS et publicité au BODACC.**
- **Durée : si elle est > à 2 ans, le greffier peut constater d'office la dissolution et procéder d'office à la radiation de la société.**

1 Fiscalité de la cessation d'activité

La cessation d'activité est l'occasion pour l'entreprise de solder sa fiscalité. Cette fiscalité sera différente si l'entreprise relève de l'IR ou de l'IS.

A. La fiscalité de la cessation de l'entreprise individuelle

La cessation d'activité de l'entreprise individuelle entraîne principalement l'imposition immédiate du résultat de cessation et l'imposition des éventuelles plus-values. Pour les sociétés à l'IS, elle comporte en plus des conséquences fiscales pour les associés.

Principe : cessation d'une entreprise individuelle	Applications
Obligations déclaratives	
En TVA	- déclaration de cessation dans les 30 jours (art. 36 ann. IV du CGI).

Principe : cessation d'une entreprise individuelle	Applications
Pour les impôts directs	- déclaration de résultat déposée au Centre des finances publiques ; - et déclaration de cessation au Centre de formalité des entreprises (CFE) dans les 60 jours (art. 201-3 du CGI).
Conséquences fiscales :	
En TVA	• **Régularisation de TVA** en matière d'immeubles et autres immobilisations : • Pour les **immobilisations** exclusivement : - Effectuer les éventuelles **régularisations de déduction de TVA** pour les immeubles acquis, livrés ou apportés après le 01/01/96, si dissolution avant le début de la 19e année qui suit celle de leur acquisition ou achèvement - Pour les biens autres que les immobilisations et les services : si dissolution avant le début de la 4e année qui suit celle de leur entrée dans l'entreprise. • Dépôt d'une éventuelle demande de **remboursement du crédit de TVA.**
Pour les impôts directs	• **Imposition immédiate** à l'IR des bénéfices et des plus-values non encore taxés (art. 201 du CGI). • Établissement et mise en recouvrement de l'imposition consécutive à la cessation. • Paiement immédiat de l'IR par l'exploitant (cette imposition présente un caractère provisoire, l'IR payé en cours d'année sera déduit de l'IR définitif) calculé en fin d'année sur l'ensemble des revenus du foyer fiscal. • Voir éventuelle application du régime des régimes d'exonération (art. 151 septies et 151 septies A du CGI, fiche 23).

B. La fiscalité de la dissolution de la société

1. La société relève de l'IR

Principe : dissolution d'une société à l'IR	Applications
Obligations déclaratives	
En TVA	Déclaration de cessation dans les 30 jours.
Pour les impôts directs	Déclaration de résultat déposée au Centre des finances publiques et déclaration de cessation au Centre de formalité des entreprises (CFE) dans les 60 jours.

Principe : dissolution d'une société à l'IR	Applications
Conséquences fiscales	
En TVA	• **Régularisation de TVA** en matière d'immeubles et autres immobilisations : • Pour les immobilisations exclusivement : – Régularisations éventuelles de déduction de TVA pour les immeubles acquis, livrés ou apportés après le 01/01/96, si dissolution avant le début de la 19e année qui suit celle de leur acquisition ou achèvement. – Pour les biens autres que les immobilisations et les services : si dissolution avant le début de la 4e année qui suit celle de leur entrée dans l'entreprise. • Dépôt d'une éventuelle demande de remboursement du crédit de TVA.
Pour les impôts directs	• Imposition immédiate à l'IR des bénéfices et des plus-values non encore taxés. • Émission et mise en recouvrement de l'imposition immédiate. • **Paiement immédiat** de l'IR correspondant par chaque associé : caractère provisoire de cette imposition, l'IR payé en cours d'année sera déduit de l'IR définitif calculé sur l'ensemble des revenus. • L'éventuelle **quote-part de déficit** est imputable sur le revenu global des associés.
En droits d'enregistrement	• Établissement de l'**acte de partage** des biens de la société (acte attribuant à chaque associé les biens compris dans son lot). • Enregistrement de l'acte et paiement des droits dans un délai d'un mois. • Le calcul des droits d'enregistrement diffère selon : – la **nature du bien** attribué (fonds de commerce, espèces, immeubles...) ; – la **qualification du bien** attribué (apport à titre pur et simple, acquêt social) ; – le **régime de l'apport ;** – **l'attributaire du bien** (apporteur initial ou non). • Application de la **théorie de la mutation conditionnelle des apports**.

Principe : dissolution d'une société à l'IR	Applications
En droits d'enregistrement *(suite)*	• Elle suppose que les biens partagés lors de la dissolution constituent des « **corps certains** » (immeubles, fonds de commerce...) ET, aient fait l'objet d'un apport pur et simple à la société lors de sa formation ou d'une augmentation de capital. • Il en résulte que : - si les biens en cause sont attribués à un associé autre que l'apporteur, les droits de mutation non perçus lors de l'apport deviennent rétroactivement exigibles ; - si les biens en cause sont attribués à l'apporteur : aucun droit n'est perçu, l'associé est réputé n'avoir jamais cessé d'être propriétaire du bien (la taxe de publicité foncière (TPF) est due s'il s'agit d'un immeuble).
Pour les associés	• Les réserves qui ont déjà été taxées entre les mains des associés en raison du caractère « translucide » de la société mais qui ne leur ont pas été distribuées seront attribuées aux associés en franchise d'impôt (l'IR a été payé par « anticipation »).

2. La société relève de l'IS

Principe : dissolution d'une société à l'IS	Applications
Obligations déclaratives	
En TVA	• Déclaration de cessation dans les 30 jours.
Pour les impôts directs	• Déclaration de résultat déposée au Centre des finances publiques et déclaration de cessation au Centre de formalité des entreprises (CFE) dans les 60 jours.
Enregistrement	Depuis le 1/01/2019, la dissolution sans transmission de biens entre associés ou autres est enregistrée gratis
• **Conséquences fiscales**	
En TVA	• Régularisation de TVA en matière d'immeubles et autres immobilisations (Idem IR). • Dépôt d'une éventuelle demande de remboursement du crédit de TVA.
Pour les impôts directs	• Sur la base de la déclaration de cessation, calcul de l'IS dû sur le résultat de cessation (tout ce qui n'a pas été imposé jusqu'à la date de cessation devient taxable). - Imposition des bénéfices d'exploitation de la société réalisés depuis la fin du dernier exercice taxé.

Principe : dissolution d'une société à l'IS	Applications
Pour les impôts directs *(suite)*	- Imposition des bénéfices en **sursis d'imposition** (provisions devenues sans objet). - Imposition des plus-values d'actif immobilisé constatées à l'occasion de la dissolution.
En droits d'enregistrement	• Établissement de l'**acte de partage** des biens de la société (acte attribuant à chaque associé les biens compris dans son lot) dans un délai d'un mois. • **Droit de partage de 2,5 %** sur l'**actif net partagé** mais le droit fixe est perçu si le droit de partage est inférieur au droit fixe. • **Si soulte** : droit de mutation à titre onéreux en fonction de la nature des biens attribués (Immeuble, fonds de commerce...).
Pour les associés	• Si les comptes définitifs de liquidation font apparaître un **actif net à partager**. • Calcul, pour chaque associé, de la quote-part du montant de l'actif net qu'il peut reprendre en franchise d'impôt : - soit il a souscrit lui-même les droits sociaux au moyen d'apport : reprise de son apport réel en franchise de droits ; - soit il a acquis les droits sociaux en cours de société : le montant repris en franchise d'impôt est fonction du prix d'acquisition des titres. • **Ne sont pas repris en franchise d'impôt :** - l'attribution des réserves de toute nature ; - les bénéfices ou réserves incorporés au capital ; - les sommes incorporées au capital ou aux réserves à l'occasion d'une fusion ou d'une opération assimilée ; - les bénéfices d'exploitation non encore imposés. **Boni de liquidation** • Actif net à partager **MOINS** sommes reprises en franchise d'impôt par les associés. - Chaque associé intègre la quote-part lui revenant dans le boni, dans sa déclaration de revenus dans la catégorie des « revenus distribués » soit PFU de 12,8 %, majoré de 17,20 % de prélèvements sociaux, soit sur option imposition au barème progressif de l'IR après application de l'abattement de 40 % et déduction de 6,80 % de CSG dans ce cas. - Cette quote-part qui pourra être qualifiée de revenus exceptionnels et bénéficier du **système du quotient.** • En revanche, le **mali** éventuellement constaté (les associés ne sont pas remboursés de leurs apports) ne constitue pas un déficit déductible mais une **perte en capital** : elle ne peut pas être retranchée du revenu global des associés.

MÉMO 30 Associations et autres organismes sans but lucratif : aspects juridiques

La création des associations est issue de la loi du 1er janvier 1901. Parmi les autres organismes sans but lucratif, on peut citer les fondations et les fonds de dotation dont la création découle de lois spécifiques. Le Code civil s'applique notamment pour la rédaction des statuts de ces organisations.

1 Les associations

A. Définition et caractéristiques de l'association

1. Définition

« Convention par laquelle deux ou plusieurs personnes mettent en commun d'une façon permanente leurs connaissances ou leur activité dans un but autre que de partager des bénéfices. Elle est régie, quant à sa validité, par les principes généraux du droit applicables aux contrats et obligations. » (article 1er de la loi du 1er juillet 1901)

2. Caractéristiques

- but autre que de partager des bénéfices : **pas de répartition du bénéfice entre les membres** ;
- éléments mis en commun : connaissances, activité, entraide, biens (meubles, immeubles) ;
- organisation permanente, *affectio societatis* ;
- égalité entre les membres ;
- **principe de la liberté d'association** : tout individu est libre d'adhérer, de ne pas adhérer à une association ou de s'en retirer.

3. Différents types d'associations

Types d'associations	Effets juridiques
Associations non déclarées	• Absence de personnalité juridique.
Associations déclarées	• Procédure pour acquérir la **personnalité juridique** (1).
Associations d'utilité publique	• L'association doit servir l'intérêt public. • La **reconnaissance d'utilité publique** permet à l'association déclarée de posséder des immeubles et de recevoir toute sorte de dons et legs ; elle s'opère par décret du Conseil d'État (après contrôle du ministre de l'Intérieur) (2).

(1) NB : une déclaration préalable doit être effectuée à la préfecture ou à la sous-préfecture de l'arrondissement du siège de l'association ; le récépissé de cette déclaration doit être donné dans les 5 jours.
L'association fait une insertion au JORF dans le délai d'un mois de la réception du récépissé.
Elle acquiert la personnalité morale à compter de la publication de cette insertion au JORF.
(2) NB : la reconnaissance d'utilité publique peut être retirée dans des conditions précises ; *ex.* : retrait-sanction.

B. Règles communes à toutes les associations

1. Existence d'un contrat d'association

- *Cf.* conditions générales de validité de tout contrat.
- Sont membres : des personnes physiques, des personnes morales.
- Statuts écrits.

2. L'association a la personnalité morale si elle est déclarée à la préfecture

Attributs de la personne morale	Nom	est protégé
	Patrimoine	• Actif local, immeubles, meubles corporels et incorporels (notamment : bail d'habitation), cotisations des membres, dons manuels… subventions, le cas échéant. • Passif (dettes).
	Droit d'ester en justice	• Pour la défense des intérêts personnels de l'association (intérêts d'ordre patrimonial ou extrapatrimonial), des intérêts de ses membres, d'un intérêt collectif distinct de celui de ses membres.
Responsabilité	civile	• contractuelle, délictuelle.
	pénale	• *Cf.* la responsabilité pénale des personnes morales.

3. Fonctionnement de l'association

Répartition des pouvoirs	• Est prévue dans les statuts. • Ne doit pas remettre en cause les pouvoirs de l'assemblée générale (AG) des membres.
Dirigeants	• Sont des personnes physiques ou morales. • En l'absence de désignation d'un **président**, le **conseil d'administrateurs** (CA) gère l'association.
Assemblée générale	• Composée des membres à jour de leur cotisation. • Est convoquée par le président ou le CA. • Chaque membre a une voix ; le vote par procuration est admis par la loi. • Pas de quorum exigé par la loi ; le vote a lieu à la majorité simple sauf clause statutaire contraire. • Les membres, les sociétaires de l'association ne sont pas responsables des dettes de l'association.
Collaborateurs	**non bénévoles** (salariés, indépendants) **ou bénévoles**.

4. Transformation de l'association

Utilisation de techniques juridiques	**Fusion**	• Fusion-absorption. • Fusion-création.
	Scission	Entre deux associations distinctes existantes ou nouvelles.
Transformation en société commerciale		Pas de transformation en société commerciale sans dissolution et création d'une personne morale nouvelle.
Transformation en GIE		Transformation en GIE si l'objet de l'association est compatible avec la définition du GIE et de son objet légal.

5. Dissolution de l'association

Modalités	• Dissolution volontaire, statutaire ou judiciaire.
Effets	• **Dévolution des biens** de l'association conformément aux statuts ou, à défaut, selon les règles déterminées en AG ; les biens sont souvent dévolus à une association ayant un objet similaire. • Pas de dévolution des biens aux membres.

2 Autres organismes sans but lucratif

A. Fondations (exemples)

1. Fondation reconnue d'utilité publique

Loi sur le développement du mécénat nº 87-571 du 23 juillet 1987 créant les fondations reconnue d'utilité publique.

Objet : personne morale qui **gère un patrimoine important** afin de réaliser une **mission d'intérêt général**, le plus souvent sur le long terme.
Constitution : dossier de **demande de reconnaissance d'utilité publique** au Bureau des associations et fondations du ministère de l'intérieur.
Ressources : une dotation initiale en capital est obligatoire lors de la constitution. Les ressources et les biens sont affectés de manière irrévocable à la fondation.
Autres ressources possibles : des subventions publiques, de nouveaux dons, donations ou legs, des revenus provenant de ses prestations de service ou de ses placements financiers.
Contrôle de l'activité : chaque année, la fondation doit adresser un rapport d'activité et de gestion : à la préfecture de son siège social, au ministère de l'intérieur, et aux ministres en charge de son domaine d'action.

2. Fondation d'entreprise

Loi n° 87-571 du 23 juillet 1987 sur le développement du mécénat et décret n° 91-1005 du 30 septembre 1991 relatif aux fondations d'entreprise.

Objet

Personne morale à but non lucratif créée en vue de la réalisation d'une **œuvre d'intérêt général** par :

- des sociétés civiles ou commerciales ;
- des établissements publics à caractère industriel et commercial (Epic) ;
- des coopératives ;
- des institutions de prévoyance ou des mutuelles.

Ex. d'œuvre d'**intérêt général** : toute œuvre utile à la collectivité à une période donnée, notamment : œuvre à caractère philanthropique, éducatif, scientifique, social, humanitaire, sportif, familial ou culturel.

Programme et ressources

- Les statuts de la fondation comprennent un **programme d'action pluriannuel** dont le montant ne peut pas être inférieur à 150 000 €.
- Ressources :

- versements des fondateurs ;
- subventions de l'État, des collectivités territoriales et de leurs établissements publics ;
- produit des rétributions pour services rendus ;
- revenus de placement de ces ressources ;
- éventuellement des emprunts.

3. Autres exemples de fondation

Fondation de France	Créée par le décret du 9 janvier 1969 Objet : encourager et gérer toutes les « initiatives de générosité » du public.
WWF France	Créée le 17 octobre 1973 Objet : protéger l'environnement dans le monde.

B. Fonds de dotation

Loi de modernisation de l'économie n° 2008-776 du 4 août 2008 créant les fonds de dotation.

Objet et ressources

Personne morale de droit privé à but non lucratif qui :

- reçoit et gère, en les capitalisant, des **biens et droits de toute nature** qui lui sont apportés à titre gratuit et irrévocable ;
- utilise les revenus de la capitalisation en vue de la **réalisation d'une œuvre ou d'une mission d'intérêt général** ou aide financièrement un autre organisme à but non lucratif dans l'accomplissement de ses œuvres ou de ses missions d'intérêt général.

UE 2

MÉMO 31

Associations et autres organismes sans but lucratif : la fiscalité

Si les associations sont en principe non fiscalisées, il est certaines circonstances où ces organismes supporteront, comme les entreprises, les impôts commerciaux. Nous étudierons les conditions de l'exonération des impôts commerciaux, puis les conditions de l'imposition aux impôts commerciaux avant de nous intéresser à la fiscalité assise sur le patrimoine des associations.

1 Les conditions de l'exonération des impôts commerciaux

A. Les critères de non-lucrativité

Principes
1. Une gestion désintéressée
Applications
• Une gestion ne peut être regardée comme étant désintéressée que si l'association est **gérée et administrée par des bénévoles**, qui ne possèdent pas **d'intérêts directs ou indirects** dans les résultats de l'association. • L'association **ne doit pas distribuer**, directement ou indirectement, ses bénéfices et ce sous quelque forme que ce soit, ce qui n'exclue pas qu'elle soit en excédent, mais ces excédents doivent alors être **réinvestis** dans l'association. • L'association **ne doit pas déclarer ses membres ou leurs ayants droits attributaires de tout ou partie de l'actif social**. • Cette gestion désintéressée n'exclut pas que les dirigeants soient rémunérés : mais dans ce cas, leur rémunération ne doit pas excéder les 3/4 du SMIC, soit environ 1 202 € par mois à compter du 1er janvier 2022. • Les associations les plus importantes, dont les recettes dépassent, hors subventions publiques, une moyenne de 200 000 € sur trois exercices, peuvent verser des rémunérations à leurs dirigeants sans que soit remis en cause le caractère désintéressé de leur gestion.

Montant des ressources de l'organisme, majorées des ressources des organismes affiliés et hors ressources issues de versements publics	Nombre de dirigeants pouvant être rémunérés
Jusqu'à 200 000 €	Aucun
Supérieur à 200 000 € jusqu'à 500 000 €	1
Supérieur à 500 000 € jusqu'à 1 000 000 €	2
Au-delà de 1 000 000 €	3

• **La gestion d'un organisme n'est pas désintéressée si celui-ci a :**
- pour but exclusif ou principal de fournir des débouchés à une entreprise,
- Pour but d'exercer une activité complémentaire de celle d'un organisme du secteur lucratif dans laquelle un dirigeant de l'organisme aurait, directement ou indirectement, des intérêts.

Principes
L'activité ne concurrence pas le secteur commercial
Applications
Une association va concurrencer le secteur commercial si elle exerce la **même activité dans une zone géographique identique**, en s'adressant aux mêmes personnes. L'association peut échapper à l'imposition aux impôts commerciaux si elle démontre que tout en exerçant une activité qui entre en concurrence avec le secteur marchand, elle le fait dans des **conditions différentes** (tarifs moins élevés, par exemple), et pour répondre à un besoin qui n'est pas suffisamment couvert par le secteur concurrentiel. Pour apprécier ces conditions, l'administration fait usage de la **règle dite des « 4 P » : le produit, le public, les prix et la publicité** doivent se distinguer de ceux pratiqués dans le secteur marchand.

Le produit	• L'activité doit avoir un caractère **d'utilité sociale** : le besoin n'est pas couvert par le marché
Le public	• Les avantages sont consentis au profit de personnes qui en justifient l'octroi au regard de leur situation économique et sociale
Le prix	• Il est **nettement inférieur à celui du marché** pour des services similaires ou l'association pratique des **tarifs différenciés** (notamment grâce aux subventions perçues)
La publicité	• En principe, le recours à des **pratiques commerciales** est un indice de lucrativité. • Seules sont autorisées les actions de communication pour faire appel à la générosité publique et informer le public, sur des catalogues gratuits ou sur internet, de l'existence de l'association et de la nature de ses prestations

Il est possible de résumer schématiquement la démarche analytique à mettre en œuvre :

LES TROIS ETAPES DE LA DEMARCHE

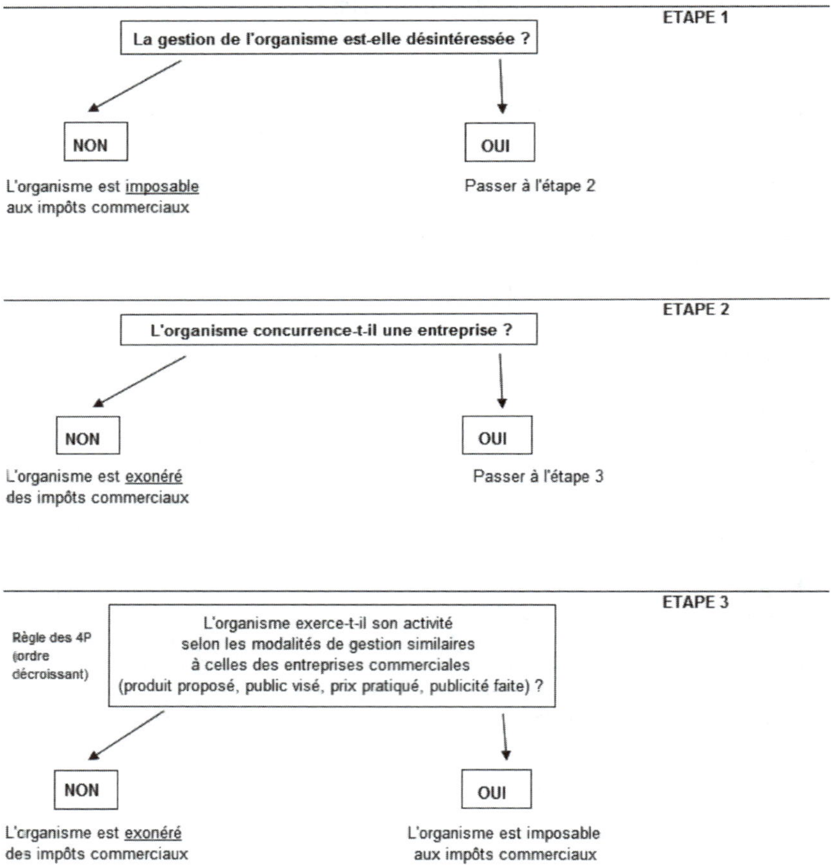

B. Exonérations propres à chaque impôt

En TVA	• Le Code général des impôts (CGI) prévoit des exonérations de TVA pour certains organismes et pour des évènements déterminés. • Ainsi, les **associations sportives, culturelles ou à finalité socio-éducative** sont exonérées de TVA sur les opérations faites au profit des membres. • Il existe également une exonération de TVA pour les **manifestations de soutien ou de bienfaisance** (écoles, kermesses, comités des fêtes), qui s'applique aux droits d'entrée et aux recettes annexes. • Les **associations à vocation philosophique, politique, civique, patriotique, syndicales ou religieuse** font l'objet de la même exonération si elles sont gérées de façon désintéressée et si elles ne présentent pas de caractère lucratif.
En IS	• Sont exonérées d'IS : – les associations sans but lucratif, pour leurs opérations déjà exonérées de TVA pour leurs **six manifestations de bienfaisance ou de soutien** ; – les syndicats professionnels lorsqu'ils se consacrent aux intérêts matériels ou moraux de leurs membres ; – les organismes sans but lucratif qui organisent des manifestations publiques présentant un intérêt pour une commune ou une région ; – les associations de services aux personnes ; – les organismes de jardins familiaux.
Pour la contribution économique territoriale (CET)	• On retrouve en matière de contribution économique territoriale (CET) les organismes concernés par l'exonération d'IS : • S'y ajoutent les exonérations spécifiques prévues au regard de la CET
Exonérations transversales	• Les associations ne sont pas imposées aux impôts commerciaux (TVA, IS et CET) lorsque leurs **activités lucratives accessoires** ne dépassent pas, compte tenu de l'actualisation de la franchise, 73 518 € HT pour 2022. • Mais ce dispositif de franchise suppose que toutes les autres conditions de l'exonération soient par ailleurs remplies, c'est-à-dire une gestion désintéressée et des **activités non lucratives prépondérantes**. • En résumé, l'application et le maintien de la franchise des impôts commerciaux sont conditionnés à trois conditions cumulatives : – la gestion de l'organisme doit rester désintéressée ; – les activités non lucratives de l'organisme doivent rester significativement prépondérantes ; – le montant des recettes d'exploitation encaissées au cours de l'année civile au titre des activités lucratives ne doit pas excéder 73 518 € pour 2022.

	Activités lucratives prépondérantes	Activités non lucratives prépondérantess	
		Recettes lucratives annuelles ⩽ 73 518 €	Recettes lucratives annuelles > 73 518 €
IS	Imposition de toutes les activités	• **Hors champ** de l'impôt sur les sociétés au taux de droit commun. **Dans le champ** de l'impôt sur les sociétés à taux réduit pour les revenus patrimoniaux.	Imposition au choix de l'organisme de toutes les activités ou, si sectorisation, des seules activités lucratives.
CET	Imposition des seules activités lucratives	• Exonération	Imposition des seules activités lucratives
TVA	Imposition de toutes les activités, sauf application d'une autre mesure d'exonération.	• Exonération	Imposition des seules activités lucratives Imposition des activités lucratives et ouverture des droits à déduction en fonction des règles applicables aux redevables partiels.

2 L'imposition des activités lucratives

Si les activités lucratives de l'association deviennent plus importantes que les activités non lucratives, l'association deviendra passible des impôts commerciaux.

A. La sectorisation des activités lucratives

Préalables à la sectorisation	• Les moyens matériels d'exploitation spécifiques doivent être affectés à chaque secteur, et les moyens communs aux deux secteurs répartis au prorata de leur temps d'utilisation. • Obligation d'établir un bilan fiscal de départ transmis à l'administration arrêtant les éléments d'actifs et de passif affectés aux opérations lucratives. • Instauration d'une comptabilité analytique suffisamment précise et fiable : importance de clés de répartition précises et justifiées.
Sectorisation en TVA	• Les activités doivent pouvoir être facilement dissociées (manifestation sportive et exploitation d'une buvette, par ex.). • Mais encore faut-il que **l'activité non lucrative reste l'activité principale de l'association** : à défaut, l'ensemble de l'activité serait passible de la TVA. • La TVA s'applique en fonction de la nature des recettes dans les conditions de droit commun.

Sectorisation en TVA *(suite)*	• Les droits à déduction sont ouverts en fonction du **coefficient d'admission et de déduction**. • La **taxe sur les salaires** n'est pas due sur les rémunérations des salariés rattachés au secteur lucratif.
Sectorisation en IS	• En IS, l'association sera fiscalisée sur le **résultat du secteur lucratif**, soit au taux réduit des PME (15 %) si les conditions sont requises, soit au taux normal de l'IS (26,5 % ou 27,5 % pour 2021 et 25% pour 2022 selon les cas). • Les revenus du patrimoine sont présumés ne pas appartenir au secteur lucratif et restent taxables selon les dispositions étudiées *infra*. • Le déficit fiscal issu du secteur lucratif est reportable sur le résultat du secteur lucratif des exercices suivants.
Sectorisation en CET	• La sectorisation des activités lucratives n'a pas d'incidence en matière de CET puisque les activités non lucratives sont toujours exonérées. • Les associations peuvent choisir d'appliquer à la CET la sectorisation mise en place pour l'impôt sur les sociétés. • La CFE et la CVAE sont calculées dans les conditions de droit commun uniquement sur l'activité lucrative.

B. La filialisation des activités lucratives

La filialisation	• L'association qui ne peut ou ne veut pas avoir recours à la sectorisation peut filialiser tout ou partie seulement de ses activités lucratives en les filialisant au sein d'une structure spécifique : cas où la sectorisation est impossible du fait même que l'activité lucrative est prépondérante. • La filialisation s'effectue alors par **apport partiel d'actif** à une société existante ou créée pour la circonstance : l'apport peut sous condition bénéficier du régime de faveur des fusions (voir mémo 18-IV). • La filiale ainsi créée par apport de l'activité lucrative relève des impôts commerciaux. • La société mère, qui a procédé à l'apport, reste non fiscalisée si elle agit comme un **actionnaire passif**. • À défaut, si elle s'immisce dans la gestion de sa filiale, elle devient elle-même soumise aux impôts commerciaux. • Trois cas de figure peuvent être envisagés : - Une **gestion patrimoniale** qui ne remet pas en cause le caractère non lucratif général de l'organisme, - Une **gestion active de la filiale** qui permet la création d'un secteur imposable sans remise en cause de la non lucrativité de tout l'organisme, - Des **relations privilégiées** avec la filiale qui entraînent la lucrativité de l'ensemble de l'organisme

Les conséquences de la filialisation	• Les dividendes perçus sont taxables au taux de droit commun sauf option par la société mère du régime des sociétés mère et filiale ; • Conditions : - Détention d'au moins 5 % du capital (société soumise à l'IS), - Durée minimale de conservation des titres de 2 ans, - L'option doit être exercée pour tous les produits attachés aux titres d'une même filiale.
Les risques attachés à la filialisation	• Entretien de **relations privilégiées** avec la filiale : • Ces relations présentent une complémentarité économique : - Pratiques commerciales, clientèle commune, échanges de services, … Ces relations démontrent une **communauté d'intérêts** • **Conséquences** : extension de la notion de lucrativité à la totalité de l'activité de l'association

3 L'imposition des revenus du patrimoine

Indépendamment de l'exercice de toute activité lucrative, les associations sont fiscalisées en principe à l'impôt sur les sociétés sur les revenus de leur patrimoine. Le taux d'impôt est réduit à 24 %, 15 %, voire 10 % pour certains revenus mobiliers. Les fondations reconnues d'utilité publique sont quant à elles totalement exonérées sur les revenus de leur patrimoine.

Nature des revenus	Taux d'imposition des revenus patrimoniaux	Nature des produits
Revenus patrimoniaux (locations d'immeubles et revenus agricoles ou forestiers)	24 %	- Association - Fondations reconnues d'utilité publique
Revenus patrimoniaux des associations (revenus mobiliers)	24 %	- Produits de créances non négociables - Produits des bons ou contrats de capitalisation - Revenus reçus en qualité d'associé d'une société de capitaux
	15 %	- Dividendes de sociétés françaises ou étrangères
	10 %	- Revenus d'obligations et titres assimilés émis depuis le 1/01/1987 - Certains produits financiers spécifiques

Nature des revenus	Taux d'imposition des revenus patrimoniaux	Nature des produits
Revenus patrimoniaux des associations (revenus mobiliers)	0 %	- Revenus d'obligations et titres assimilés émis avant le 1/01/1987 - Intérêts des livrets A - Produits de bons de caisse soumis à une retenue à la source

La base imposable est constituée de la somme algébrique des revenus du patrimoine. Les organismes sans but lucratif souscrivent chaque année une **déclaration nº 2070-SD**, et ils s'acquittent spontanément de leur impôt à 24 %, 15 %, 10 % auprès du service des impôts lors du dépôt de leur déclaration.